Leistungshindernisse und Haftungsbefreiung im Vertragsrecht

**Europäische Hochschulschriften Recht**

European University Studies in Law

Publications Universitaires Européennes de Droit

Band/ Volume **6306**

Ji ZHANG

# Leistungshindernisse und Haftungsbefreiung im Vertragsrecht

Eine Untersuchung zum Einfluss des deutschen Rechts, des CISG und der PICC auf das chinesische Vertragsrecht

PETER LANG

**Bibliografische Information der Deutschen Nationalbibliothek**
Die Deutsche Nationalbibliothek verzeichnet diese Publikation in der Deutschen Nationalbibliografie; detaillierte bibliografische Daten sind im Internet über http://dnb.d-nb.de abrufbar.

Zugl.: Berlin, Freie Univ., Diss., 2022

D 188
ISSN 0531-7312
ISBN 978-3-631-88172-9 (Print)
E-ISBN 978-3-631-88194-1 (E-PDF)
E-ISBN 978-3-631-88195-8 (EPUB)
DOI 10.3726/b20034


Peter Lang – Berlin · Bern · Bruxelles · New York · Oxford · Warszawa · Wien



Diese Publikation wurde begutachtet.

www.peterlang.com

# Vorwort

Die vorliegende Arbeit wurde vom Promotionsausschuss des Fachbereichs Rechtswissenschaft der Freien Universität Berlin im Wintersemester 2021/2022 als Dissertation angenommen. Ich möchte mich an dieser Stelle bei allen Personen bedanken, ohne deren Hilfe diese Arbeit nicht möglich gewesen wäre.

An erster Stelle möchte ich mich bei meinem Doktorvater, Professor Dr. Felix Hartmann, für seine hervorragende Unterstützung und sein persönliches Engagement bei der Betreuung dieser Arbeit bedanken. Durch seine Bereitschaft, mir jederzeit und in jeder Hinsicht zu helfen, bin ich sowohl in der Dissertation als auch im Leben weitergekommen, als ich es mir hätte vorstellen können. Von den Gesprächen und Diskussionen mit Professor Hartmann habe ich sehr profitiert und sie werden mir immer in guter Erinnerung bleiben. Danken möchte ich auch Professor Dr. Hinrich Julius für die freundliche Übernahme des Zweitgutachtens und Professor Dr. Helmut Grothe für die Leitung der Prüfungskommission.

Danken möchte ich ebenfalls meinen Kollegen und Freunden, die mich auf meinem Weg mit Anregungen und Unterstützung begleitet haben. Mit Siyuan Zhou hatte ich zahlreiche tiefgreifende intellektuelle Diskussionen, die mich nachhaltig geprägt haben. Lisa Maria Spohnholtz hat mir mit ihren konstruktiven Ratschlägen, nicht zuletzt in sprachlichen Belangen, immer wieder geholfen. Von vielen anderen Kollegen habe ich gute und wertvolle Unterstützung erhalten, für die ich immer dankbar sein werde.

Nicht zuletzt gilt mein herzlicher Dank meiner Familie, die mich auf meinem Lebensweg immer unterstützt und diese Arbeit erst möglich gemacht hat. Ihnen widme ich diese Arbeit.

*Dr. Ji Zhang*
Beijing, im Juni 2022

# Inhaltsverzeichnis

# Einleitung

Der Grundsatz der Vertragstreue stößt in den Konstellationen der Leistungshindernisse auf erhebliche Probleme. Moderne Rechtsordnungen kennen Regelungen, die den Schuldner in Extremsituationen entlasten wollen.[1] Diese Regelungen werden bislang überwiegend als Ausnahmevorschriften, welche die Bindung an den Vertrag im Interesse der Vertragsgerechtigkeit einschränken sollen, angesehen.[2]

Auch das chinesische Recht sieht verschiedene Möglichkeiten der Befreiung vor. Das chinesische Zivilgesetzbuch (ZGB)[3] hat die Vorschriften des Vertragsgesetzes (VG)[4] von 1999 zu den Leistungshindernissen übernommen und zudem die richterliche Regelung des § 26 der Auslegungsbestimmung II zum VG (AB II)[5] kodifiziert. Dadurch ist das Problem entstanden, dass die Befreiungsregelungen miteinander kollidieren. Die chinesischen Befreiungsfiguren wurden im Wege einer Rechtstransplantation aus dem ausländischen Recht übernommen. Um die Modernisierung des Landes voranzutreiben, hat sich China seit über hundert Jahren an westlichen Rechtssystemen orientiert. Ausländische Vorschriften und Rechtskonzepte wurden ins chinesische Recht transferiert und modifiziert. In jüngerer Zeit hat sich eine erkennbare Tendenz abgezeichnet. Das chinesische Recht wendet sich vom deutschen Recht als Vorbild ab und orientiert sich zunehmend an internationalen Regeln, insbesondere dem UN-Kaufrecht (CISG) und den UNIDROIT Principles of International Commercial Contracts (PICC).

Um das Anwendungsproblem des Vertragsrechts zu lösen, ist die Bildung einer Rechtsdogmatik nicht nur vorteilhaft, sondern auch geboten. Nach der Kodifizierung des ZGB steht für die chinesische Rechtswissenschaft die Aufgabe der Systematisierung und Vereinheitlichung der gesetzlichen Regelungen

1 Beispiele: Frustration of Contract Doctrine im Common Law, Störung der Geschäftsgrundlage im deutschen Recht, Art. 6.2.2 PICC (Hardship) bzw. Art. 6:111 PECL (Change of Circumstances). In Frankreich wird die *Théorie de l'imprévision* abgelehnt.

2 So die h. M. zu § 313 BGB, vgl. nur BeckOK BGB/Lorenz, BGB, § 313 Rn. 3.

3 Das ZGB wurde am 28. Mai 2020 verabschiedet und tritt am 1. Januar 2021 in Kraft.

4 Das VG wurde am 15. März 1999 verabschiedet und trat am 1. Oktober 1999 in Kraft. Es wurde am 1. Januar 2021 mit dem Inkrafttreten des ZGB aufgehoben.

5 Auslegung des Obersten Volksgerichts zu verschiedenen Fragen der Anwendung des Vertragsrechts der Volksrepublik China (II), erlassen am 9. Februar 2009.

im Vordergrund. Für diese Aufgabe ist die Rechtsdogmatik ein wertvolles Werkzeug, um Rechtslücken zu schließen und Widersprüche zu beseitigen. Bei der Herausarbeitung der Befreiungsdogmatik wird daher weitgehend auf die Diskussionen zum deutschen Recht und dem CISG zurückgegriffen, die für das chinesische Vertragsrecht als Vorbild gedient haben. Es zeigt sich jedoch schnell, dass das Thema der Leistungshindernisse und Schuldnerbefreiung auch in den Vorbildländern höchst umstritten ist.

Betrachtet man das deutsche Schuldrecht, hat § 275 BGB durch die Schuldrechtsreform im Jahr 2002[6] eine neue Kontur erhalten. Das alte Recht der Unmöglichkeit wurde im Grunde aufgegeben und das Gesetz sieht nun eine Unterscheidung zwischen Unmöglichkeit und Unverhältnismäßigkeit vor. Außerdem wurde mit § 313 BGB das Richterrecht der Geschäftsgrundlage kodifiziert, das den Schuldner entlastet, wenn eine „Zumutbarkeitsgrenze" überschritten ist. Da beide Regelungen bei einer Leistungserschwerung anwendbar sind, stellt sich die Frage, in welchem Verhältnis sie zueinander stehen. Noch grundsätzlicher stellt sich mit Blick auf diese Regelungen die Frage, was der eigentliche Grund für die Befreiung des Schuldners ist. Ein weiteres Beispiel bietet das CISG, das die zentrale Befreiungsvorschrift des Art. 79 CISG vorsieht. Auch diese Vorschrift scheint mehr Fragen aufzuwerfen als zu beantworten, weil über die Befreiung nach dem CISG zahlreiche Streitigkeiten bestehen.

Die Kontroversen um die Frage der Befreiung sollten aber den Blick nicht verstellen, dass es sich im Wesentlichen nur um zwei Pflichten des Schuldners handelt: die rechtsgeschäftliche Leistungspflicht und die gesetzliche Haftungspflicht. Die erste Frage behandelt die Reichweite der vertraglichen Vereinbarung und damit die Konkretisierung des Grundsatzes der Vertragstreue,[7] bei der zweiten steht dagegen der Schutz bestehender Vermögenswerte im Vordergrund.[8] So unterschiedlich, wie die Begründungen sind, können auch die Befreiungsschwellen sein. Eine Lösung des Problems verlangt, dass für jede Befreiungsvorschrift eine dogmatische Zuordnung ermöglicht wird.

Die Arbeit gliedert sich in drei Teile. Zunächst wird das chinesische Leistungsstörungsrecht in seiner aktuellen Form dargestellt. Die Regelungen der Leistungshindernisse sind nur unter dem Bezugssystem der Leistungsstörungen verständlich. In diesem Zusammenhang weist das chinesische Recht

6 Das Gesetz zur Modernisierung des Schuldrechts (BGBl. I S. 3138) trat am 01. Januar 2002 in Kraft.
7 Lobinger, Die Grenzen rechtsgeschäftlicher Leistungspflichten, S. 4.
8 Lobinger, Rechtsgeschäftliche Verpflichtung und autonome Bindung, S. 14, 89 ff.

viele Besonderheiten gegenüber dem deutschen Recht und dem CISG auf. Im zweiten Teil werden die einzelnen chinesischen Befreiungsregelungen unter die Lupe genommen. Dabei wird nicht nur die Entstehungsgeschichte der Regelungen untersucht, sondern auch die Besonderheiten im Tatbestand und in den Rechtsfolgen. Ein weiterer Schwerpunkt ist die Darstellung der Änderungen bei der Kodifizierung, die neue Probleme aufwerfen. Die ersten beiden Teile der Arbeit haben eine zeitliche und eine örtliche Dimension: Die Regelungen werden stets unter Bezugnahme auf ihre Vorgängervorschriften und die entsprechenden ausländischen Regelungen betrachtet.

Der dritte Teil ist der Systematisierung und Verbesserung der Regelungen gewidmet. Auch wenn dogmatische Diskussionen in China bisher nicht sehr verbreitet sind, wird hier der Versuch unternommen, eine Rechtsdogmatik für Befreiungsfragen zu entwickeln. Dem liegt der Gedanke zugrunde, dass die Übernahme fremder Rechtskonzepte mit einer Rezeption der ausländischen Rechtsdogmatik einhergehen kann.[9] Die sich aus der Rechtsübernahme ergebenden Anwendungsprobleme sollen unter Rekurs auf die Diskussionen zu den Mustervorschriften gelöst werden. Für die Ausarbeitung der Rechtsdogmatik wird auf eine in der deutschen Literatur vertretene Rechtsauffassung zurückgegriffen, deren Anwendung im chinesischen Recht getestet wird.

9 Vgl. Bu (卜元石), JZ 2016, S. 382 ff.

# Teil 1 Grundriss des chinesischen Leistungsstörungsrechts

# I. Übersicht: Das chinesische Vertragsrecht

## 1. Das ZGB und das chinesische Zivilrecht

Das chinesische Zivilgesetzbuch (ZGB) ist entstanden. Am 28. Mai 2020 stimmten die chinesischen Abgeordneten in der dritten Sitzung des 13. Nationalen Volkskongresses mit überwiegender Mehrheit für die Verabschiedung des ZGB,[10] das am 1. Januar 2021 in Kraft getreten ist. Gleichzeitig traten die Einzelgesetze – der Allgemeine Teil des Zivilrechts, das Vertrags-, Sachenrecht-, Deliktshaftungs-, Ehe-, Erb-, Adoptions- und Garantiegesetz – außer Kraft. Mit der Verabschiedung des ZGB wurde verkündet, dass Chinas „Ära des Zivilgesetzbuchs" angebrochen ist.

Als das erste Zivilgesetzbuch seit der Gründung der Volksrepublik[11] enthält das ZGB insgesamt 1.260 Artikel, aufgeteilt in sieben Bücher in folgender Reihenfolge: Allgemeiner Teil, Sachen-, Vertrags-, Persönlichkeits-, Ehe- und Familien-, Erb- und Deliktsrecht.[12] Der Allgemeine Teil wurde im März 2017 in Gestalt eines Einzelgesetzes, ATZ 2017, erlassen.[13] Die Bausteine für den Besonderen Teil lagen auch in Form von Einzelgesetzen vor, deren Zusammenstellung und Überarbeitung bisher ausblieb. Bei den im Prozess der Kodifizierung geschaffenen Vorschriften stammte ein großer Teil aus den bestehenden justiziellen Auslegungen, die zum geltenden Recht gehörten.[14] Trotz aller Umstände ist die Kodifizierung des Zivilrechts innerhalb fünf Jahren als sehr schnell anzusehen.[15] Um den ehrgeizigen Zeitplan einzuhalten, konnte die Mehrheit der aus der Lehre und Praxis gemeldeten Vorschläge nicht berücksichtigt

10 Es gab nur zwei Gegenstimmen und fünf Enthaltungen.

11 China hat sich seit Mitte der 1950er-Jahre viermal (1954, 1962, 1979, 2001) bemüht, ein Zivilgesetzbuch zusammenzustellen. Die Prozesse wurden aufgrund politischer Unruhen und problematischer Bedingungen ausgesetzt.

12 In rechtsvergleichender Hinsicht ist die Verselbstständigung des Persönlichkeitsrechts ungewöhnlich. Das Persönlichkeitsrecht ist nur ein durch Delikt und andere Schutzrechte geschütztes Rahmenrecht. Letztlich können die Regelungen zum Persönlichkeitsrecht inhaltlich besser gestaltet werden: Es mangelt an einem Zusammenhang der Vorschriften untereinander. Kritik: vgl. Zhu (朱广新), Sechs Besonderheiten des Persönlichkeitsrechts im Entwurf des Zivilgesetzbuchs.

13 Deutsche Übersetzung von Klages/Leibküchler/Pißler, ZChinR 2017/3, S. 208 ff.

14 Bu (卜元石), Der Besondere Teil der chinesischen Zivilrechtskodifikation, S. 3 f.

15 Die Führung der Partei beschloss am 23. Oktober 2014, das Zivilrecht zu kodifizieren. Der Prozess dauerte von 2016 bis 2020.

werden. Zu Recht wird kritisiert, dass die wissenschaftlichen Debatten bei der Kodifizierung an Intensität verloren haben und die Kodifikation eher als eine Konsolidierung der bestehenden Gesetze anzusehen ist.[16]

Dem ZGB ging eine Entwicklung der chinesischen Zivilrechtswissenschaft von über einhundert Jahren voran. Herkömmlich war das chinesische Zivilrecht unterentwickelt.[17] Das Recht Chinas in der Kaiserzeit wurde vom Straf- und Verwaltungsrecht dominiert, was sich erst in den letzten Jahren der Kaiserzeit änderte. Der Entwurf des Zivilgesetzbuchs der Qing-Dynastie,[18] der wegen der Revolution von 1911 und des Sturzes des Kaiserreichs nicht erlassen werden konnte, zeigte einen Einfluss des deutschen Rechts.[19] In diesem Entwurf wurden neben der Übernahme des Pandektensystems zahlreiche Begriffe des deutschen Rechts in die chinesische Sprache übersetzt. Ebenfalls stützte sich das in den 1930er-Jahren kodifizierte Zivilrecht der Republik China vornehmlich auf das deutsche und schweizerische Vorbild.[20] Der Kodex der Republik China bildet die Grundlage des heutigen Zivilrechts Taiwans.[21]

Auf dem chinesischen Festland wurde nach der Gründung der Volksrepublik das Zivilrecht abgeschafft und die Gesetzgebung war lange Zeit inaktiv.[22] Der primäre Weg zur Beilegung von zivilen Streitigkeiten war die politisierte Mediation.[23] So wurde in nahezu dreißig Jahren kein einziges Zivilgesetz verabschiedet.[24] Mit der Einführung der Reform- und Öffnungspolitik im Jahr 1978 wurde die Planwirtschaft schrittweise durch marktwirtschaftliche Regelungen ersetzt, was zu einer Rechtsreformierung führte. Mit dem wirtschaftlichen Aufschwung sollte ein Rechtssystem aufgebaut werden, das die verbesserten Lebensverhältnisse der Bevölkerung widerspiegelt und die wirtschaftliche

---

16 Bu (卜元石), Der Besondere Teil der chinesischen Zivilrechtskodifikation, S. 3 f.

17 Zhang (张广兴), Allgemeines Schuldrecht (债法总论), S. 12 f.

18 Auf Chinesisch 大清民律草案, Ende des Jahrs 1910 ausgearbeitet, also nur wenige Monate vor der Revolution.

19 Der Entwurf enthielt neben dem Allgemeinen Teil das Schuld-, Sachen-, Familien- und Erbrecht und hat insgesamt 1.569 Vorschriften. In den letzten zwei Büchern wurden weitgehend nur herkömmliche Gebräuche und Riten Chinas kodifiziert. Vgl. Zhang (张广兴), Allgemeines Schuldrecht (债法总论), S. 13.

20 Zweigert/Kötz, Einführung in die Rechtsvergleichung, S. 286; Jiao (焦), Der Einfluss des deutschen BGB auf das chinesische Zivilgesetzbuch von 1929, S. 33 ff.

21 Ein Überblick über die chinesische Geschichte im 19. und 20. Jahrhundert: Jiang (蒋廷黻), The Modern History of China (中国近代史).

22 Eberl-Borges, Einführung in das chinesische Recht, S. 59 ff.

23 Bu (卜元石), Die Kodifikation des Zivilgesetzbuchs der VR China, S. 2.

24 Bu (卜元石), Einführung in das Recht Chinas, S. 3.

Entwicklung unterstützt. Zur Umsetzung des Ziels wurden zunächst aus praktischen Erwägungen Einzelgesetze auf den Kerngebieten des Zivilrechts erlassen. Dies führte zu einer produktiven Periode der Zivilgesetzgebung: Die Allgemeinen Grundsätze des Zivilrechts 1986, das VG 1999, das Sachenrechtgesetz 2007 und das Deliktshaftungsgesetz 2009 wurden innerhalb relativ kurzer Zeit erlassen, was den Weg für die Kodifizierung des Zivilrechts ebnete.

Die Gesetze sind seit den 1980er-Jahren nicht eindeutig vom deutschen Recht beeinflusst. Die Spuren des sowjetischen Rechts, das seinerseits maßgeblich vom deutschen Recht beeinflusst wurde, ließen ebenfalls nach.[25] Demgegenüber nahm der Einfluss des angloamerikanischen Rechts und der internationalen Rechtsvereinheitlichungsprojekte zu. Am Beispiel des Vertragsrechts zeigte die Entwicklung des ersten Wirtschaftsgesetzes bis zum VG 1999 eine Annäherung an das CISG und die PICC. Gleichwohl hat China seine Verbindung zum deutschen Recht nicht aufgegeben. Mit dem Anstieg der Zahl chinesischer Studenten und Gastwissenschaftler in Deutschland scheint es seit den 1990er-Jahren eine neue Orientierung am deutschen Recht zu geben.[26] In jüngerer Zeit wird diskutiert, ob mit der Übernahme deutscher Rechtstransplantate auch die Rezeption der Rechtsdogmatik möglich ist.[27] Da die Verinnerlichung des übernommenen Rechts zukünftig den Schwerpunkt bildet, bietet das deutsche Recht mit dem Systemdenken ein wertvolles Instrument für die Systematisierung des chinesischen Rechts.

## 2. Entwicklung der vertraglichen Gesetzgebung

Der Vertrag war früher als kapitalistisches Symbol abgeschafft und durch die Wirtschaftsplanung ersetzt.[28] In den 1980er-Jahren war jedoch eine dynamische Entwicklung des Vertragsrechts zu verzeichnen. Da ein Zivilgesetzbuch nicht schnell genug zu realisieren war, erfolgte aus praktischen Gründen eine „dreifache Gesetzgebung" für das Vertragsrecht. Entgegen den ersteren Entwürfen des Zivilgesetzbuchs, in denen noch ein Schuldrecht-Teil vorgesehen war, wurden also drei Einzelgesetze erlassen, welche die Verträge regelten: das Wirtschaftsvertragsgesetz (WVG) 1981, das Außenwirtschaftsvertragsgesetz (AWVG) 1985 und das Technikvertragsgesetz (TechVG) 1987. Das Vertragsrecht

25 Eberl-Borges, Einführung in das chinesische Recht, S. 62.
26 Bu (卜元石), Chinese Journal of Law 02/2019, S. 3 ff.
27 Bu (卜元石), JZ 2016, S. 382 ff.
28 Zhang (张广兴), Allgemeines Schuldrecht (债法总论), S. 14; Eberl-Borges, Einführung in das chinesische Recht, S. 114.

war ein zentrales Instrument der chinesischen Rechtsreform in den 1980er-Jahren.[29]

Inhaltlich markierten diese Gesetze eine Liberalisierung der Denkweise: Während das WVG noch überwiegend auf dem Boden der Planwirtschaft stand und Verträge als Mittel der staatlichen Wirtschaftsplanung vorsah,[30] gewährten das AWVG und das TechVG den Vertragsparteien größere Freiheit für Vertragsschluss und Vertragsgestaltung. Ein Beispiel dafür ist, dass das WVG nur für Verträge zwischen Unternehmen und nicht für Einzelpersonen galt.[31] Um einen Wirtschaftsvertrag zu schließen, müssen die Anforderungen der staatlichen Richtlinien und Pläne erfüllt werden.[32] Die Verträge müssen ferner schriftlich geschlossen werden. Die wirtschaftlichen Transaktionen, die zum staatlichen Pflichtplan gehören, müssen gemäß den vom Staat festgelegten Zielen vorgenommen werden.[33] Das Leistungsstörungsrecht war im WVG rudimentär geregelt. Zwar gab es Regelungen zur Anpassung und Aufhebung des Vertrags, eine Regelung zur Vertragsverletzung oder zu Schadensersatz gab es nicht.

Das AWVG galt für Verträge mit Auslandsbezug. Verträge können zwischen chinesischen und ausländischen Unternehmen bzw. Einzelpersonen geschlossen werden, nicht aber unter den Chinesen.[34] Der Vertragsschluss kann neben der schriftlichen Form auch per Brief und Telegramm erfolgen. Da das Ziel im Abbau der Schwellenängste ausländischer Investoren bestand,[35] orientiert sich das Gesetz inhaltlich weitgehend am CISG. Im Konfliktfall sind die Bestimmungen des internationalen Abkommens gegenüber chinesischen Regelungen vorzuziehen.[36] Die Regelungen der Leistungsstörungen wurden vom CISG übernommen. Wenn eine Partei den Vertrag nicht oder nicht vertragsgemäß erfüllt, kann die andere Partei Schadensersatz oder andere angemessene Rechtsmittel geltend machen. Der Schadensersatz war der wichtigste Rechtsbehelf.[37] Art. 74 CISG über Schadensersatz wurde weitgehend durch das AWVG rezipiert. Das

29 Eberl-Borges, Einführung in das chinesische Recht, S. 114.
30 Sui (隋彭生), Essenz des Vertragsrechts (合同法要义), S. 5.
31 Vgl. § 2 WVG.
32 Vgl. § 4 WVG.
33 Vgl. § 11 WVG.
34 Vgl. § 2 AWVG.
35 Eberl-Borges, Einführung in das chinesische Recht, S. 115.
36 Vgl. § 6 AWVG.
37 Streitig ist, ob eine Erfüllung im AWVG verlangt werden kann. Vgl. Widmer, Die Haftung für Vertragsverletzung im Außenwirtschaftsrecht der VR China, S. 211 ff.

TechVG bezog sich dagegen auf Verträge mit Bezug zur Technologie. Es regelte einen im WVG enthaltenen Vertragstyp und galt dem gegenüber als spezielleres Gesetz. Ein Unterschied zu den anderen Gesetzen ergab sich daraus, dass das Gesetz Verträge von Chinesen als Einzelpersonen zuließ, allerdings nur im Bereich des Technologietransfers.[38] Was die Gesetzgebungstechnik angeht, waren gegenüber den Vorgängergesetzen nur wenige Neuerungen zu erkennen. Die Vorschriften der Leistungsstörungen wurden vom AWVG ins TechVG transferiert. Eine Veränderung bestand nur darin, dass die Vertragsstrafe und die Schadensminderungspflicht normiert wurden.[39]

Durch den Erlass der drei Vertragsgesetze war eine Zersplitterung des Vertragsrechts eingetreten. Zudem war das WVG im Vergleich zu den anderen ideologisch überholt, was Anlass für eine Konsolidierung des Vertragsrechts gab.[40] Zu diesem Zweck wurde im Jahr 1999 das VG erlassen, das die drei Gesetze aufhob. Das VG war, gemessen an seiner Zeit, ein Erfolg. Dies zeigt sich darin, dass unter den Einzelgesetzen das VG am bewährtesten war.[41] Der Erfolg ist auf die Dominanz der Rechtswissenschaftler im Gesetzgebungsprozess zurückzuführen.[42] Der erste Entwurf wurde von einer Arbeitsgruppe aufgestellt, die aus Fachleuten aus zwölf Instituten und juristischen Fakultäten bestand.[43] Ferner zeigte der Gesetzgeber bei der Übernahme der fremden Regelungen und Rechtsfiguren wenig Vorbehalte.[44] Seit der Verabschiedung wurde das VG durch justizielle Auslegungen ergänzt, die den allgemeinen Teil sowie einzelne Vertragstypen[45] betrafen. Die Auslegungen sind für alle Gerichte verbindlich und fungieren praktisch wie kleine Gesetze.

38 Vgl. § 2 TechVG.

39 Vgl. § 17 TechVG.

40 Eberl-Borges, Einführung in das chinesische Recht, S. 115.

41 Bu (卜元石), ZfRV 2014, S. 261.

42 Eberl-Borges, Einführung in das chinesische Recht, S. 62, 116.

43 Sui (隋彭生), Essenz des Vertragsrechts (合同法要义), S. 7; Han (韩世远), Das chinesische Vertragsgesetz und CISG (中国合同法与CISG), Journal of Jinan University 02/2011, S. 7 ff.

44 Bu (卜元石), ZfRV 2014, S. 262.

45 Es betrifft Kaufverträge, Immobilienkaufverträge, Bauausführungsverträge, Landnutzungsverträge, Mietverträge und Leasingverträge, vgl. Bu (卜元石), ZfRV 2014, S. 262 m. w. N.

# II. Das chinesische Leistungsstörungsrecht

## 1. Struktur des Leistungsstörungsrechts im VG 1999

Das VG 1999, bestehend aus einem Allgemeinen und einem Besonderen Teil, verfügt über 428 Vorschriften. Der Allgemeine Teil enthält 129 Vorschriften, die in acht Kapitel aufgeteilt sind. Sie regeln neben den allgemeinen und den Schlussbestimmungen jeweils Abschluss, Wirkung, Durchführung, Änderung, Beendigung des Vertrags und Haftung.[46] Das Leistungsstörungsrecht findet sich im siebten Kapitel, in den §§ 107–122 VG. Ergänzt werden sie durch einzelne Regelungen, die im Gesetz verstreut sind. Dazu zählen insbesondere § 94 VG (Aufhebung des Vertrags) und §§ 66–69 VG (Einrede des nicht erfüllten Vertrags und Unsicherheitseinrede).[47] Der Besondere Teil regelt in fünfzehn weiteren Kapiteln verschiedene Vertragstypen, die sich mit den Vertragstypen des BGB zum Großteil decken.

Gegenüber den Vorgängergesetzen nahm das Leistungsstörungsrecht des VG mit etwa zwanzig Vorschriften deutlich in der Regelungsdichte zu. Demgegenüber wurden die Vorschriften der Leistungsstörungen nur geringfügig geändert, bevor sie in das ZGB gelangten. § 107 zählt als Zentralnorm die Rechtsbehelfe des Gläubigers bei einer Vertragsverletzung auf. Danach haftet der Schuldner auf Erfüllung, Nachbesserung oder Schadensersatz, wenn er eine vertragliche Verpflichtung nicht oder nicht ordnungsgemäß erfüllt. Hingegen ist die Aufhebung des Vertrags separat in § 94 VG im Zusammenhang mit der Beendigung des Vertrags geregelt. Dies entspricht der Tradition, die Vertragsaufhebung der Beendigung des Vertrags zuzuordnen.[48] § 108 VG trifft eine Regelung für den Fall der Leistungsverweigerung vor Ablauf der Erfüllungsfrist. Dem Gläubiger stehen die Rechtsbehelfe wegen Vertragsverletzung bereits vor Fälligkeit der Leistung zu. Anschließend gehen §§ 109, 110 VG auf den Erfüllungsanspruch des Gläubigers ein und stellen die Geltendmachung des Erfüllungsanspruchs bei einer Nichtgeldschuld unter Einschränkungen.

---

46 Die Vorschriften des Allgemeinen Teils des VG erfüllten die Funktion des Allgemeinen Schuldrechts, sofern sie ihrem Wesen nach auf andere Schuldverhältnisse anwendbar waren.

47 Es ist umstritten, welche Störungstatbestände überhaupt unter dem „Leistungsstörungsrecht" fallen, vgl. Huber, Leistungsstörungen I, S. 2 ff.

48 Auch im WVG, AWVG und TechVG.

Dem folgt eine Sonderreglung zur Nacherfüllung und Abhilfemaßnahmen. Liegt ein Qualitätsmangel vor, hat der Gläubiger nach § 111 VG ein Wahlrecht zwischen Nachbesserung, Austausch, Rückgabe der Sache und Minderung. § 112 VG bestimmt, dass Erfüllung und Nacherfüllung die Geltendmachung von Schadensersatz nicht ausschließen, wenn nach der Erfüllungsmaßnahme noch ein Schaden vorhanden ist. Dabei scheint die Zuordnung der Regelung als Anspruchsgrundlage problematisch.[49] § 113 VG ist die Regelung über den Schadensersatzanspruch, der grundsätzlich Art. 74 CISG entspricht: Die Höhe des Schadensersatzes richtet sich nach dem Schaden des Gläubigers einschließlich des entgangenen Gewinns, begrenzt durch die Vorhersehbarkeit des Schadens für den Schuldner. §§ 114–116 VG regeln Vertragsstrafe, Vorabzahlung[50] und das Wahlrecht des Gläubigers zwischen den Behelfen. Die Entlastungstatbestände sind in den §§ 117, 118 VG enthalten, welche die höhere Gewalt und die Mitteilungspflicht des Schuldners regeln. §§ 119–121 VG haben Schadensminderungspflicht, Mitverschulden und Verschulden Dritter für Vertragsverletzungen zum Gegenstand, während § 122 VG die elektive Konkurrenz der vertraglichen und deliktischen Haftung regelt.

Diese Regelungen lassen sich in drei Gruppen aufteilen.[51] Zunächst regeln §§ 107–113 VG gesetzliche Rechtsbehelfe (Erfüllung, Abhilfemaßnahme und Schadensersatz) für Vertragsverletzungen, dem sich vertragliche Rechtsbehelfe (Vertragsstrafe und Vorabzahlung) in §§ 114–116 VG anschließen. §§ 117 ff. VG enthalten Bestimmungen zur Haftungsbefreiung und Haftungsbeschränkung. Außerhalb dieses Normenkomplexes ist § 94 VG die Regelung der Vertragsaufhebung. Die Stellung der Regelung im sechsten Kapitel folgt daraus, dass §§ 93 ff. VG abschließende Bestimmungen für die Beendigung des Vertrags bilden sollten.[52] Die Struktur des Leistungsstörungsrechts zeigt einen starken Einfluss des CISG. Zu Recht werden dem VG handelsrechtliche Züge attestiert, obwohl das Gesetz nicht gezielt für Handelsverträge geschaffen wurde.[53]

49 A. A.: Han (韩世远), Allgemeines zum Vertragsrecht (合同法总论), S. 428.

50 Gemeint ist eine Sicherheit für die Erfüllung des Vertrages. Wenn der Schuldner den Vertrag nicht erfüllt, kann er den Betrag, den er dem Gläubiger als Sicherheit gegeben hat, nicht zurückverlangen. Wenn der Gläubiger den Vertrag nicht erfüllt, muss er den Betrag zweimal zurückgeben.

51 Vgl. Zhu (朱广新), Allgemeiner Teil des Vertragsrechts (合同法总则), S. 715.

52 Vgl. Bu (卜元石), Einführung in das Recht Chinas, Rn. 60.

53 Bu (卜元石), ZfRV 2014, S. 262.

## 2. Neuerungen durch das ZGB

Im Zuge der Kodifizierung erfuhr das Vertragsrecht die umfangreichsten Änderungen.[54] Die Anzahl der Vorschriften stieg auf 526, davon 132 Vorschriften den Allgemeinen Teil des Vertragsrechts regeln.[55] Im Besonderen Teil besteht die größte Neuerung darin, dass vier neue Vertragstypen aufgenommen wurden: Bürgschaftsvertrag, Immobilienverwaltungsvertrag, Partnerschaftsvertrag und Factoring-Vertrag.[56] Auch die Geschäftsführung ohne Auftrag und das Bereicherungsrecht sind als „Quasi-Vertrag" gesetzlich aufgenommen, während Regelungen dazu im VG fehlten.[57]

Neuerungen zum Leistungsstörungsrecht sind recht überschaubar.[58] Das Leistungsstörungsrecht steht im achten Kapitel des dritten Buchs, in den §§ 577–594 ZGB. Das ZGB geht in Übereinstimmung mit dem VG von einer Garantiehaftung des Schuldners für sein Leistungsversprechen aus, die durch die Regelung der höheren Gewalt eingeschränkt wird. Dabei wird die zentrale Anspruchsgrundlage für die Vertragsverletzung unverändert in § 577 ZGB (§ 107 VG) aufgenommen. Hinsichtlich des Erfüllungsanspruchs wird bei einer Nichtgeldschuld in § 580 ZGB (§ 110 VG) ein Recht auf Beendigung des Vertragsverhältnisses in Abs. 2 vorgesehen, wenn das Vertragsziel nicht mehr zu erreichen ist. Diese in der Endphase des Gesetzgebungsprozesses vorgenommene Änderung ist zweifelhaft. Durch § 581 ZGB kann der Gläubiger Ersatz für Kosten verlangen, die durch Ersatzvornahme von einem Dritten entstanden sind, wenn die Erfüllung aufgrund der „Natur der Schuld" nicht zwangsweise durchgesetzt werden kann. Zweifel ergeben sich daraus, ob die Regelung eine Anspruchsgrundlage oder lediglich eine prozessuale Regelung darstellt.

Die Regelungen zu Qualitätsmängeln, Schadensersatz und Vertragsstrafe (§§ 111–114 VG) wurden nahezu unverändert übernommen. Die Bestimmungen zur Vorabzahlung wurden nur leicht angepasst.[59] Unter der Vorabzahlung ist eine Sicherheitsbestellung für die Erfüllung zu verstehen: Der Schuldner

54 Bu (卜元石), Der Besondere Teil der chinesischen Zivilrechtskodifikation, S. 8.

55 Also §§ 463–988 ZGB. Ihnen stehen die 129 Regelungen des Allgemeinen Teils des VG gegenüber.

56 Bu (卜元石), Der Besondere Teil der chinesischen Zivilrechtskodifikation, S. 8.

57 Rudimentäre Regelungen zu GoA und Bereicherungsrecht waren in den AGZ 1986 vorhanden. Dadurch wird das dritte Buch des ZGB ein Buch des Schuldrechts aber ohne das Deliktsrecht.

58 Liang (梁慧星), Research on Rule of Law 04/2019, S. 13.

59 Vgl. §§ 586–588 ZGB. Die Vorabzahlung (定金) werden teilweise auch als „Festgeld" übersetzt.

zahlt einen Betrag bei Vertragsschluss an den Gläubiger, der als Sicherheit für die Erfüllung dient. Sollte der Schuldner den Vertrag nicht erfüllen können, verliert er seinen Anspruch auf Rückzahlung des vorabgezahlten Betrags. Sollte der Gläubiger das Versprechen nicht einhalten können, muss er dem Schuldner das Zweifache des Geldbetrags zahlen. Zwischen der Vorabzahlung und der Vertragsstrafe besteht ein Wahlrecht. Im Zuge der Kodifizierung wurden ferner die Regelungen des Sicherheitengesetzes und justizielle Auslegungen aufgenommen.[60] Nach den Neuerungen darf die Höhe der Vorabzahlung 20 % des Gegenstandswerts des Hauptvertrags nicht überschreiten. Fällt der Betrag der geleisteten Vorabzahlung höher oder niedriger als der vereinbarte Betrag aus, gilt dies als eine Änderung des Betrags der Vorabzahlung.[61] Ferner kommt eine Sanktion durch die Vorabzahlung in Betracht, wenn eine Partei die Schuld „nicht vertragsgemäß erfüllt", sodass das Vertragsziel nicht zu erreichen ist.[62] Aber auch diese Änderungen sind keine Neuerungen, weil sie zuvor als justizielle Auslegungen bekannt waren.

Zwischen den vertraglichen Rechtsbehelfen und der höheren Gewalt wurde eine neue Regelung geschaffen, die sich auf den Gläubigerverzug bezieht. § 589 ZGB ist rudimentär und enthält keine umfassende Behandlung des Gläubigerverzugs. Dem schließt sich die Regelung der höheren Gewalt an, die ihre Grundlage in § 590 ZGB findet. Auch hier bestehen keine nennenswerten inhaltlichen Neuerungen. Die §§ 117, 118 VG über höhere Gewalt und die Benachrichtigungspflicht werden aus redaktionellen Gründen in eine Vorschrift zusammengefügt. Die Befreiung tritt nach § 590 Abs. 2 ZGB nicht ein, wenn der Schuldner bereits mit der Leistung in Verzug war. Der Gesetzgeber entschied sich gegen einen Abs. 3, welcher der benachteiligten Partei ein Recht auf Vertragsanpassung und -aufhebung einräumen sollte, wenn die Weitererfüllung des Vertrags für sie „offensichtlich ungerecht" ist. Der Absatz wurde im weiteren Gesetzgebungsverfahren gestrichen.

Das Schadensersatzrecht erfuhr nur redaktionelle Anpassungen. Die §§ 119–121 VG über Schadensminderung, Mitverschulden und Haftung für Dritte finden sich nahezu unverändert in den §§ 591–593 ZGB. Die einzige nennenswerte Erneuerung ergibt sich aus § 592 Abs. 2 ZGB, wonach der Schadensersatz zu mindern ist, wenn ein Verschulden der beschädigten Partei bei der

60 Aufgenommen: §§ 89–91 Sicherheitengesetz, §§ 115, 119, 121 der Auslegungsbestimmung des Gesetzes.

61 Bu (卜元石), Der Besondere Teil der chinesischen Zivilrechtskodifikation, S. 26.

62 Vgl. § 587 ZGB.

Schadensentstehung mitgewirkt hat. Diese Regelung hat nur eine klarstellende Natur, was dem § 120 VG entspricht. Gestrichen wurde die Regelung über die elektive Konkurrenz der vertraglichen und deliktischen Haftung. Außerhalb des Kapitels der Vertragshaftung wird die Regelung über die Aufhebung des Vertrags (§ 94 VG) in § 563 ZGB geringfügig modifiziert. Die Regelung wird vor allem durch eine Bestimmung zur Kündigung bei Dauerschuld ergänzt.

Im Ergebnis ist zu sehen, dass das Leistungsstörungsrecht des VG durch die Kodifizierung in seinem Kern unberührt bleibt. Dies betrifft nicht nur das Konzept der Garantiehaftung mit einer Befreiungsmöglichkeit, sondern auch die Rechtsbehelfe der Erfüllung, des Schadensersatzes und der Vertragsaufhebung. Es gibt nur zwei Vorschriften, die inhaltlich neu geschaffen wurden: die Ersatzvornahme in § 581 ZGB und den Gläubigerverzug in § 589 ZGB. Zu den Neuerungen außerhalb des achten Kapitels gehört insbesondere die Normierung der veränderten Umstände in § 533 ZGB, der erstmals Eingang in das Gesetz gefunden hat.

## 3. Von der Garantiehaftung zur Verschuldenshaftung

Das Haftungskonzept hat für das chinesische Vertragsrecht eine grundlegende Bedeutung. Das Vertragsrecht hat sich von einer verschuldensabhängigen Haftung zu einer Garantiehaftung gewandelt. Obwohl die Garantiehaftung des ZGB heute nicht mehr umstritten ist, stellt sich die Frage, warum der Paradigmenwechsel im Haftungskonzept stattgefunden hat. Diese Änderung zeigt, wie sich das chinesische Recht in jüngerer Zeit vom deutschen Modell entfernt und dem CISG angeschlossen hat.

In den Entwürfen des Zivilgesetzbuchs in den 1950er-Jahren wurde das Verschuldensprinzip bereits geregelt. Nach § 32 Abs. 1 WVG haftet die vertragsbrüchige Partei für die Vertragsverletzung, wenn aufgrund des „Verschuldens" der Wirtschaftsvertrag nicht oder nicht vollständig erfüllt werden kann. Die Verschuldenshaftung war unumstritten.[63] Entgegen dem WVG sah das AWVG 1985 das Verschulden nicht als Voraussetzung für die Haftungsbegründung vor.[64] Der Gläubiger hat das Recht, Schadensersatz zu verlangen oder andere Abhilfemaßnahmen zu ergreifen, wenn der Schuldner den Vertrag nicht oder nicht vertragsgemäß erfüllt. Das AWVG 1985 war eine Nachbildung des CISG,

63 Sun (孙礼海), Erklärungen zum Vertragsgesetz (合同法立法资料选), S. 58.

64 Widmer, Die Haftung für Vertragsverletzung im Außenwirtschaftsrecht der VR China, S. 130.

wonach der Schuldner bei Vertragsschluss seine Leistungsfähigkeit garantiert.[65] § 18 AWVG war nach Vorbild des Art. 45 CISG geschaffen.[66] Dem schloss sich das TechVG 1987 an, bei dem die vertragliche Haftung kein Verschulden voraussetzt. Da aber das AWVG nur auf Verträge mit Auslandsbezug anwendbar war und das TechVG einen sehr schmalen Anwendungsbereich hatte, war das Verschuldensprinzip im Vertragsrecht derzeit immer noch vorherrschend.

Verwirrung entstand im Jahr 1986 durch die Allgemeinen Grundsätze des Zivilrechts (AGZ). § 106 AGZ besagt, dass derjenige, der den Vertrag verletzt oder andere Pflichten nicht erfüllt, die zivilrechtliche Haftung übernimmt. Es haftet deliktisch, wer schuldhaft staatliche oder kollektive Vermögensgüter verletzt oder Vermögensgüter oder den Körper anderer Personen. Mit dieser Regelung wird der Eindruck erweckt, dass eine vertragliche Haftung im Umkehrschluss zum Delikt kein Verschulden voraussetzt. Der Eindruck wird durch § 111 AGZ verstärkt, der als Sonderregelung für Verträge kein Verschulden erfordert.[67] Dementgegen sah die h. M. eine Verschuldenshaftung für Vertragsverletzungen.[68] Eine Änderung der Rechtslage war gegenüber dem WVG nicht beabsichtigt, was durch den Umstand bestätigt wurde, dass bei der Revision des WVG im Jahr 1993 die Verschuldenshaftung unverändert geblieben war.

Die Verwirrung über das Haftungskonzept wurde erst durch das VG beseitigt. Dass das VG eine Garantiehaftung vorsieht, entspricht zwar der h. M.,[69] ist jedoch nicht unumstritten. Manche gehen davon aus, dass das Vertragsrecht einem zweigleisigen System der Verschuldens- und Garantiehaftung folgt.[70] Es

---

65 Widmer, Die Haftung für Vertragsverletzung im Außenwirtschaftsrecht der VR China, S. 130.

66 Zhu (朱广新), Tribune of Political Science and Law 04/2008, S. 86 ff.

67 Nach § 111 AGZ ist der Gläubiger berechtigt, Erfüllung, Abhilfemaßnahmen oder Schadensersatz zu verlangen, wenn der Schuldner seine Vertragspflichten nicht oder nicht vertragsgemäß erfüllt.

68 Tong (佟柔), Chinesisches Zivilrecht (中国民法), S. 364; Wang (王利民), Neue Beträge zum zivilrechtlichen Haftungsprinzip, (民事责任归责原则新论), Legal Forum 06/2006, S. 55 ff.; Cui (崔建远), Vertragsrecht (合同法), S. 296.

69 Vgl. Wang (王利明), Zivilrecht (民法), S. 892; ders., Studien zum Vertragsrecht (合同法研究), Band II, S. 436; Wu (吴斌), Allgemeines zum Vertragsrecht (合同法概论), S. 161; Huang (黄彤), Vertragsrecht (合同法), S. 306 f.; a. A. Zhu (朱广新), Allgemeiner Teil des Vertragsrechts (合同法总则), S. 950.

70 Cui (崔建远), Guangdong Social Science 04/2019, S. 225 ff.; ders., Civil and Commercial Law Review11/1999, S. 190 ff.; Sui (隋彭生), Essenz des Vertragsrechts (合同法要义), S. 395.

wird darauf hingewiesen, das Verschulden spiele bei vielen Regelungen immer noch eine Rolle. Dies betreffe das Mitverschulden (§ 120 VG), die Voraussehbarkeitsregel bei Schadensersatz (§ 113 Abs. 1 VG), die Schadensminderung (§ 119 VG) und das Institut der c. i. c.[71] Weitere Beispiele lassen sich auch bei den verschiedenen Vertragstypen finden. Nach einer weiteren Ansicht ist § 107 VG die falsche Stelle, um nach dem Haftungskonzept zu suchen.[72] Vielmehr sei die Regelung über Schadensersatz (§ 113 VG) für das Haftungskonzept maßgeblich.[73]

Es ist richtigerweise zwischen Verschuldenshaftung und Verschuldenselement zu differenzieren. Obwohl viele Vorschriften ein Verschuldenselement enthalten, kann daraus nicht gefolgert werden, dass eine Verschuldenshaftung normiert ist. Ob eine Garantie- oder eine Verschuldenshaftung besteht, hängt vielmehr davon ab, ob das Verschulden eine zwingende Voraussetzung für die Haftungsbegründung ist. Dies ist beim VG nicht der Fall. Nach § 107 VG haftet eine Partei, wenn sie Vertragspflichten nicht oder nicht vertragsgemäß erfüllt. Der Wortlaut verlangt schon keine Zurechenbarkeit der Vertragsverletzung. Die Regelungen über den Schadensersatz, §§ 113, 119 VG, erwähnen auch kein Verschulden.[74] Weder systematisch noch teleologisch lässt sich eine Verschuldenshaftung für das VG begründen. Daneben wies der Gesetzgeber in den Materialien zur Gesetzgebung auf Gründe hin, die für eine Garantiehaftung sprechen: Effizienz der Vertragsdurchführung, Schutz des Gläubigers und internationale Tendenz.[75] Dabei wurde Bezug auf das CISG genommen.[76]

Zwar ermöglicht die Garantiehaftung eine schnelle Abwicklung der Geschäfte, die für das kaufmännische Leben den Vorzug verdient.[77] Daher ist sie als Haftungsmodell für den internationalen Handelskauf angemessen.[78] Sie ist jedoch nicht zur Verallgemeinerung geeignet. Legitim ist eine Garantiehaftung nur dann, wenn Anhaltspunkte für einen Garantiewillen des Schuldners bestehen. Dies ist bei Handelsgeschäften regelmäßig der Fall, bei denen es meist

---

71 Cui (崔建远), Guangdong Social Science 04/2019, S. 225 ff.

72 Zhu (朱广新), Tribune of Political Science and Law 04/2008, S. 76 ff.

73 Ebenda.

74 § 113 VG ist die Grundnorm für die Schadensermittlung und §§ 119 f. VG regeln Schadensminderungspflicht und Mitverschulden.

75 Sun (孙礼海), Erklärungen zum Vertragsgesetz (合同法立法资料选), S. 58 f.

76 Wang (王利明), Studien zum Vertragsrecht (合同法研究), Band II, S. 436; Sui (隋彭生), Essenz des Vertragsrechts (合同法要义), S. 395.

77 Vgl. Unberath, Die Vertragsverletzung, S. 336 f.

78 Ebenda.

nur um Warenlieferung und Schadensersatz geht. Im chinesischen Innenrecht sind Verträge aber nicht nur Handelsverträge und es geht den Vertragsparteien auch nicht ausschließlich um einen Geldersatz. Mit der Normierung der Garantiehaftung werden Ausnahme und Regel umgekehrt: Während das AWVG die Garantiehaftung nur bei ausländischen Handelsgeschäften vorsah, wurde durch das VG diese Ausnahme zur Regel.

## 4. Haftungsbegründung: die Vertragsverletzung

### a. Überblick

Dem Vertragsrecht liegt ein einheitlicher Störungstatbestand zugrunde, die Vertragsverletzung.[79] Dies ist auf eine Orientierung am CISG zurückzuführen.[80] Ursprünglich wurde im chinesischen Recht nach der Art der Störung unterschieden und ein großer Teil der Literatur hält daran fest.[81] Zwar behält das geltende Leistungsstörungsrecht noch einen Rest der deutschen Lehren, die bei der Vertragsaufhebung Spuren hinterlassen. Das System der Leistungsstörungen basiert nun auf dem Konzept der Vertragsverletzung.[82] Eine solche liegt vor, wenn die Leistung objektiv hinter dem Vereinbarten zurückbleibt, ohne dass es auf das Verschulden des Schuldners ankommt. Nach dem geläufigen Verständnis bedeutet dies, dass eine Partei ihre vertragliche Pflicht nicht oder nicht vertragsgemäß erfüllt.[83] Eine Differenzierung der Leistungsstörungen hat nur insofern Bedeutung, als das Gesetz bestimmte Rechtsfolgen an Störungen knüpft.[84] Soweit das ZGB von „Nichterfüllung oder nicht vertragsgemäßer Erfüllung“ spricht, ist auch die Vertragsverletzung gemeint.[85]

---

79 Wang (王利明), Studien zum Vertragsrecht (合同法研究), Band II, S. 402, 451 ff.

80 Han (韩世远), Journal of Jinan University 02/2011, S. 8.

81 Wang (王利明), Vertragsrecht (合同法), S. 362 ff.; Zhu (朱广新), Allgemeiner Teil des Vertragsrechts (合同法总则), S. 904 ff.; Han (韩世远), Allgemeines zum Vertragsrecht (合同法总论), S. 365 ff.; Cui (崔建远), Vertragsrecht (合同法), S. 286 ff.; Sui (隋彭生), Essenz des Vertragsrechts (合同法要义), S. 406 ff.

82 Widmer, Die Haftung für Vertragsverletzung im Außenwirtschaftsrecht der VR China, S. 106 f.

83 Wang (王利明), Studien zum Vertragsrecht (合同法研究), Band II, S. 451.

84 Beispiele: § 114 Abs. 3 VG bezieht sich nur auf Schuldnerverzug.

85 So z. B. in § 107 VG, § 111 AGZ und § 577 ZGB. Zum Begriff: Han (韩世远), Allgemeines zum Vertragsrecht (合同法总论), S. 367.

## b. Antizipierte Vertragsverletzung

Die antizipierte Vertragsverletzung beschreibt das Phänomen, dass der Schuldner eine Vertragsverletzung vor Fälligkeit begeht. Sie liegt vor, wenn vor Fälligkeit der Leistung bereits feststeht, dass der Schuldner vertragliche Pflichten nicht oder nicht vertragsgemäß erfüllen wird.[86] Für den Fall, dass die jeweils verweigerten Pflichten Hauptverbindlichkeiten des Vertrags darstellen, räumt § 563 Nr. 2 ZGB dem Gläubiger ein Recht zur Aufhebung des Vertrags ein.

Historisch betrachtet gab es eine ähnliche Regelung im WVG und AWVG nicht; mit § 108 VG wurde die antizipierte Vertragsverletzung erstmalig gesetzlich normiert. Der Gläubiger kann den Schuldner vor Fälligkeit wegen Vertragsverletzung haftbar machen, wenn der Schuldner erklärt oder durch sein Handeln zum Ausdruck bringt, dass er Vertragspflichten nicht erfüllen wird. Dem schließt sich § 578 ZGB an. In rechtsvergleichender Hinsicht kann der Gläubiger nach § 323 Abs. 4 BGB vor dem Eintritt der Fälligkeit der Leistung zurücktreten, wenn offensichtlich ist, dass die Voraussetzungen des Rücktritts eintreten werden. Eine ähnliche Regelung findet sich ferner in Art. 72 CISG und Art. 7.3.3 PICC. Die Existenzberechtigung der Regelungen besteht darin, dass eine Leistungsverweigerung vor Fälligkeit keine Vertragsverletzung ist. Ein präventiver Schutz wird nur dann geboten, wenn sich eine wesentliche Vertragsverletzung mit großer Wahrscheinlichkeit abzeichnet.[87] Diese Voraussetzung wird in Art. 72 CISG explizit geregelt. Konsequent ist, dass der Gläubiger wegen der künftigen Verletzung vor Fälligkeit die Vertragsaufhebung erklären und sich so vom Vertrag lösen kann.[88] Im Gegensatz zu Art. 72 CISG macht die chinesische Regelung die vorzeitige Geltendmachung von Rechtsbehelfen nicht vom Erfordernis der wesentlichen Vertragsverletzung abhängig. Es reicht jede Art der angekündigten Vertragsverletzung aus, um die Haftung auszulösen. Darüber hinaus beschränken sich die Rechte des Gläubigers nicht auf die Aufhebung des Vertrags; ihm steht das gesamte Spektrum der Rechtsbehelfe zur Verfügung.

Für die Vertragsaufhebung wird nach § 108 VG vorausgesetzt, dass eine der Hauptverbindlichkeiten des Vertrags verletzt wird.[89] Dieses Konzept trägt der Einschränkung der Vertragsaufhebung bei einer antizipierten

---

86 Vgl. Huang (黄彤), Vertragsrecht (合同法), S. 309 f.; Zhu (朱广新), Allgemeiner Teil des Vertragsrechts (合同法总则), S. 921 f.

87 BeckOK BGB/Saenger, CISG, Art. 72 Rn. 1.

88 BeckOK BGB/Saenger, CISG, Art. 72 Rn. 1.

89 Vgl. § 94 Nr. 2 VG und § 563 Nr. 2 ZGB.

Vertragsverletzung Rechnung. Der Transfer des CISG geschieht dadurch, dass eine frühzeitige Vertragsaufhebung erst bei wesentlichen Vertragsverletzungen in Betracht kommt.[90] Wenn der Schuldner seinen Willen zur Nichterfüllung eindeutig zum Ausdruck bringt, kann der Gläubiger Schadensersatz verlangen. Die Anforderung der Verletzung der Hauptverbindlichkeit gilt also nicht für Erfüllung und Schadensersatz. Es wird vorgeschlagen, das Erfordernis sei der „Hauptpflichten" in § 108 VG hineinzulesen, um einen Parallellauf mit § 94 Nr. 2 VG sicherzustellen.[91] Diese Ansicht ist zwar begründet, hat sich jedoch nicht durchgesetzt.

### c. Verzögerung der Leistung

In der Literatur wird die Verzögerung der Leistung teilweise dem Schuldnerverzug gleichgestellt.[92] Beim Schuldnerverzug handelt es sich um einen Begriff des deutschen Rechts. Der Schuldner befindet sich im Verzug, wenn er seine Leistungshandlung im Zeitpunkt des verzugsauslösenden Umstands trotz Fälligkeit und Durchsetzbarkeit nicht vorgenommen und die Verzögerung zu vertreten hat.[93] Dagegen spielen im chinesischen Recht weder das Verschulden noch die Mahnung eine Rolle.[94] Hat der Schuldner zum Leistungszeitpunkt die Leistung nicht erbracht, ist er mit dieser in Verzögerung. Zuzugeben ist jedoch, dass die praktische Auswirkung dieses Unterschieds zum deutschen Recht gering sein dürfte, da selbst im deutschen Recht eine Mahnung in der Praxis oft entbehrlich ist und das Vertretenmüssen von § 280 Abs. 1 S. 2 BGB vermutet wird.[95]

Im chinesischen Recht fehlt eine Regelung, die sich primär mit der Leistungsverzögerung beschäftigt. Die verspätete Leistung wird unter die nicht

90 Das Wesen der antizipierten Vertragsverletzung besteht in der Möglichkeit der Vertragsaufhebung durch den Gläubiger, um seine Dispositionsfreiheit zu schützen. Vgl. Honsell/Brunner/Hurni, Art. 72 Rn. 1.

91 Zhu (朱广新), Allgemeiner Teil des Vertragsrechts (合同法总则), S. 1054.

92 Vgl. Huang (黄彤), Vertragsrecht (合同法), S. 314; Wu (吴斌), Allgemeines zum Vertragsrecht (合同法概论), S. 159; Han (韩世远), Allgemeines zum Vertragsrecht (合同法总论), S. 392 ff.

93 Das Erfordernis des Vertretenmüssens in § 286 Abs. 4 BGB. Wesen des Schuldnerverzugs ist die zu vertretende Leistungsverzögerung trotz Möglichkeit und Mahnung. Medicus/Lorenz, Schuldrecht I, § 34 Rn. 391.

94 Vgl. Han (韩世远), Allgemeines zum Vertragsrecht (合同法总论), S. 397.

95 Düchs, Die Behandlung von Leistungsstörungen im Europäischen Vertragsrecht, S. 366, dort zum CISG und den PICC.

vertragsgemäße Erfüllung eingeordnet.[96] Die Zuordnung ist bei der Zweiteilung von Nichterfüllung und nicht vertragsgemäßer Erfüllung zweifelhaft,[97] weil auch eine Nichterfüllung auf einer Verzögerung beruhen kann. Die Differenzierung ist meist entbehrlich. Sobald die Leistung hinter der geschuldeten zurückbleibt, ist der Gläubiger zur Ausübung seiner Rechtsbehelfe berechtigt. Inwiefern der Grund für die Vertragsverletzung in der Verzögerung oder der Unmöglichkeit liegt, spielt grundsätzlich keine Rolle. Dennoch hat die Leistungsverzögerung ihre Bedeutung nicht vollständig verloren. Der Gläubiger kann den Verzögerungsschaden geltend machen.[98] Manche stützen das Ergebnis auf § 112 VG.[99] § 563 Nr. 3 und 4 ZGB ordnet in Anlehnung an § 94 VG an, dass der Gläubiger bei einer Leistungsverzögerung ein Recht auf Vertragsaufhebung hat. Inwiefern der Gläubiger Schadensersatz verlangen kann, der einem „Schadensersatz statt der Leistung" entspricht, sagt das Gesetz nicht. In der Literatur wird es bejaht.[100] Außerdem muss die Partei, die den Vertrag durch Verzögerung der Leistung verletzt hat, die Schuld auch nach Zahlung der Vertragsstrafe erfüllen.[101] Eine weitere Bedeutung findet sich bei der höheren Gewalt, die eine Sonderregelung für die Verzögerung der Leistung vorsieht.[102]

### d. Unmöglichkeit der Leistung

Die Unmöglichkeit des chinesischen Rechts ist nicht mit der „Unmöglichkeit" gleichzusetzen. Der historische BGB-Gesetzgeber hatte die Unmöglichkeit als tragende Säule des Leistungsstörungsrechts konzipiert. Das Konzept hat China beeinflusst, was sich insbesondere in der zahlreichen Bezugnahme auf die Rechtsfigur zeigt.[103] Gleichwohl kennt das geltende Recht die Unmöglichkeit nicht ausdrücklich an. Ob eine Rechtsfigur als Unmöglichkeit zu bezeichnen ist, hängt vom Verständnis der Unmöglichkeit ab. Denn selbst im deutschen

---

96 Widmer, Die Haftung für Vertragsverletzung im Außenwirtschaftsrecht der VR China, S. 118 m. w. N.

97 Vgl. § 107 VG und § 577 ZGB.

98 Han (韩世远), Allgemeines zum Vertragsrecht (合同法总论), S. 400.

99 Ebenda.

100 Han (韩世远), Allgemeines zum Vertragsrecht (合同法总论), S. 401.

101 Vgl. § 585 ZGB.

102 Nach § 117 Abs. 1 S. 2 VG wird eine Partei nicht durch höhere Gewalt von ihrer Haftung befreit, wenn sie mit der Leistung in Verzögerung ist.

103 Han (韩世远), Allgemeines zum Vertragsrecht (合同法总论), S. 406 f.

Recht werden dem Begriff der Unmöglichkeit unterschiedliche Bedeutungen beigemessen.[104]

Wenn aber von der „Unmöglichkeit" die Rede ist, meint die Literatur vor allem die Schuldnerbefreiung nach § 117 VG. So lautet § 117 VG:

> Wenn der Vertrag wegen höherer Gewalt nicht erfüllt werden kann, entfällt jeweils entsprechend dem Einfluss der höheren Gewalt die Haftung ganz oder teilweise, soweit gesetzlich nichts anderes bestimmt ist. Wenn eine Partei mit der Erfüllung in Verzug ist, wird sie nicht dadurch von ihrer Haftung befreit, dass dann höhere Gewalt eintritt.
>
> Als höhere Gewalt bezeichnet dieses Gesetz nicht vorhersehbare, nicht zu vermeidende und nicht zu bewältigende objektive Umstände.[105]

Dem schließt sich § 590 ZGB weitgehend an. Es handelt sich bei diesen Vorschriften um eine Regelung der höheren Gewalt oder *force majeure*. Dass der chinesische Gesetzgeber bei der Schaffung der Regelung vor allem Art. 79 CISG im Blick hatte, lässt sich durch die historische Entwicklung der Regelung erklären. § 117 Abs. 1 VG befreit den Schuldner von seiner Haftung für Vertragsverletzungen, wenn die strengen Voraussetzungen des § 117 Abs. 2 VG erfüllt sind, die kumulativ vorliegen müssen. Dabei müssen die Leistungshindernisse unvorhersehbar, unvermeidbar und unüberwindbar sein. Ist der Schuldner von seiner vertraglichen Haftung befreit, kann der Gläubiger nach § 94 Nr. 1 VG den Vertrag aufheben und sich von der Gegenleistungspflicht befreien. Das Ergebnis entspricht im Wesentlichen dem deutschen Recht, bei dem die Befreiung von der Gegenleistungspflicht *ipso jure* eintritt.[106]

Höhere Gewalt ist keine Unmöglichkeit i. e. S.[107] Sie regelt nicht einmal eine Leistungsstörung, sondern gilt als Befreiungsgrund für eine solche. Fraglich ist aber auch, inwiefern die Unmöglichkeit im deutschen Schuldrecht dem Konzept des historischen BGB-Gesetzgebers entspricht.[108] Durch eine Trennung von Unmöglichkeit und Unverhältnismäßigkeit bzw. die Einführung eines neuen Befreiungskriteriums in § 275 Abs. 2 BGB hat die Unmöglichkeit nach

---

104 Unmöglich wird teilweise so verstanden, als der Schuldner mit dem versprochenen Aufwand die Leistung nicht erbringen kann. Vgl. Lobinger, GPR 6/08, S. 265; ders., Die Grenzen rechtsgeschäftlicher Leistungspflichten.

105 Deutsche Übersetzung: Münzel (Hrsg.), Chinas Recht, 15.3.99/1.

106 Der Schuldner hat nach § 326 Abs. 1 BGB regelmäßig keinen Anspruch auf die Gegenleistung, wenn er nach § 275 BGB befreit ist.

107 Vgl. Ke (柯伟才), Tsinghua University Law Journal 05/2016, 151 ff.

108 Grundlegend: Lobinger, Die Grenzen rechtsgeschäftlicher Leistungspflichten.

der Reform eine ganz andere Kontur erhalten. Ironischerweise scheint eine Befreiung bei höherer Gewalt eher der Bedeutung des alten Unmöglichkeitsrechts zu entsprechen. Denn die Regelung schließt Hindernisse jeder Art ein und unterscheidet nicht zwischen überwindbaren und unüberwindbaren Hindernissen.

Greift die Schuldnerbefreiung nicht ein, muss der Schuldner für seine Nichterfüllung haften. Die höhere Gewalt gilt als Übergangsnorm von der Leistungspflicht zur Haftungspflicht. Grundsätzlich ist die Haftung auf den Schadensersatz bezogen, der kein Verschulden des Schuldners voraussetzt. Ob der Schuldner auch wegen der Erfüllung in Anspruch genommen werden kann, hängt von den Regelungen des § 110 VG ab. So lautet § 110 VG:

> Wenn eine Partei eine nicht in Geld bestehende Verbindlichkeit nicht oder nicht gemäß den Vereinbarungen erfüllt, kann die andere Erfüllung verlangen, außer wenn einer der folgenden Umstände vorliegt:
> 1. wenn eine Erfüllung rechtlich oder tatsächlich nicht möglich ist
> 2. wenn der Gegenstand der Verbindlichkeit zur Zwangsvollstreckung ungeeignet ist oder die Kosten der Erfüllung zu hoch sind
> 3. wenn der Gläubiger nicht innerhalb einer vernünftigen Frist die Erfüllung verlangt hat.[109]

Dass auch die Regelung als Unmöglichkeit verstanden werden kann, zeigt sich in ihrer Parallelität mit § 275 BGB. Inhaltlich bestimmt die Regelung die Fälle der vom Schuldner zu vertretenden Unmöglichkeit, bei welcher der Schuldner auf Schadensersatz haftet. Fraglich ist, ob der Schuldner noch zur Erfüllung in natura verpflichtet ist. In der letzten Phase des Gesetzgebungsprozesses wurde § 580 ZGB durch einen neuen Absatz 2 ergänzt. § 580 Abs. 2 ZGB sieht vor, dass die Partei im Falle des Ausschlusses des Erfüllungsanspruchs verlangen kann, den Vertrag mit allen „Rechten und Pflichten“ zu beenden, wenn das Vertragsziel nicht mehr zu erreichen ist.[110] Diese Regelung erschließt sich schwer. Es ist nicht ersichtlich, warum die Parteien im Falle der vom Schuldner zu vertretenden Unmöglichkeit ein Interesse an der Beendigung des Vertrags haben sollten. Insbesondere ist zweifelhaft, wie die Schadensersatzhaftung begründet wird, wenn das Vertragsverhältnis schon mit allen „Rechten und Pflichten“ beendet wird.

---

109 Deutsche Übersetzung: Münzel (Hrsg.), Chinas Recht, 15.3.99/1.

110 Geregelt ist streng genommen kein Recht auf Vertragsaufhebung. Nach dem Wortlaut kann ein Gericht oder ein Schiedsgericht auf Bitten der Partei das Vertragsverhältnis beenden.

Die Vorschriften der „Unmöglichkeit" verfolgen zwei Ziele. Einerseits soll der Schuldner von seiner Leistungspflicht entlastet werden, wenn er nicht für den Eintritt des Leistungshindernisses verantwortlich ist. Diesen Fall regelt die höhere Gewalt, durch die ein mit §§ 275, 280 BGB übereinstimmendes Ergebnis erzielt wird. Andererseits soll sichergestellt werden, dass der Schuldner auch im Falle einer von ihm zu vertretenden Unmöglichkeit nicht zur Erfüllung in natura verpflichtet sein muss, wenn diese mit extremem Aufwand verbunden ist. Das Gläubigerinteresse kann durch Schadensersatz befriedigt werden. Dadurch wird ein mit § 275 Abs. 2 BGB vergleichbares Ergebnis erzielt, weil der Gläubiger bei einer Befreiung nur Schadensersatz nach § 283 BGB verlangen kann.

### e. Schlechterfüllung

Nach der Zweiteilung der Vertragsverletzung haftet eine Partei auch dann, wenn sie Vertragspflichten nicht vertragsgemäß erfüllt.[111] Dieser Fall wird als Schlechterfüllung bezeichnet. Eine Abgrenzung zur Nichterfüllung ist insbesondere bei der zu geringen Lieferung nicht immer leicht, weil die Schlechterfüllung auch eine Nichterfüllung ist. Die Abgrenzung ist aber oft entbehrlich, weil nach § 107 VG die beiden gleichgestellt sind. Sowohl eine Nichterfüllung als auch eine Schlechterfüllung lösen die vertragliche Haftung des Schuldners aus und der Gläubiger hat die gleichen Rechtsbehelfe. Ein Unterfall der Schlechterfüllung ist der sog. Qualitätsmangel.[112] Dieser liegt vor, wenn die Leistung vom Schuldner zwar erbracht wird, jedoch nicht der geschuldeten Qualität entspricht.[113] Für diesen Fall enthalten § 111 VG eine Sonderregelung. Der Gläubiger kann entsprechend der Art des Gegenstands und der Größe des Schadens eine Wahl zwischen Reparatur, Austausch, erneuter Anfertigung, Wandlung und Minderung treffen. An diese Regelung knüpft das Kaufrecht hinsichtlich der Mangelleistung an. Es zeigt sich eine Parallelität mit dem deutschen Recht, in dem das Kauf- und Werkvertragsrecht ebenfalls auf das allgemeine Leistungsstörungsrecht zurückgreifen.[114]

---

111 Wang (王利明), Vertragsrecht (合同法), S. 287.

112 Han (韩世远), Allgemeines zum Vertragsrecht (合同法总论), S. 426 f.

113 Medicus/Lorenz, Schuldrecht I, § 28 Rn. 324.

114 BeckOK BGB/Lorenz, BGB, § 280 Rn. 22.

### f. Verletzung von Schutzpflichten

Eine Nicht- oder Schlechterfüllung kann nicht nur das Leistungsinteresse des Gläubigers verletzen, sondern auch sein Integritätsinteresse schädigen. Die früher unter den Begriff der positiven Vertragsverletzung (PVV) fallende Störung ist dem chinesischen Recht nicht fremd.[115] Um das Recht des Gläubigers zu schützen, ist es notwendig, ihm einen auf die Entschädigung des Integritätsinteresses gerichteten Anspruch zu gewähren. Die deutsche Lehre hat kurz nach dem Inkrafttreten des BGB den Begriff der PVV entwickelt, um alle Leistungsstörungen zu erfassen, die weder zur Unmöglichkeit noch zum Schuldnerverzug führten.[116] Nach der Schuldrechtsreform sind die Schutzpflichten nun in § 241 Abs. 2 BGB geregelt, auf den die §§ 280, 282, 324 BGB Bezug nehmen. Für Schadensersatz wegen Verletzung von Schutzpflichten bilden §§ 280 Abs. 1, 241 Abs. 2 BGB die Anspruchsgrundlage.

Das chinesische Recht enthält keine spezielle Regelung für die vertraglichen Schutzpflichten. Es wird vorgeschlagen, § 112 VG als Anspruchsgrundlage für die Verletzung der vertraglichen Nebenpflichten heranzuziehen.[117] Nach § 112 VG hat der Schuldner bei einer Vertragsverletzung den Schaden zu ersetzen, der nach Erfüllung der Vertragspflichten oder Ergreifen von Abhilfemaßnahmen noch beim Gläubiger besteht. Es ist zweifelhaft, inwiefern die Regelung überhaupt eine Anspruchsgrundlage beinhaltet. Aus der Systematik des Leistungsstörungsrechts ist eine separate Anspruchsgrundlage neben § 107 VG und § 577 ZGB nicht erforderlich. Vielmehr ist davon auszugehen, dass das chinesische Recht durch die Übernahme des CISG eine einheitliche Anspruchsgrundlage für Schadensersatz enthält.[118] Auch wenn die Ersatzfähigkeit von Begleitschäden im CISG nicht geregelt ist, wird dort einheitlich von deren Ersetzbarkeit ausgegangen.[119] § 112 VG ist eher als eine Klarstellung zu verstehen und besagt, dass ein Schadensersatz neben der Erfüllung möglich ist.

### g. Gläubigerverzug

Der Gläubigerverzug war lange Zeit ungeregelt, obwohl die Literatur ihn anerkannte.[120] Ein Gläubigerverzug liegt vor, wenn der Gläubiger eine

115 Han (韩世远), Allgemeines zum Vertragsrecht (合同法总论), S. 424.
116 Hermann Staub, Die positiven Vertragsverletzungen und ihre Rechtsfolgen, S. 46 ff.
117 Han (韩世远), Allgemeines zum Vertragsrecht (合同法总论), S. 428.
118 Vgl. Art. 45 Abs. 1 lit. b CISG.
119 Schlechtriem/Schwenzer/Schroeter/Schwenzer, CISG, Art. 74 Rn. 27.
120 Han (韩世远), Allgemeines zum Vertragsrecht (合同法总论), S. 442.

ihm ordnungsgemäß angebotene, mögliche Leistung des Schuldners nicht annimmt.[121] Aufgrund der fehlenden Normierung im VG 1999[122] waren die Natur und die Folge des Instituts sehr umstritten.[123] Insbesondere war man sich nicht einig, ob dieser eine Vertragsverletzung i. S. d. Verletzung einer Plicht des Gläubigers zur Annahme oder lediglich eine Verletzung einer Obliegenheit darstellt.[124] Hierin war sicherlich eine Spannung zwischen Anhängern des deutschen Rechts und den des CISG vorhanden. Während der Gläubigerverzug im Allgemeinen Teil des deutschen Schuldrechts eine Obliegenheitsverletzung ist,[125] sieht das CISG darin eine Pflichtverletzung, die mit Schadensersatz geahndet wird.[126]

Der Streit über die Natur des Gläubigerverzugs ist mit dem ZGB zum großen Teil abgeklungen. § 589 ZGB nimmt den Gläubigerverzug gesetzlich auf und bestimmt nun:

> Erfüllt der Schuldner die Verbindlichkeit nach den Vereinbarungen [und] lehnt der Gläubiger ohne rechtfertigenden Grund die Annahme ab, kann der Schuldner fordern, dass der Gläubiger die zusätzlichen Kosten ersetzt.
>
> Während der Gläubiger im Annahmeverzug ist, hat der Schuldner keine Zinsen zu zahlen.[127]

Der Gesetzgeber hat sich für die deutsche Lösung entschieden. § 589 ZGB ist weitgehend an § 304 BGB angelehnt, dessen Ziel es ist, den Schuldner von den zusätzlichen Kosten zu entlasten, die durch den Annahmeverzug entstanden sind.[128] Da der Gläubigerverzug kein Vertretenmüssen voraussetzt, begründet er keine Pflicht zur Schadensersatzleistung. Der Wegfall der Verzinsung in § 589 Abs. 2 ZGB weist einen starken Einfluss des § 301 BGB auf, wobei im deutschen

---

121 Siehe nur Medicus/Lorenz, Schuldrecht I, § 41 Rn. 544.

122 Ein Hinweis zur Anerkennung des Gläubigerverzugs findet sich bei der Hinterlegung, vgl. § 101 Nr. 1 VG.

123 Han (韩世远), Allgemeines zum Vertragsrecht (合同法总论), S. 442.

124 Cui (崔建远), Vertragsrecht (合同法), S. 291; Wang (王利明), Vertragsrecht (合同法), S. 374 f; Han (韩世远), Allgemeines zum Vertragsrecht (合同法总论), S. 435 m. w. N.

125 Anders aber im deutschen Kaufrecht, in dem die Abnahme eine Pflicht des Käufers darstellt.

126 Zum deutschen Recht: BeckOK BGB/Lorenz, BGB, § 293 Rn. 1. Zum CISG: Vogg, Die Leistungsstörungsrechte des BGB, der CIGS, der Principles und des DCFR im Vergleich, S. 67 f.

127 Deutsche Übersetzung: Pissler (Hrsg.), ZChinR 2020, S. 207 ff.

128 Zu § 304 BGB: BeckOK BGB/Lorenz, BGB, § 304 Rn. 1.

Recht die Verzugszinsen regelmäßig unabhängig von § 301 BGB entfallen.[129] Nach dem CISG hätte sich eine solche Regelung, insbesondere hinsichtlich des Abs. 1, erübrigt. Der Gläubigerverzug löst dort die Schadensersatzpflicht aus, welche die zusätzlichen Kosten des Schuldners ohnehin umfasst.

§ 589 ZGB trifft keine Aussage darüber, wie das den Gläubigerverzug auslösende Angebot tatbestandlich gestaltet wird. In der Literatur wird Bezug auf den §§ 294–296 BGB genommen, die zur Konkretisierung des Angebots Bedeutung für das chinesische Recht haben können.[130] Bei der Rechtsfolgeseite wird weder der Gefahrübergang noch eine Haftungsmodifizierung geregelt.[131] Dem Gläubiger entstehen keine Nachteile als die Ersatzpflicht für die Mehraufwendungen. Zwar besteht im Besonderen Teil zum Kaufrecht eine Sonderregelung über den Gefahrübergang bei der Nichtannahme von Waren.[132] Da aber der Gläubigerverzug nicht nur beim Kaufvertrag eine Rolle spielt, wäre eine allgemeine Regelung wünschenswert.

## 5. Haftungsausfüllung: Rechtsbehelfe des Gläubigers

### a. Überblick

Was die Haftungsbegründung betrifft, ist der Grundriss des chinesischen Rechts ein rezipiertes CISG, das dann durch einzelne Elemente des deutschen Rechts ergänzt wird.[133] Von einer strengen vertraglichen Haftung kann nur ausgegangen werden, wenn die Haftungsausfüllung mitbetrachtet wird. Die Rechtsbehelfe des Gläubigers umfassen im Wesentlichen Erfüllung, Abhilfemaßnahme, Schadensersatz, Vertragsstrafe und Vertragsaufhebung. Nach der Grundwertung des Gesetzes stehen die Rechtsbehelfe nebeneinander und der Gläubiger kann zwischen ihnen frei wählen. Zu Recht wird festgestellt, dass das chinesische Vertragsrecht faktisch eine „cumulation of remedies" angenommen hat.[134] Die Grenze liegt in der Unvereinbarkeit der Rechtsbehelfe und im Bereicherungsverbot.[135] Eine Ausnahme besteht bei der Vertragsaufhebung, die erst bei grundlegenden Vertragsverletzungen in Betracht kommt.

---

129 Der Gläubigerverzug beendet den Schuldnerverzug, allg. M., vgl. MüKoBGB/Ernst, BGB, § 301 Rn. 27; Palandt/Grüneberg, § 301 Rn. 1.

130 Zhang (张金海), Research on Rule of Law 03/2019, S. 37 ff.

131 Vgl. dazu §§ 300–304 BGB.

132 § 608 ZGB entspricht dem Inhalt des § 146 VG.

133 Bu (卜元石), ZfRV 2014, S. 261 ff.

134 Wang (王利明), Studien zum Vertragsrecht (合同法研究), Band II, S. 409 f.

135 Ebenda.

Durch die Verweisung auf die allgemeinen Rechtsbehelfe gelten die Regelungen über die Mangelhaftung auch für das Kaufrecht.[136] In der Gesetzgebung zum VG wurde diskutiert, ob ein zweispuriges System für allgemeine Leistungsstörungen und Gewährleistungsrecht nach dem Modell des alten deutschen Rechts einzuführen war. Der Gesetzgeber entschied sich dagegen.[137] Es ist interessant zu sehen, dass das deutsche Recht nach der Schuldrechtsreform auf ein eigenes Gewährleistungsrecht verzichtet hat. Durch die Eingliederung des Gewährleistungsrechts in das allgemeine Leistungsstörungsrecht hat das deutsche Kaufrecht kein Gewährleistungsrecht im eigentlichen Sinne mehr.[138] Damit ist eine Parallelität in der Entwicklung des Leistungsstörungsrechts zu sehen.

## b. Erfüllungsanspruch

Beim AWVG 1985 war umstritten, ob dem Gläubiger bei Vertragsverletzung neben dem Schadensersatz ein Erfüllungsanspruch zusteht.[139] Nach dem Wortlaut des Gesetzes wurde dies zu Recht verneint.[140] Seit dem VG 1999 ist der Erfüllungsanspruch ein Rechtsbehelf des Gläubigers, dessen Gewährung nicht im Ermessen des Gerichts liegt. Auch wenn das Ergebnis stimmt, ist eine Einordnung des Erfüllungsanspruchs als Rechtsbehelf nicht eindeutig, denn nach § 118 ZGB tritt der Erfüllungsanspruch als Primäranspruch hervor.

Den Regelungen liegt eine Trennung nach dem Leistungsgegenstand zugrunde. §§ 579, 580 ZGB differenzieren zwischen einem auf Geld und einem nicht auf Geld gerichteten Erfüllungsanspruch. Während eine Geldschuld stets verlangt werden kann, ist der Anspruch auf Erfüllung einer Nichtgeldschuld nur in bestimmten Fällen möglich. Werden die Ausschlussgründe betrachtet, so weisen sie starke Bezüge zum Prozessrecht auf. Vor diesem Hintergrund ist nicht unverständlich, dass die Erfüllung teilweise mit Specific Performance gleichgesetzt wird.[141] Die Sichtweise ist zweifelhaft. Für das chinesische Recht ist der Erfüllungsanspruch kein Equitable Relief, der nur gewährt wird, wenn die

---

136 § 617 ZGB verweist auf §§ 582 bis 584 ZGB.

137 Wang (王利明), Studien zum Vertragsrecht (合同法研究), Band II, S. 418.

138 Vgl. MüKoBGB/Westermann, BGB, § 437 Rn. 1.

139 Widmer, Die Haftung für Vertragsverletzung im Außenwirtschaftsrecht der VR China, S. 211 ff.

140 Sun (孙礼海), Erklärungen zum Vertragsgesetz (合同法立法资料选), S. 59.

141 Han (韩世远), Allgemeines zum Vertragsrecht (合同法总论), S. 600.

Geldkondemnation unzureichend ist.[142] Die Gleichstellung der Erfüllung mit Schadensersatz deutet darauf hin, dass die unmittelbare Quelle für die Rechtsrezeption nicht das Common Law ist. Da eine funktional-rechtsvergleichende Betrachtung die Einbeziehung des Prozess- und Vollstreckungsrechts voraussetzt,[143] kann die Ansicht auch wegen der Abweichung im Prozessrecht nicht überzeugen.

Das CISG kennt eine solche Differenzierung nach dem Leistungsgegenstand nicht. Die von Art. 28 CISG bewusst hinterlassene Lücke hinsichtlich der Gewährung der Erfüllung wird durch die PICC geschlossen. Dem Geldgläubiger steht nach den Art. 7.2.1 f. PICC ein Anspruch auf Erfüllung zu, wohingegen ein auf eine Nichtgeldschuld gerichteter Erfüllungsanspruch gemäß Art. 7.2.2 PICC Einschränkungen unterliegt.[144] Das Gericht hat danach zur Naturalerfüllung zu verurteilen, außer wenn einer der Ausnahmetatbestände erfüllt ist. Ein zentrales Problem der PICC ist, dass die abstrakt formulierten Kriterien für die Begrenzung des Erfüllungsanspruchs konturlos sind.[145] Ihre historische Wurzel ist in den diversen Ermessensentscheidungen des Chancery Courts zu finden.[146] In den PICC werden also materielle Ausschlussgründe mit prozessualen Erwägungen vermischt – genau das ist es, was Art. 28 CISG vermeiden wollte.

### c. Recht auf Vertragsaufhebung

Bei einer Vertragsverletzung kann der Gläubiger unter den Voraussetzungen des § 94 VG den Vertrag aufheben. Eine Änderung des § 563 ZGB besteht in der Hinzufügung eines Kündigungsrechts bei einer Dauerschuld als der Abs. 2. Dadurch wird die Kündigung eines Dauerschuldverhältnisses zum ersten Mal allgemein geregelt.[147] Die in § 94 VG vorgesehenen gesetzlichen Aufhebungsgründe gelten im ZGB unverändert fort. So lautet § 94 VG:

> Wenn einer der folgenden Fälle vorliegt, kann eine Partei den Vertrag aufheben:
> 1. wenn sich das Vertragsziel wegen höherer Gewalt nicht verwirklichen lässt

142 Zu Common Law und Equity hinsichtlich der Erfüllung: Riehm, Der Grundsatz der Naturalerfüllung, S. 128 f.

143 Vgl. BeckOGK/Hartmann, CISG, Art. 46 Rn. 2.1.

144 Vgl. Art. 7.2.2 lit a-e PICC.

145 Kommentar zu PICC, Art. 7.2.2.; Unberath, Die Vertragsverletzung, S. 270.

146 Riehm, Der Grundsatz der Naturalerfüllung, S. 128.

147 Bu (卜元石), Der Besondere Teil der chinesischen Zivilrechtskodifikation, S. 23.

2. wenn vor Ablauf der Frist für die Erfüllung eine Seite klar erklärt oder mit ihren Handlungen zum Ausdruck bringt, dass sie eine Hauptverbindlichkeit nicht erfüllen wird
3. wenn eine Seite mit der Erfüllung einer Hauptverbindlichkeit in Verzug ist und sie auch nach Mahnung nicht innerhalb einer vernünftigen Frist erfüllt
4. wenn der Verzug einer Partei bei der Erfüllung von Verbindlichkeiten oder andere Vertragsverletzungen dazu führen, dass das Vertragsziel nicht verwirklicht werden kann
5. bei anderen vom Gesetz bestimmten Umständen.[148]

Die Regelung zur Vertragsaufhebung ist die Stelle, in der der Einfluss des deutschen Rechts mit der Rezeption des CISG in Konflikt geraten ist. Zunächst adoptiert das chinesische Recht eine Ausdifferenzierung der Störungen nach dem deutschen Konzept: Die Unmöglichkeit (höhere Gewalt), der antizipierte Vertragsbruch, der Schuldnerverzug und die Schlechtleistung werden einzeln als Aufhebungsgrund aufgezählt, obwohl sie Unterfälle der Vertragsverletzung sind.[149] Anders als das deutsche Recht kommt eine Vertragsaufhebung erst in Betracht, wenn zusätzliche Voraussetzungen vorliegen. Während sich der Gläubiger bei der Unmöglichkeit der Leistung nach § 326 Abs. 5 BGB vom Vertrag zurücktreten kann, kann er nach dem chinesischen Recht den Vertrag erst aufheben, wenn das Vertragsziel nicht zu erreichen ist.[150] Ähnliche Einschränkungen bestehen auch bei anderen Tatbeständen des § 94 VG.

Bei einer näheren Betrachtung sind die Einschränkungen in § 94 VG eine Rezeption des Schwere-Prinzips aus dem CISG.[151] In Abweichung zu nationalen Rechten begründet im CISG grundsätzlich nur eine wesentliche Vertragsverletzung das Recht zur Vertragsaufhebung.[152] Art. 49 Abs. 1 lit. a) CISG knüpft die Vertragsaufhebung daran, dass die Pflichtverletzung des Verkäufers eine wesentliche Vertragsverletzung darstellt.[153] Eine Vertragsverletzung ist nach Art. 25 CISG wesentlich, wenn sie für die andere Partei einen solchen Nachteil zur Folge hat, dass ihr im Wesentlichen entgeht, was sie nach dem Vertrag hätte erwarten dürfen, es sei denn, die vertragsbrüchige Partei habe diese Folge nicht vorausgesehen oder hätte nicht voraussehen können. Nur im Falle der Nichtlieferung der Ware kann der Gläubiger durch die Setzung einer Nachfrist und

148 Deutsche Übersetzung: Münzel (Hrsg.), Chinas Recht, 15.3.99/1.
149 Vgl. Cui (崔建远), Vertragsrecht (合同法), S. 248 ff.
150 Han (韩世远), Allgemeines zum Vertragsrecht (合同法总论), S. 514.
151 Han (韩世远), Jilin University Journal Social Sciences Edition 04/1999, S. 34.
152 Schlechtriem/Schwenzer/Schroeter/Müller-Chen, CISG, Art. 49 Rn. 2.
153 MüKoBGB/Huber, CISG, Art. 49 Rn. 17.

deren Ablauf ein Aufhebungsrecht erlangen.[154] Die Regelung des CISG hat einen Nachteil: Eine abstrakte und gleichzeitig präzise Definition der wesentlichen Vertragsverletzung ist angesichts der großen Zahl der Störungen nicht möglich.[155] Entgegen dem CISG wird die wesentliche Vertragsverletzung nicht abstrakt definiert, sondern je nach Störungsart aufgezählt. § 94 Nr. 1 und Nr. 4 VG verlangen bei höherer Gewalt und sonstigen Vertragsverletzungen, dass durch sie das Vertragsziel nicht verwirklicht wird. Demgegenüber qualifizieren § 94 Nr. 2 und Nr. 3 VG eine Vertragsverletzung mit der Anforderung der „Hauptverbindlichkeit", um das Recht auf Vertragsaufhebung zu beschränken.[156]

Es gab eine Änderung des Konzepts im Gesetzgebungsverfahren. Der ursprüngliche Entwurf des VG sah nach dem deutschen Recht einzelne Regelungen zur Vertragsaufhebung nach Art der Störung vor.[157] Ab dem dritten Entwurf wurden zum Zweck der Vereinfachung die ausdifferenzierten Regelungen in eine Vorschrift zusammengefasst, die durch das Konzept der wesentlichen Vertragsverletzung modifiziert wurde. *Cui* zufolge, der an diesem Prozess beteiligt war, stellt § 94 VG ein Mischmodell dar, bei dem vor allem in Nr. 2 und 3 der Einfluss des deutschen Rechts zu sehen ist.[158]

§ 94 Nr. 1 und 4 VG sind vom Schwere-Prinzip geprägt. Danach ist „die Nichterreichung des Vertragsziels" im Licht der wesentlichen Vertragsverletzung so zu verstehen, dass die Vertragserwartung des Gläubigers wesentlich enttäuscht wird.[159] Wann dies der Fall ist, hängt von Vertragsauslegung ab.[160] Gleichwohl hat das chinesische Recht die Regelung der Vorhersehbarkeit in Art. 25 CISG nicht übernommen, deren Bedeutung umstritten ist.[161] § 94 Nr. 3 VG regelt dagegen das Nachfrist-Modell nach deutschem Recht.[162] Der Gläubiger kann den Vertrag aufheben, wenn der Schuldner mit der Leistung

154 MüKoHGB/Benicke, CISG, Art. 49 Rn. 1.

155 MüKoBGB/Huber, CISG, Art. 49 Rn. 17.

156 Fraglich ist, ob mit dem Begriff der Hauptverbindlichkeit eine Hauptleistungspflicht im Gegensatz zu einer Neben- oder Schutzpflicht gemeint ist.

157 Han (韩世远), Allgemeines zum Vertragsrecht (合同法总论), S. 516.

158 Ebenda.

159 Schlechtriem/Schwenzer/Schroeter/Schroeter, CISG, Art. 25 Rn. 64 ff.

160 Schlechtriem/Schwenzer/Schroeter/Schroeter, CISG, Art. 25 Rn. 98; BeckOK BGB/Saenger, CISG, Art. 25 Rn. 4. In der chinesischen Literatur ist eine derartige Zuordnung noch selten zu sehen.

161 MüKoHGB/Benicke, CISG, Art. 25 Rn. 20 f.

162 Ähnlich in Art. 49 Abs. 1 lit. b) i. V. m. Art. 47 CISG, da das Nachfrist-Modell vom CISG übernommen wurde.

in Verzug ist und sie auch nach Mahnung nicht erbringt. Die Einschränkung auf die Nichtleistung einer „Hauptverbindlichkeit" entspricht der Wertung des § 323 Abs. 5 S. 2 BGB. Deutlicher wäre es, wenn das Gesetz statt der „Hauptverbindlichkeit" von einer „erheblichen Verletzung" spräche.[163] Gleiches gilt für § 94 Nr. 2 VG. Bei der antizipierten Vertragsverletzung hat der Gläubiger das Recht zur Vertragsaufhebung, nur wenn die verweigerte Leistung eine erhebliche Verletzung seiner Pflichten zur Folge hat.

Die Regelung zur Vertragsaufhebung wurde im ersten Entwurf des ZGB durch § 353 BTZ um zwei weitere Absätze ergänzt. § 353 Abs. 2 BTZ regelt das Kündigungsrecht bei einem unbefristeten Dauervertrag und Abs. 3 die Vertragsaufhebung bei Unmöglichkeit, sofern der Gläubiger seinerseits den Vertrag nicht aufhebt. So lautet § 353 Abs. 2 und 3 BTZ:

> …
>
> Hat ein unbefristeter Vertrag eine Dauerschuld zum Gegenstand, so können die Parteien jederzeit den Vertrag aufheben.
>
> Führt eine Nichterfüllung dazu, dass das Vertragsziel nicht mehr erreicht werden kann und eine Nichtaufhebung des Vertrags durch die berechtigte Partei für die Gegenpartei offensichtlich ungerecht ist, so kann die Gegenpartei die Aufhebung des Vertrags von einem Volksgericht oder einem Schiedsgericht verlangen. Eine Aufhebung des Vertrags hat aber keinen Einfluss auf die Haftung für die Nichterfüllung.[164]

Auch wenn nur Abs. 2 in die Endversion des ZGB (§ 563 ZGB) aufgenommen wurde, ergibt sich aus dem gestrichenen § 353 Abs. 3 BTZ ein Einblick in das Gesetzgebungsverfahren. Es war vorgesehen, dass die vertragsbrüchige Partei den Vertrag aufheben kann, wenn das Vertragsziel nicht mehr zu erreichen und die Nichtaufhebung des Vertrags für sie offensichtlich ungerecht ist. Abgesehen von der Schwammigkeit der Formulierung ist die Regelung sachlich kaum zu halten. Denn sie privilegiert die vertragsbrüchige Partei durch eine zusätzliche Möglichkeit der Vertragsaufhebung. Im Fall der höheren Gewalt ist der Schuldner von seiner Haftung entlastet. Beruht die Nichterfüllung nicht auf höherer Gewalt, gibt es keinen Grund für eine Privilegierung des Schuldners. Zudem kann der Schuldner sich gegen das Erfüllungsverlangen mit § 110 VG zu Wehr setzen. Hebt der Gläubiger den Vertrag nicht auf, bleibt er zur Gegenleistung verpflichtet. Es ist kaum denkbar, dass der Gläubiger auf sein Recht zur Vertragsaufhebung verzichten würde.

---

163 Es geht nicht allein um die Art der verletzten Pflicht, sondern auch um die Schwere der Verletzung.

164 Deutsche Übersetzung durch den Verfasser.

Die Kodifizierung hat ferner den Streit über die Wirkung der Vertragsaufhebung nicht beseitigt.[165] Im chinesischen Recht besteht seit jeher eine Uneinigkeit darüber, ob die Vertragsaufhebung *ex tunc* oder *ex nunc* wirkt.[166] Auch im Prozess der Kodifizierung gingen die Meinungen zu weit auseinander, sodass eine Änderung hierzu unmöglich war.[167]

### d. Schadensersatzanspruch

Der Schadensersatz wird durch die Kodifizierung kaum berührt. Ein Problem besteht darin, dass es im Vergleich zum CISG an einer Regelung fehlt, die Art. 48 CISG entspricht. Nach dieser Regelung kann der Verkäufer den Mangel in der Erfüllung auf eigene Kosten beheben und damit den Käufer von der Möglichkeit beschränken, von seinen Rechten wegen der Nichterfüllung sofort geltend zu machen.[168] Im deutschen Recht kann der Gläubiger Schadensersatz statt der Leistung nur unter den Voraussetzungen der §§ 281 ff. BGB verlangen.[169] In Ermangelung einer vergleichbaren Regelung kann der Gläubiger nach dem chinesischen Recht nach Belieben Erfüllung oder Schadensersatz verlangen. Ob dieses Ergebnis vom Gesetzgeber gewollt war, ist bislang unklar.

Im VG regelt § 113 VG den Inhalt eines Schadensersatzanspruchs, der nahezu unverändert durch § 584 ZGB aufgenommen wurde.[170] Eine redaktionelle Änderung besteht nur in der Streichung des § 113 Abs. 2 VG, der eine Sonderregelung für Verbraucherverträge trifft. Im Allgemeinen Teil des ZGB verweist § 128 ZGB auf die anwendbaren Regelungen in Sondergesetzen. § 584 ZGB lautet:

> Erfüllt eine Partei Vertragspflichten nicht oder entspricht die Erfüllung nicht den Vereinbarungen, sodass die andere Seite geschädigt wird, muss der Betrag des Schadensersatzes dem durch die Vertragsverletzung herbeigeführten Schaden entsprechen, einschließlich des nach Vertragserfüllung zu erlangenden Gewinns; [der Betrag] darf aber den Schaden nicht übersteigen, den die vertragsverletzende Seite bei Abschluss des Vertrags als mögliche [Folge] einer Vertragsverletzung vorhergesehen hat oder vorhersehen musste.[171]

---

165 Bu (卜元石), Der Besondere Teil der chinesischen Zivilrechtskodifikation, S. 23 m. w. N.

166 Bu (卜元石), ZfRV 2014, S. 267 f.; Han (韩世远), Allgemeines zum Vertragsrecht (合同法总论), S. 523 ff.

167 Bu (卜元石), Der Besondere Teil der chinesischen Zivilrechtskodifikation, S. 23.

168 MüKoBGB/Huber CISG Art. 48 Rn. 1–2.

169 Vgl. § 280 Abs. 3 BGB.

170 Hinsichtlich der Haftungsbegründung §§ 107, 112 und 117 VG.

171 Deutsche Übersetzung: Pissler (Hrsg.), ZChinR 2020, S. 207 ff.

Die Regelung ist eine Nachbildung des Art. 74 CISG.[172] Während das WVG keine allgemeine Vorschrift über Schadensersatz kannte, sah das AWVG mit § 19 AWVG eine solche Regelung vor, die aber rudimentärer war.[173] Anders als das deutsche Recht umfasst der Schadensersatz im chinesischen Recht nur die Entschädigung in Geld und keine Naturalrestitution.[174]

Der Ausgangspunkt für den Umfang des Schadensersatzes ist der Grundsatz der Totalreparation. Das bedeutet, dass der Gläubiger einen Anspruch auf Ausgleich aller Nachteile hat, die ihm durch die Vertragsverletzung entstanden sind. Auch wenn das chinesische Recht von diesem Grundsatz ausgeht, besteht Unklarheit bei der Ersatzfähigkeit der einzelnen Schadenspositionen. In der Fachliteratur und Rechtsprechung werden uneinheitlich Begrifflichkeiten verwendet, deren Bedeutung umstritten ist.[175] So differenziert man manchmal zwischen unmittelbaren und mittelbaren Schäden.[176] Während es teilweise bei der Differenzierung auf die Kausalität ankommt, ist für andere entscheidend, an welchem Rechtsgut der Schaden eingetreten ist.[177] Bei der Unterscheidung zwischen Vermögens- und Nichtvermögensschaden wurde die Ersatzfähigkeit eines Nichtvermögensschadens früher allgemein verneint.[178] Heute wird hingegen für die Anerkennung des Schmerzensgelds plädiert.[179] Während der entgangene Gewinn grundsätzlich ersatzfähig ist, wird die Vereitelung von Gewinnchancen nicht als ersatzfähiger Schaden anerkannt.[180]

Die Schadensersatzhaftung wird durch die Begrenzung des Ersatzes auf den voraussehbaren Schaden gemildert. Dabei spielt keine Rolle, ob es sich bei dem Schaden um Verlust oder entgangenen Gewinn handelt. Durch die Regelung der Voraussehbarkeit wird das Haftungsrisiko des Schuldners auf das bei Vertragsschluss überschaubare Risiko eingeschränkt.[181] Die chinesische Regelung hat sich Art. 74 CISG als Vorbild genommen.[182] So ist die Voraussehbarkeit aus

172 Bu (卜元石), ZfRV 2014, S. 270.

173 In § 19 AWVG war der entgangene Gewinn nicht geregelt.

174 Vgl. Cui (崔建远), Vertragsrecht (合同法), S. 317.

175 Bu (卜元石), ZfRV 2014, S. 270 f.

176 Die Differenzierung scheint dem deutschen Recht zu stammen. MüKoBGB/Oetker, BGB, § 249 Rn. 99 ff.

177 Han (韩世远), Allgemeines zum Vertragsrecht (合同法总论), S. 321.

178 Han (韩世远), Allgemeines zum Vertragsrecht (合同法总论), S. 620.

179 Ebenda.

180 Bu (卜元石), ZfRV 2014, S. 271.

181 Schlechtriem/Schwenzer/Schroeter/Schwenzer, CISG, Art. 74 Rn. 45.

182 Liang (梁慧星), Research on Rule of Law 04/2019, S. 14, dort Verweis auf Common Law und internationale Regelwerke.

der Sicht der vertragsbrüchigen Partei zu beurteilen, wobei der Zeitpunkt des Vertragsschlusses maßgebend ist.[183] Des Weiteren wird bei dem Maßstab für die Voraussehbarkeit auf eine verständige Person abgestellt, was dem CISG entspricht.[184] Abweichungen bestehen dagegen in der Praxis, in der die Voraussehbarkeitsregelung nur selten zur Anwendung kommt.[185] Der Grund ist, dass der Kläger nur selten den Bestimmtheitsanforderungen bei dem entgangenen Gewinn genügt, sodass sich die Frage der Vorhersehbarkeit nicht stellt. Bei über 500.000 Fällen der Vertragsverletzungen nach Erlass des VG wurde in nur 214 Fällen die Einschränkung durch die Voraussehbarkeit von den Gerichten bejaht.[186]

Die Schadensregelung wird durch §§ 119, 120 VG flankiert, die jeweils die Schadensminderungspflicht und das Mitverschulden regeln. Beide Vorschriften sind Ausfluss des allgemeinen Grundsatzes von Treu und Glauben.[187] Nach § 119 VG hat der Gläubiger bei einer Vertragsverletzung angemessene Maßnahmen zur Verringerung des Schadens zu treffen. Versäumt er dies, wird sein Schadensersatzanspruch der Höhe nach gekürzt. Die Regelung ist Art. 77 CISG nachgebildet und entspricht funktional § 254 Abs. 2 BGB. Demgegenüber war lange Zeit die Bedeutung des § 120 VG umstritten.[188] Nach dem Wortlaut haftet in einem Fall beiderseitiger Vertragsverletzungen jede Partei für ihre eigene Vertragsverletzung. Nach der zutreffenden Ansicht war hiermit das Mitverschulden der geschädigten Partei bei der Schadensentstehung geregelt.[189] Der Streit ist durch die Kodifizierung obsolet geworden. § 592 ZGB ergänzt § 120 VG mit einem zusätzlichen Hinweis, dass das Mitverschulden bei der Schadensentstehung den Anspruch des Gläubigers kürzt. Dementsprechend erfüllen §§ 591, 592 ZGB nunmehr gemeinsam die Funktion des § 254 Abs. 1 und 2 BGB.

183 Cui (崔建远), Vertragsrecht (合同法), S. 326.
184 Cui (崔建远), Vertragsrecht (合同法), S. 327.
185 Bu (卜元石), ZfRV 2014, S. 271.
186 Liang (梁慧星), Research on Rule of Law 04/2019, S. 14.
187 Cui (崔建远), Vertragsrecht (合同法), S. 327.
188 Cui (崔建远), Vertragsrecht (合同法), S. 331.
189 Ebenda.

# Teil 2 Die chinesischen Befreiungsregelungen

# I. Die Befreiungsfigur der höheren Gewalt

## 1. Entwicklung der Befreiungsfigur im chinesischen Recht

Das chinesische Recht kennt die Befreiungsfigur der höheren Gewalt seit Längerem. Nach den überlieferten Materialien zu den ersten Entwürfen des Zivilgesetzbuchs in den 1950er-Jahren wurde die Rechtsfigur der höheren Gewalt bereits berücksichtigt.[190] Unklarheit bestand zwischen der höheren Gewalt und der Unmöglichkeit, die man aus dem deutschen Recht rezipiert hatte.[191] Das Konzept der Verfasser der Entwürfe lässt sich mangels näherer Erklärung nicht mehr verfolgen. Die Untersuchung beginnt hier mit dem WVG 1981, dem ersten Gesetz der „dreifachen Gesetzgebung" in den 1980er-Jahren. So lautet § 34 WVG:

> Wenn eine Partei den Wirtschaftsvertrag aufgrund höherer Gewalt nicht erfüllen kann, muss sie die andere Partei rechtzeitig über den Grund für die Nichterfüllung, die Verzögerung oder die teilweise Erfüllung des Wirtschaftsvertrags informieren, und nach Erhalt der Bescheinigung durch die zuständige Behörde wird die Verzögerung, teilweise Erfüllung oder Nichterfüllung zugelassen und [sie wird] nach den Umständen teilweise oder vollständig von der Haftung für Vertragsverletzungen befreit.[192]

Die andere Partei kann nach § 27 Nr. 4 WVG den Wirtschaftsvertrag aufheben oder anpassen, wenn die Leistung aufgrund höherer Gewalt nicht erbracht werden kann. Gemäß § 27 Nr. 4 WVG ist eine Anpassung oder Aufhebung des Vertrags erlaubt:

> [D]er wirtschaftliche Vertrag [kann] aufgrund höherer Gewalt oder aufgrund äußerer Ursachen, die von einer der Parteien nicht verhindert werden können, obwohl kein Verschulden bei ihr vorliegt, nicht erfüllt werden.[193]

Die Regelungen allein betrachtet, ist die Rechtsfigur der höheren Gewalt unproblematisch. Zweifel ergeben sich erst aus einer Zusammenbetrachtung mit dem Haftungskonzept des Gesetzes. Dem WVG lag eine Verschuldenshaftung

---

190 Vgl. Ke (柯伟才), Tsinghua University Law Journal 05/2016, S. 151 ff.

191 Es gab verschiedene Versionen der Entwürfe, verfasst von unterschiedlichen Stellen. Manche sahen Unmöglichkeit und Schuldnerverzug vor, andere regelten höhere Gewalt als einzige Befreiungsmöglichkeit.

192 Deutsche Übersetzung durch den Verfasser.

193 Deutsche Übersetzung durch den Verfasser.

zugrunde.[194] Bei einer Verschuldenshaftung muss der Schuldner für die von ihm nicht verschuldeten Störungen ohnehin nicht einstehen. Daher erübrigt sich eine Befreiung durch die höhere Gewalt, deren Wirkung sich nur bei einer Garantiehaftung entfalten kann. Was das Vorbild betrifft, findet man Hinweise zum römischen Recht bis zu Art. 1147 des französischen *Code Civil*. Ein direktes Vorbild für die chinesische Regelung ist das einheitliche Kaufrecht bzw. das CISG als dessen Nachfolger. Dafür sprechen drei Faktoren. Erstens war China schon früh dem CISG beigetreten.[195] Auch vor dem Beitritt lag die chinesische Übersetzung des CISG-Texts vor, die als eine wichtige Quelle für die Vertragsgesetzgebungen gedient hatte. Zweitens nimmt die Literatur häufig Bezug auf Art. 79 CISG und betrachtet die Vorschrift als das Pendant zur höheren Gewalt.[196] Drittens deuten die einzelnen Details der chinesischen Regelungen, z. B. die Benachrichtigungspflicht in § 32 WVG und das Recht des Gläubigers auf Vertragsaufhebung nach § 27 Nr. 4 WVG, auf die Übernahme des CISG hin. Eine solche Benachrichtigungspflicht ist in Art. 79 Abs. 4 CISG und die Vertragsaufhebung in Abs. 5 normiert.

Das AWVG 1985 enthielt eine ähnliche Befreiungsregelung. Im Gegensatz zum WVG sah das Gesetz kein Verschulden des Schuldners als Voraussetzung für die Haftungsbegründung vor. Vielmehr kann der Gläubiger Schadensersatz und andere Rechtsbehelfe bereits deswegen geltend machen, weil der Schuldner eine Vertragsverletzung begeht.[197] Aufgrund der Garantiehaftung des Schuldners gewann die Regelung der höheren Gewalt erheblich an Bedeutung. So lautet § 24 AWVG:

> Wenn eine Partei aufgrund höherer Gewalt alle oder einen Teil der Verpflichtungen aus dem Vertrag nicht erfüllen kann, ist sie von ihrer Haftung ganz oder teilweise befreit.
>
> Wenn eine Partei den Vertrag aufgrund höherer Gewalt nicht innerhalb der im Vertrag festgelegten Frist erfüllen kann, ist sie von der Haftung für die Verzögerung der Leistung innerhalb des Zeitraums befreit, in dem die Auswirkungen des Ereignisses anhalten.

---

194 Vgl. Erklärung zum Wirtschaftsvertragsgesetz (Entwurf).

195 Han (韩世远), Journal of Jinan University 02/2011, S. 7.

196 Han (韩世远), Allgemeines zum Vertragsrecht (合同法总论), S. 373; ders., Journal of Jinan University 02/2011, S. 7 ff.; Wang (王利明), Studien zum Vertragsrecht (合同法研究), Band II, S. 546; Ke (柯伟才), Tsinghua University Law Journal 05/2016, S. 151 ff.

197 Vgl. § 18 S. 1 AWVG, welcher weitgehend mit § 107 VG übereinstimmte.

> Höhere Gewalt sind Ereignisse, die die Parteien bei Vertragsschluss nicht vorhersehen konnten und deren Eintritt und Folgen nicht vermieden und nicht überwunden werden können.
>
> Der Umfang der Ereignisse höherer Gewalt kann im Vertrag vereinbart werden.[198]

Dem schließt sich eine Regelung über Benachrichtigungspflicht in § 25 AWVG an, die keine Schadensersatzpflicht bei der Verletzung dieser Pflicht vorsah. Mit § 24 AWVG ergab sich eine weitere strukturelle Annäherung an Art. 79 CISG. Insbesondere weist die Definition der höheren Gewalt in § 24 Abs. 3 AWVG – die zur Standard-Definition für höhere Gewalt im chinesischen Recht wird – eine große Parallelität zum Tatbestand des Art. 79 Abs. 1 CISG auf.[199] Die in § 24 Abs. 2 AWVG aufgenommenen zeitweiligen Hindernisse entsprechen ferner dem Regelungsgedanken des Art. 79 Abs. 3 CISG. Eine inhaltliche Erneuerung gegenüber § 32 WVG ist in § 24 Abs. 4 AWVG zu sehen, der eine Entscheidung der Parteien über den Umfang der höheren Gewalt zulässt.[200] Die Bedeutung des Abs. 4 wird oft unterschätzt. Hieraus geht der Gedanke der Selbstbestimmung hervor. Wann der Schuldner von seiner Haftung entlastet wird, bleibt eine Entscheidung der Vertragsbeteiligten.[201] Konsequent ist daher, die Bestimmung der höheren Gewalt den Parteien zu überlassen.[202] Gerade weil höhere Gewalt tatbestandlich unbestimmt ist, ist eine vertragliche Vereinbarung sinnvoll, um Klarheit über die Befreiungsreichweite zu schaffen. Bedauerlicherweise hatte diese Regelung in nachfolgenden Vertragsgesetzen keinen Bestand – der Gedanke der Selbstbestimmung wird nicht noch einmal so ausdrücklich im Gesetz aufgegriffen.[203]

Die AGZ 1986 regelten nicht nur das Vertragsrecht, sondern waren ein kleines Gesetzbuch. Es gab dort zwei Regelungen über die Befreiung des Schuldners von der Haftung. § 153 AGZ definiert höhere Gewalt – in Anlehnung an

---

198 Deutsche Übersetzung durch den Verfasser.

199 Widmer, Die Haftung für Vertragsverletzung im Außenwirtschaftsrecht der VR China, S. 243 ff.

200 Widmer, Die Haftung für Vertragsverletzung im Außenwirtschaftsrecht der VR China, S. 252 f.

201 Liu (刘凯湘), Zhang (张海峡), Chinese Journal of Law 06/2000, S. 110.

202 Das TechVG 1987 enthielt keine nennenswerte Erneuerung. Wenn die Partei den technischen Vertrag aufgrund höherer Gewalt nicht ausführen kann, bestimmte § 20 TechVG, dass sie von ihrer Haftung für die Nichterfüllung befreit wird. Das Verschulden war für die Haftungsbegründung nicht erforderlich.

203 Zur vereinbarten Höhere-Gewalt-Klausel: Cui (崔建远), Global Law Review 01/2019, S. 48 ff.

§ 24 Abs. 3 AWVG – als objektive Umstände, die „unvorhersehbar, unvermeidbar und unüberwindbar“ sind. An diese Definition der höheren Gewalt schloss sich das VG 1999 an. Bei der Änderung des Begriffs „Ereignis“ in § 24 Abs. 3 AWVG zu „objektiven Umständen“ in der neuen Regelung dürfte es sich nur um eine formelle Anpassung handeln,[204] wobei der vorherige Begriff dem „Hinderungsgrund“ in Art. 79 CISG eigentlich noch besser entsprechen dürfte. Die systematische Stellung des § 153 AGZ zeigte, dass die Regelung nicht allein für Verträge galt, sondern für alle zivilrechtlichen Haftungen. Auf die Definition der höheren Gewalt nimmt § 107 AGZ Bezug. § 107 AGZ entlastet den Schuldner, wenn er aufgrund höherer Gewalt den Vertrag nicht erfüllt oder einen anderen beschädigt, es sei denn, dass die Gesetze anderweitige Bestimmungen enthalten. Nach dem Wortlaut galt die Entlastung sowohl für Verträge als auch für unerlaubte Handlungen.

Das ATZ 2017 ersetzte die AGZ 1986 als der allgemeine Teil des (späteren) Zivilgesetzbuchs. Das Gesetz kombinierte §§ 107, 153 AGZ in eine Vorschrift des § 180 ATZ, die für alle zivilrechtlichen Haftungen gilt. Im Zuge der Kodifizierung wurde § 180 ATZ anschließend durch den wortgleichen § 180 ZGB abgelöst. § 180 ZGB lautet:

> Kann eine Zivilpflicht wegen höherer Gewalt nicht erfüllt werden, wird dafür nicht zivilrechtlich gehaftet. Gibt es andere gesetzliche Bestimmungen, so gelten diese Bestimmungen.
>
> Höhere Gewalt sind objektive Umstände, die unvorhersehbar, unausweichlich und unüberwindlich sind.[205]

Bei § 180 ZGB gibt es keine nennenswerten inhaltlichen Neuerungen. Für das geltende Vertragsrecht regelt § 590 ZGB die Befreiung von vertraglichen Haftungen und greift auf die Definition des § 180 ZGB zurück. Als Befreiungsgrund kommt ferner im Deliktsrecht die höhere Gewalt in Betracht, die den Schädiger von einer verschuldensunabhängigen deliktischen Haftung entlasten. Warum vertragliche und deliktische Haftung die gleiche Befreiungsgrenze vorsehen sollen, ist nicht erklärbar. Vielmehr ist hier ein Verstoß gegen die Grundprinzipien des Vertrags- und Deliktsrechts gegeben: Indem der Gesetzgeber die Definition der höheren Gewalt vor die Klammer zieht, verwischt er die Grenze zwischen rechtsgeschäftlicher Leistungspflicht und gesetzlicher Haftungspflicht.

---

204 Vgl. Widmer/Ye, RIW 2001, 844 ff.

205 Deutsche Übersetzung: Pissler (Hrsg.), ZChinR 2020, S. 207 ff.

## 2. Tatbestand des § 117 VG

Bis zum Erlass des ZGB war § 117 VG die zentrale Befreiungsnorm im Vertragsrecht. Die Haftung entfällt nach § 117 Abs. 1 S. 1 VG entsprechend der Wirkung der höheren Gewalt ganz oder teilweise, wenn die Gesetze nichts anderes bestimmen. Als ein anderes Gesetz gelten solche Vorschriften, die den Haftungsmaßstab modifizieren.[206] Dem Satz 1 lassen sich noch keine konkreten Voraussetzungen für die Befreiung entnehmen, diese sind in der Definition der höheren Gewalt in § 117 Abs. 2 VG festgelegt. Der Schuldner wird entlastet, wenn drei Voraussetzungen kumulativ vorliegen, nämlich die Unvorhersehbarkeit, die Unvermeidbarkeit und die Unüberwindbarkeit des Hindernisses.[207]

Bei dieser Definition hat der Gesetzgeber auf § 24 Abs. 3 AWVG zurückgegriffen. Die Abweichung im Begriff (vom „Ereignis“ zum „objektiven Umstand“) deutet darauf hin, dass in § 117 Abs. 2 VG ein objektiver Maßstab für die Entlastung angestrebt wird.[208] Im Gegensatz zum „Ereignis“ sollte „objektiver Umstand“ klar zum Ausdruck bringen, dass nicht jeder im Schuldner selbst liegende Umstand für die Entlastung ausreicht. Darin zeigt sich ein Einfluss des Art. 79 CISG, bei dem der „Hinderungsgrund“ ebenfalls ein objektives Verständnis der Befreiungsgründe gewährleisten sollte.[209] Ob die Begriffsänderung dieses Ziel erreichen kann, ist fraglich. Das Gesetz sagt insbesondere nicht, wann ein Umstand als objektiv oder subjektiv zu sehen ist. Diese Abgrenzung kann mangels Abgrenzungskriteriums kaum vorgenommen werden und bei der Auslegung müsste man ohnehin auf die übrigen tatbestandlichen Voraussetzungen zurückgreifen.

Eine Schuldnerbefreiung ist nach § 117 VG nur möglich, wenn der Eintritt des Hindernisses bei Vertragsschluss „unvorhersehbar“ gewesen ist. Der Begriff der Unvorhersehbarkeit wird aber nicht definiert. Das Gesetz gibt nicht einmal an, für wen das Ereignis unvorhersehbar gewesen sein muss. Die Rechtsprechung hat sich bislang nicht dazu geäußert. Nach einem Verständnis in der Literatur ist mit der Unvorhersehbarkeit gemeint, dass der Schuldner bei Vertragsschluss den Eintritt des Hindernisses vernünftigerweise nicht vorhersehen

---

206 Beispiel: § 124 Luftverkehrsgesetz.

207 Han (韩世远), Allgemeines zum Vertragsrecht (合同法总论), S. 373; Liu (刘凯湘), Zhang (张海峡), Chinese Journal of Law 06/2000, S. 111 f.; Ye (叶林), Northern Legal Science 05/2007, S. 38 f.

208 Widmer/Ye, RIW 2001, 844 ff.; Han (韩世远), Allgemeines zum Vertragsrecht (合同法总论), S. 373.

209 Schlechtriem/Schwenzer/Schroeter/Schwenzer, CISG, Art. 79 Rn. 11.

konnte.[210] Die Ansicht ist zutreffend. Geht es um die Leistungsfähigkeit des Schuldners und seine Entlastung, so muss es bei der Bestimmung der Vorhersehbarkeit des Hindernisses auf ihn ankommen. Umstritten ist jedoch, ob es bei der Bestimmung der Unvorhersehbarkeit auf eine durchschnittliche vernünftige Person oder auf den Schuldner abzustellen ist.[211] Richtigerweise ist auf eine vernünftige Person anstelle des Schuldners abzustellen. Entscheidend ist, ob eine solche vernünftige Person bei Vertragsschluss und unter Berücksichtigung der konkreten Umstände mit dem Eintritt der Leistungshindernisse rechnen musste.[212] Das bedeutet auch, dass der Schuldner seine besondere Fähigkeit und sein Sonderwissen gegen sich gelten lässt.[213] Befinden sich die Parteien in einem Vertragsverhältnis, muss der Gläubiger in der Lage sein, die Leistungsfähigkeit des Schuldners einzuschätzen. Aufgrund des Informationsdefizits ist dem Gläubiger nur möglich, auf eine vernünftige Person anstelle des Schuldners abzustellen.

Ferner ist für die Entlastung erforderlich, dass der Schuldner den Eintritt des Hindernisses und seine Folgen weder „vermeiden" und noch „überwinden" kann. Auch die Begriffe der Unvermeidbarkeit und der Unüberwindbarkeit sind gesetzlich nicht definiert. In der Literatur werden sie teilweise als „objektive Elemente" der höheren Gewalt bezeichnet, welche die „objektiv" bestehende Schwierigkeit für den Schuldner beschreiben, das Hindernis zu beseitigen oder seine Auswirkungen zu minimieren.[214] Demgegenüber wird die Unvorhersehbarkeit als „subjektives Element" verstanden, bei dem auf den Schuldner abgestellt wird. Diese Ansicht vermag nicht zu überzeugen. Fraglich ist schon, was der Sinn dieser Differenzierung ist. Wichtiger ist wohl zu erkennen, dass es bei der Unvermeidbarkeit und der Unüberwindbarkeit des Hindernisses ebenfalls auf die zuzumutenden Anstrengungen des Schuldners ankommt.[215] Alle drei Merkmale enthalten sowohl objektive als auch subjektive Elemente und eine solche Abgrenzung ist nicht möglich.

---

210 Vgl. Han (韩世远), Allgemeines zum Vertragsrecht (合同法总论), S. 373.

211 Liu (刘凯湘), Zhang (张海峡), Chinese Journal of Law 06/2000, S. 110.

212 Schlechtriem/Schwenzer/Schroeter/Schwenzer, CISG, Art. 79 Rn. 13.

213 Widmer, Die Haftung für Vertragsverletzung im Außenwirtschaftsrecht der VR China, S. 244.

214 Vgl. Liu (刘凯湘), Zhang (张海峡), Chinese Journal of Law 06/2000, S. 111 f.; Bu (卜元石), Chinese Civil Law, S. 70; Bu (卜元石), Einführung in das Recht Chinas, § 12 Rn. 67; Wang (王卫国), Vertragsrecht (合同法), S. 214; Zhu (朱广新), Allgemeiner Teil des Vertragsrechts (合同法总则), S. 845.

215 Schlechtriem/Schwenzer/Schroeter/Schwenzer, CISG, Art. 79 Rn. 14.

Darüber hinaus scheinen alle drei Merkmale ineinanderzugreifen. Hindernisse, die der Schuldner vermeiden kann, sind in der Regel für ihn auch vorhersehbar.[216] Wenn der Schuldner mit dem Eintritt eines Hindernisses rechnen kann, dürfte grundsätzlich von ihm auch die Anstrengung erwartet werden, dieses Hindernis zu vermeiden oder zu überwinden. Letztlich spielt die Zumutbarkeitserwägung nicht nur bei der Vermeidbarkeit des Hindernisses eine Rolle, sondern beeinflusst ebenfalls dessen Überwindbarkeit. Insofern bringen alle drei Merkmale eine gemeinsame Wertung zum Ausdruck: Das den Schuldner entlastende Hindernis darf nicht aus seiner Risikosphäre stammen, wobei die Zumutbarkeit des Schuldners bei der Bestimmung der Risikosphäre eine Rolle spielt.

In der Literatur werden folgende Ereignisse als höhere Gewalt anerkannt:[217] Erstens – Naturkatastrophen, wie Unwetter, Erdbeben, Überschwemmungen, Dürre, Frost, Erdrutsch und Feuer. Gleichwohl muss die Grenze des § 117 Abs. 2 VG erreicht werden, wobei es insbesondere zu beachten ist, ob das Naturereignis tatsächlich nicht vorhersehbar war und nicht vom Schuldner überwunden werden kann.[218] Zweitens – soziale Ereignisse. Sie umfassen Streiks, Unruhen, Krieg und andere von Menschen verursachte Fälle, die die Vertragserfüllung erschweren. Während Streiks in der Rechtspraxis selten vorkommen, kann sich der Ausbruch eines Krieges im Ausland auf die Wirtschaftsordnung mehrerer Länder auswirken und die Lieferung von Waren verhindern. Drittens – staatliche Eingriffe und hoheitliche Maßnahmen. Hierzu gehören Export- oder Importverbote, Betriebsschließungen, Blockaden, Boykott, Embargos und sonstige behördliche Maßnahmen. Entscheidend sind der staatliche Druck und die verhängten Sanktionen gegen die Vertragspartei.[219]

Diese Aufzählung dient nur als grober Anhaltspunkt. Ob ein Ereignis höhere Gewalt darstellt, hängt vielmehr vom Einzelfall ab. In der chinesischen Rechtspraxis haben sich Gerichte zum Beispiel mit dem Taifun beschäftigt. In einem klassischen Fall, in dem Waren wegen eines Meerwasserrückflusses beschädigt wurden, der durch einen Taifun ausgelöst worden war, nahm das Oberste Volksgericht wie folgt Stellung:

---

216 Bach, Leistungshindernisse, S. 51.

217 Widmer, Die Haftung für Vertragsverletzung im Außenwirtschaftsrecht der VR China, S. 248; Liu (刘凯湘), Zhang (张海峡), Chinese Journal of Law 06/2000, S. 113 f.; Sui (隋彭生), Essenz des Vertragsrechts (合同法要义), S. 433 f.; Wang (王利明), Studien zum Vertragsrecht (合同法研究), Band II, S. 551 f.

218 Han (韩世远), Allgemeines zum Vertragsrecht (合同法总论), S. 374.

219 MüKoHGB/Mankowski, CISG, Art. 79 Rn. 35.

> Bei Taifunen kann der Mensch nach den vorhandenen technischen Mitteln bis zu einem gewissen Grad sie vorhersehen, aber er kann die Zeit, den Ort, die Dauer und den Einflussbereich ihres Auftretens nie genau und rechtzeitig vorhersagen. [...] Der Schaden, der in diesem Fall entstand, wurde durch den Umfang und den Grad des Einflusses des Taifuns verursacht, die nicht genau vorhergesagt werden konnten. Obwohl die Nachrichtenmedien der Provinz Hainan und Haikou vor dem Auftreten des Taifuns die Landezeit und die maximale Windstärke prognostizierten, [...] sind die obigen Informationen jedoch nur eine Schätzung und spiegeln nicht genau die tatsächliche Situation des Taifuns wider, der auftreten wird. Die direkteste Ursache für den Verlust des Meerwasserrückflusses wurde in der Prognose nicht berücksichtigt. Das ursprüngliche Urteil stellte daher zutreffend fest, dass das Auftreten und die Auswirkungen des Taifuns in diesem Fall für die Parteien nicht vorhersehbar waren.[220]

Hier sieht man, dass das Gericht bei der Entscheidung nicht schematisch auf Taifun als Ursache der Leistungsstörung abstellte. Vielmehr befasste es sich mit dem Grad und der Auswirkung des Hindernisses auf die Erfüllung des Vertrages. In der Praxis ist insgesamt eine restriktive Handhabung der höheren Gewalt als Befreiungsgrund zu beobachten, was zu begrüßen ist. Eine staatliche Richtlinie, die nach Vertragsschluss erlassen wurde und die Vertragserfüllung verhinderte, wurde aufgrund der Vorhersehbarkeit nicht als höhere Gewalt eingestuft.[221] Die Parteien müssten sich im Rahmen des Due-Diligence-Prozesses umfassend über gesetzliche Bestimmungen in Bezug auf den Vertragsgegenstand informieren. Auch dieser Entscheidung ist zuzustimmen, weil eine zu laxe Anwendung der höheren Gewalt die vertragliche Verpflichtung aufweichen und den Vertragssinn beeinträchtigen würde.

## 3. § 117 VG und Art. 79 CISG im Vergleich

Eine Schuldnerentlastung setzt nach Art. 79 Abs. 1 CISG voraus, dass die Nichterfüllung auf einem nicht beherrschbaren Hinderungsgrund beruht, der für die Nichterfüllung ursächlich und unvorhersehbar und unabwendbar ist in dem Sinne, dass vom Schuldner vernünftigerweise nicht erwartet werden kann, den Hinderungsgrund und seine Folgen zu vermeiden oder zu überwinden.[222] Diese Bestimmung hat als Vorbild für die chinesische Regelung gedient. Es ist fraglich, ob die beiden Regelungen vollständig kongruent sind.

---

220 Das höchste Volksgericht Nr. 3252 (最高法民申3252号) (2017); deutsche Übersetzung durch den Verfasser.

221 Das höchste Volksgericht Nr. 960 (最高法民终960号) (2019).

222 Honsell/Magnus, Art. 79 Rn. 9; Schlechtriem/Schwenzer/Schwenzer CISG, Art. 79 Rn. 10; BeckOGK/Bach, CISG, Art. 79 Rn. 1.

Zunächst ist festzustellen, dass eine Abweichung bei den Merkmalen der Unvorhersehbarkeit, Unvermeidbarkeit und Unüberwindbarkeit des Hindernisses nicht besteht. Soweit Einzelheiten zu den Merkmalen in der Literatur wenig diskutiert werden, lassen sich die Maßstäbe des CISG auf das chinesische Recht grundsätzlich übertragen.[223] Soweit es zu Art. 79 CISG teilweise festgestellt wird, die Regelung in der Binnenstruktur bestehe aus einem objektiven und einem subjektiven Grundelement,[224] korrespondiert dies mit der erwähnten Ansicht zu § 117 VG. Bereits das geringste Verschulden des Schuldners schließt eine Anwendung der Regelungen aus. Nach einer Ansicht in der chinesischen Literatur liegt die Schwelle des § 117 VG für die Schuldnerbefreiung höher als die von Art. 79 CISG, da die drei Merkmale im CISG alternativ seien.[225] Dies ist abzulehnen. Die Aussage beruht auf einem Missverständnis zu Art. 79 CISG, weil die Formulierung „or" in der englischen Fassung nicht dazu führt, dass die einzelnen Befreiungsmerkmale in einem Alternativverhältnis stehen.[226] Daraus lässt sich kein Unterschied in den Regelungen herleiten.

Eine Abweichung besteht jedoch darin, dass nach Art. 79 CISG das Hindernis noch „außerhalb des Einflussbereichs" des Schuldners liegen muss. Nach zutreffender Ansicht setzt die Vorschrift ein exogenes Leistungshindernis voraus.[227] Diese Einschränkung gibt es nicht bei der chinesischen Regelung. Der Begriff des „objektiven Umstands" in § 117 Abs. 2 VG beschreibt gerade nicht, ob der Schuldner Einfluss auf das Hindernis hat, sondern bezieht sich nur auf die nicht in der Person des Schuldners liegenden Umstände. Es stellt sich somit die Frage, welche Bedeutung dem „Einflussbereich des Schuldners" in Art. 79 CISG zukommt. Es kommt hierdurch zu einer Eingrenzung des Verantwortungsbereichs des Schuldners: Er haftet nur für Hindernisse, die in seine Risikosphäre fallen.[228] Versteht man das Merkmal des Einflussbereichs in diesem Sinne, scheint dieses Erfordernis bereits in § 117 VG implizit vorausgesetzt zu

223 Widmer, Die Haftung für Vertragsverletzung im Außenwirtschaftsrecht der VR China, S. 245.

224 Krüger, Modifizierte Erfolgshaftung im UN-Kaufrecht, S. 104.

225 Vgl. Han (韩世远), Allgemeines zum Vertragsrecht (合同法总论), S. 373.

226 Siehe nur MüKoBGB/Huber CISG, Art. 79 Rn. 6; Staudinger/Magnus, Art. 79 Rn. 7; Schlechtriem/Schwenzer/Schwenzer CISG, Art. 79 Rn. 1 und 10; Honsell/Magnus, CISG, Art. 79 Rn. 9.

227 Kritisch über das Begriffspaar „endogene" und „exogene" Hindernisse: Bach, Leistungshindernisse, 55.

228 BeckOGK/Bach, CISG, Art. 79 Rn. 2; ders., Leistungshindernisse, S. 55 ff.; MüKoHGB/Mankowski, CISG, Art. 79 Rn. 24.

sein. Wie festgestellt, markiert § 117 VG den normativen Verantwortlichkeitsbereich des Schuldners durch eine konkrete Beschreibung seiner Risikosphäre. Was innerhalb des Kontrollbereichs des Schuldners liegt, hat er zu beherrschen, und er kann sich nicht auf eine Entlastung berufen. Das Merkmal des Einflussbereichs kommt in § 117 VG durch die einzelnen Merkmale zum Ausdruck.

Die Ähnlichkeit der Regelungen bestätigen die Fallgruppen des Art. 79 CISG. Die CISG-Vorschrift umfasst als Befreiungsgrund Naturereignisse, staatliche Eingriffe sowie Verhalten Dritter,[229] also die gleichen Fallgruppen. Wegen der Deckungsgleichheit der Befreiungstatbestände kann bei der chinesischen Befreiungsregel grundsätzlich auf die Auslegung des Art. 79 CISG in Rechtsprechung und Literatur zurückgegriffen werden. Für das Verständnis der chinesischen Befreiungsregel stellt Art. 79 CISG insofern eine wichtige Hilfsquelle dar.

## 4. Rechtsfolge des § 117 VG

Gemäß § 117 Abs. 1 S. 1 VG entfällt entsprechend der Wirkung der höheren Gewalt die Haftung des Schuldners ganz oder teilweise, soweit gesetzlich nichts anderes bestimmt ist.[230] Die wichtigste Rechtsfolge der höheren Gewalt besteht in der Befreiung von der Haftung für Vertragsverletzungen. Die Regelung differenziert nach der Auswirkung des Hindernisses auf die Erfüllung und unterscheiden solche Hindernisse, die den Schuldner vollständig entlasten, von denen, die ihn teilweise befreien. Sie macht deutlich, dass die Befreiung nur so weit greift, wie das Leistungshindernis tatsächlich reicht.[231] Führt ein Hindernis dazu, dass ein Teil der Leistung nicht erbracht werden kann, so erstreckt sich die Befreiung nicht auf die sonstigen, von dem Hindernis nicht betroffenen Teile der Leistung. Dem Gläubiger bleibt es unbenommen, die Leistung hinsichtlich des verbleibenden Teils zu verlangen.

In der Praxis kommen Fälle vor, in denen die Nichterfüllung auf gemischte Gründe, also teils auf höhere Gewalt und teils auf Verschulden zurückzuführen war. Es wird vorgeschlagen, dass in solchen Fällen allenfalls nur eine teilweise Entlastung in Betracht komme, wobei die Wirkung der höheren Gewalt mit

229 Schlechtriem/Schwenzer/Schwenzer CISG, Art. 79 Rn. 16 ff; BeckOGK/Bach, CISG, Art. 79 Rn. 2.

230 Ähnliche Formulierungen in § 107 AGZ und § 24 Abs. 1 AWVG.

231 Tan (谭启平), Gong (龚军伟), Hebei Law Science 20/2002, S. 126 f.; Ling (凌兵), Contract Law in China, S. 408; Liu (刘凯湘), Zhang (张海峡), Chinese Journal of Law 06/2000, S. 116.

dem Grad des Verschuldens ins Verhältnis zu setzen sei.[232] Die Ansicht ist nicht ganz überzeugend. Eine Befreiung ist gerechtfertigt, wenn es nachweisbar ist, dass die höhere Gewalt einen abgrenzbaren Teil der Leistung trifft; ansonsten schließt das Verschulden des Schuldners eine Befreiung aus. Es wird ferner diskutiert, ob § 117 VG auf die Fälle der Leistungsverzögerung anwendbar ist.[233] Dafür spricht, dass die Formulierung „entsprechend der Wirkung der höheren Gewalt" vorübergehende Hindernisse erfasst. In diesem Fall entfällt die Haftung des Schuldners für die Zeit, während der die Folge des Hindernisses fortbesteht.[234] Dies ist zutreffend. Der Wortlaut sieht keine Einschränkung vor. Eine solche ergibt sich insbesondere nicht aus § 117 Abs. 1 S. 2 VG, der eine Verzögerung bei Eintritt der höheren Gewalt voraussetzt. Der Schuldner haftet im Ergebnis für die bis zum Wegfall des Hindernisses eingetretene Verzögerung nicht auf Schadensersatz.

Nicht geklärt ist die Frage, was unter einer „Haftung" i. S. d. § 117 VG zu verstehen ist. Neben der Schadensersatzhaftung ist die Anwendbarkeit der Regelung auf Vertragsstrafen und Schadenspauschalierungen anerkannt.[235] Dies ist auch zutreffend, da das Schuldnerinteresse in diesen Fällen vergleichbar ist. Die entscheidende Frage ist vielmehr, ob der Schuldner auch von seiner vertraglichen Erfüllungspflicht befreit ist, wenn die Befreiung greift. Diese wichtige Frage wird in der Literatur überraschend wenig diskutiert. Ersichtlich ist bisher die Ansicht, die Befreiung beschränke sich auf die Schadensersatzpflicht, weil bei teilweiser Verhinderung der Leistung der Gläubiger seinen Anspruch auf Erfüllung nicht verliert.[236] Die Ansicht lässt sich nicht nachvollziehen. Es werden zwei Probleme miteinander vermischt. Dass der Gläubiger bei teilweiser Verhinderung die restliche Teilleistung verlangen kann, beruht auf dem Umstand, dass die Befreiung nur so weit geht, wie das Hindernis tatsächlich reicht. Eine andere Frage ist, ob sich die Befreiung auf den Erfüllungsanspruch als solchen erstreckt. Diese Frage betrifft den von der höheren Gewalt betroffenen Teil der Leistung.

Art. 79 CISG Abs. 5 ordnet an, dass die Regelung die Parteien nicht hindert, ein anderes als das Recht auszuüben, Schadensersatz zu verlangen. Dem ist nach

232 Han (韩世远), Allgemeines zum Vertragsrecht (合同法总论), S. 377.
233 Vgl. Ke (柯伟才), Tsinghua University Law Journal 05/2016, S. 151 ff.
234 Liu (刘凯湘), Zhang (张海峡), Chinese Journal of Law 06/2000, S. 116.
235 Han (韩世远), Allgemeines zum Vertragsrecht (合同法总论), S. 377.
236 Han (韩世远), Allgemeines zum Vertragsrecht (合同法总论), S. 377; Zhu (朱广新), Allgemeiner Teil des Vertragsrechts (合同法总则), S. 846.

h. M. zu entnehmen, dass die Befreiung allein den Schadensersatz tangiert.[237] Das CISG geht also davon aus, dass die Erfüllung so lange geschuldet ist, wie sie noch möglich ist.[238] Der Vorbehalt in Abs. 5 ist dogmatisch höchst problematisch. Da bei § 117 VG eine ähnliche Anordnung nicht vorgesehen wird, besteht kein Grund, die Befreiung auf die Schadensersatzpflicht zu beschränken.

## 5. Bedeutung des § 117 Abs. 1 S. 2 VG

Besondere Aufmerksamkeit verdient § 117 Abs. 1 S. 2 VG, der bislang wenig Berücksichtigung findet. Die Regelung besagt, dass eine Partei nicht von ihrer Haftung befreit wird, wenn sie bereits mit der Erfüllung in Verzug ist. Die Regelung verdrängt § 117 Abs. 1 S. 1 VG als *lex specialis*. Es wird vertreten, es sei eine Selbstverständlichkeit, dass ein nach dem Verzug eintretendes Leistungshindernis die bereits entstandene Haftung nicht rückwirkend beseitigen könne.[239] In dieser Lesart wäre diese Regelung nur klarstellender Natur.

Die Ansicht überzeugt nicht. Es fehlt hier bereits an der Kausalität zwischen der Leistungsverzögerung und höherer Gewalt, § 117 Abs. 1 S. 1 VG verlangt, dass die Nichterfüllung auf höherer Gewalt „beruhen" muss. Ferner ist nicht verständlich, warum Satz 2 die Verzugsfälle von den anderen Störungen aussondert. Fehlt es an der Kausalität, kann sich der Schuldner, unabhängig von der Art der Leistungsstörung, nicht befreien. Richtigerweise hat Satz 2 eine andere Bedeutung. Die Befreiung ist ausgeschlossen, wenn der Schuldner im Zeitpunkt des Eintritts der höheren Gewalt mit der Leistung bereits im Verzug ist.[240] Es handelt sich um eine Haftungsverschärfung nach dem Verzugseintritt. Der Schuldner muss hier für den Zufall haften – selbst bei höherer Gewalt kommt keine Befreiung für ihn infrage. Satz 2 ist Ausdruck eines allgemeinen Grundsatzes, dass der Schuldner aufgrund seiner Leistungsverzögerung für alle Nachteile einzustehen hat, die daraus entstehen. Es spielt keine Rolle, ob die Nachteile vom Schuldner selbst oder durch sonstige Umstände verursacht werden.

Eine entsprechende Regelung lässt sich weder in den früheren Vertragsgesetzen noch im CISG finden. Demgegenüber kennt das deutsche Recht eine

---

237 Siehe nur Schlechtriem/Schwenzer/Schwenzer CISG, Art. 79 Rn. 49; MüKoHGB/Mankowski, CISG, Art. 79 Rn. 7; Honsell/Magnus, CISG, Art. 79 Rn. 24.

238 MüKoHGB/Mankowski, CISG, Art. 79 Rn. 7.

239 Vgl. Liu (刘凯湘), Zhang (张海峡), Chinese Journal of Law 06/2000, S. 116; Wang (王利明), Zivilrecht (民法), S. 893.

240 Vgl. Han (韩世远), Allgemeines zum Vertragsrecht (合同法总论), S. 404.

ähnliche Haftungsverschärfung: Nach § 287 S. 2 BGB haftet der Schuldner während des Verzugs wegen der Leistung auch für Zufälle, es sei denn, dass der Schaden auch bei rechtzeitiger Leistung eingetreten wäre. § 287 S. 2 BGB bestimmt eine Erfolgshaftung für den Fall, dass die Leistung während des Verzugs erschwert, unmöglich oder qualitativ verschlechtert wird.[241] Die Regelung beruht auf dem Gedanken, dass eine vom Schuldner zu vertretende Leistungsverzögerung seiner Risikosphäre zuzurechnen ist.[242] Dieser Rechtsgedanke wurde in § 117 Abs. 1 S. 2 VG aufgenommen und auf die Garantiehaftung übertragen.

Diese Übertragung ist fraglich. § 287 S. 2 BGB ordnet eine Zufallshaftung an, weil er sich auf den Schuldnerverzug bezieht, der seinerseits erst bei einem Vertretenmüssen in Betracht kommt.[243] Im Gegensatz zu der Verschuldenshaftung im deutschen Recht haftet der Schuldner im chinesischen Recht verschuldensunabhängig. Dies hat zur Folge, dass § 117 Abs. 1 S. 2 VG die ohnehin schon strenge Haftung des Schuldners erneut verschärft. Man muss sich vor Augen führen: Der Schuldner kann sich nur bei höherer Gewalt entlasten. Tritt diese erst nach Leistungsverzögerung ein, so haftet er ohne jegliche Entlastungsmöglichkeit, auch wenn die Leistungsverzögerung nicht auf seinem Verschulden beruhen muss. Satz 2 VG statuiert einen auffälligen Wertungswiderspruch zu Satz 1: Es ist nicht einzusehen, weswegen dem Schuldner die Entlastung abgesprochen wird, wenn die Verzögerung ihrerseits auf höherer Gewalt beruht. Die Grundwertung des Satzes 1, dass der Schuldner nicht für Hindernisse haftet, die außerhalb seiner Risikosphäre liegen, wird durch den zweiten Satz untergraben.

## 6. Änderung durch § 590 ZGB

Die höhere Gewalt gehörte bei der Kodifizierung nicht zu den Gesetzgebungsschwerpunkten. Der erste Entwurf des ZGB aus 2018 hatte eine Befreiungsregelung in § 380 BTZ[244] aufgenommen, die sich maßgeblich an § 107 VG anlehnte. So lautet § 380 BTZ:

> Wenn eine Partei den Vertrag wegen höherer Gewalt nicht erfüllt, entfällt jeweils entsprechend dem Einfluss der höheren Gewalt die Haftung ganz oder teilweise, soweit

---

241 MüKoBGB/Ernst, § 287 Rn. 1; BeckOGK/Dornis BGB, § 287 Rn. 16.

242 BeckOK BGB/Lorenz BGB § 287 Rn. 1

243 Im konkreten Fall nach § 280 Abs. 1 und 3 und § 283 BGB: Jauernig/Stadler, BGB, § 287 Rn. 2.

244 Besonderer Teil des Zivilgesetzbuchs (BTZ).

> gesetzlich nichts anderes bestimmt ist. Wenn der Vertrag wegen höherer Gewalt nicht erfüllt werden kann, muss die Partei rechtzeitig die andere Seite benachrichtigen, um die Schäden, die für die andere Seite entstehen können, zu verringern, und sie muss innerhalb einer angemessenen Frist Nachweise [der höheren Gewalt] liefern.
> Wenn eine Partei mit der Erfüllung in Verzug ist, wird sie nicht dadurch von ihrer Haftung befreit, dass dann höhere Gewalt eintritt.
>
> Wenn die Weitererfüllung des Vertrags wegen höherer Gewalt für eine Partei offensichtlich ungerecht ist, so kann die Anpassung oder Aufhebung des Vertrags durch ein Volksgericht oder ein Schiedsgericht verlangt werden.[245]

§ 380 Abs. 1 S. 2 BTZ ergänzt die Befreiungsregel in Satz 1 mit einer Benachrichtigungspflicht der von der höheren Gewalt betroffenen Partei. Ziel dieser Pflicht ist, den für die Gegenpartei durch die Vertragsverletzung entstehenden Schaden durch eine Benachrichtigung möglichst gering zu halten, dass sich diese frühzeitig auf die Störung einstellen kann.[246] Dabei handelt es sich um eine redaktionelle Änderung. Eine entsprechende Pflicht zur Benachrichtigung besteht schon in § 118 VG. Die Zufallshaftung nach dem Verzugseintritt, die bisher durch § 117 Abs. 1 S. 2 VG geregelt war, wurde zum Absatz 2.

Eine Neuerung besteht in § 380 Abs. 3 BTZ. Der Schuldner kann danach die Anpassung oder Aufhebung des Vertrags verlangen, wenn die Erfüllung wegen höherer Gewalt für ihn offensichtlich ungerecht ist. Diese Regelung ist erkennbar an die Formulierung der Regelung der veränderten Umstände angelehnt. Nach der chinesischen Hardship-Regelung kann eine Anpassung oder Aufhebung des Vertrags verlangt werden, wenn sich Umstände nach Vertragsschluss wesentlich verändert haben, sodass die Weitererfüllung des Vertrags für eine Partei offensichtlich ungerecht ist.[247] Mit § 380 Abs. 3 BTZ sollte dem Schuldner, der sich nach höherer Gewalt „nur" befreien kann, ein Recht auf Vertragsanpassung zur Seite gestellt. Der Schuldner konnte bislang keine Anpassung oder Aufhebung des Vertrags verlangen. Damit wurde ein Gleichlauf der höheren Gewalt mit Hardship hergestellt, sodass alle Hindernisse gleichermaßen behandelt werden.

Diese Neuerung ist zweifelhaft. Abgesehen von der Unbestimmtheit der Formulierung vertieft § 380 Abs. 3 BTZ das Abgrenzungsproblem der Befreiungsregelungen, denn es war bereits vor der Regelung sehr umstritten, wie sich höhere Gewalt mit der Hardship verhält. Darüber hinaus besteht kein Bedürfnis, dem

---

245 Deutsche Übersetzung durch den Verfasser.

246 § 25 AWVG: Widmer, Die Haftung für Vertragsverletzung im Außenwirtschaftsrecht der VR China, S. 257.

247 Vgl. § 26 AB II.

Schuldner neben der Befreiung von seiner Haftung ein Recht auf Anpassung oder Aufhebung des Vertrags zu gewähren. Diese Rechtsfolgen bleiben in der Wirkung hinter der Befreiung zurück: Ist der Schuldner nach dem Absatz 1 befreit, so gibt es für ihn keinen Anreiz, den Umweg zu gehen, eine Anpassung oder Aufhebung des Vertrags nach dem Absatz 3 zu verlangen.

Vor diesem Hintergrund ist es zu begrüßen, dass im Gesetzgebungsverfahren auf die neue Regelung verzichtet wurde. Der zweite Entwurf des ZGB aus 2019 strich § 380 Abs. 3 BTZ ersatzlos, nahm sonst keine Änderungen vor. So lautet die geltende Befreiungsvorschrift des § 590 ZGB:

> Kann eine Partei den Vertrag wegen höherer Gewalt nicht erfüllen, entfällt entsprechend der Auswirkung der höheren Gewalt die Haftung ganz oder teilweise, es sei denn, dass gesetzlich etwas anderes bestimmt ist. [Die Partei], die den Vertrag wegen höherer Gewalt nicht erfüllen kann, muss dies unverzüglich der anderen Seite mitteilen, um den Schaden, welcher der anderen Seite entstehen kann, zu mindern, und innerhalb einer angemessenen Frist Nachweise [für die höhere Gewalt] vorlegen.
>
> Tritt höhere Gewalt ein, nachdem eine Partei mit der Erfüllung in Verzug ist, wird sie nicht von ihrer Haftung für Vertragsverletzung befreit.[248]

Neben der Änderung in § 590 ZGB wurde die Regelung der veränderten Umstände entsprechend angepasst. Die offizielle Begründung räumt die Schwierigkeit ein, die Situation der veränderten Umstände von höherer Gewalt zu unterscheiden.[249] Trotz alledem ist ein positiver Entwicklungstrend zu beobachten: Das chinesische Recht hat sich langsam von einer rein formalen Abgrenzung der Befreiungsregeln wegbewegt, was einer Auseinandersetzung mit der inhaltlichen Problematik der Befreiung förderlich ist.

248 Deutsche Übersetzung: Pissler (Hrsg.), ZChinR 2020, S. 207 ff.
249 Vgl. Zweite Lesung zum Vertragsrechtsteil, 2019.

# II. Die Befreiung vom Erfüllungsanspruch

## 1. Schaffung der Regelungen in Anlehnung an die PICC

Im Gegensatz zur höheren Gewalt hatten die Regelungen der §§ 109, 110 VG hinsichtlich des Erfüllungsanspruchs keinen Vorläufer. Sie fanden erstmals mit der VG 1999 Eingang in das chinesische Recht.[250] Davor war der Erfüllungsanspruch schranklos gewährt.[251] Die Regelungen der §§ 109, 110 VG bringen erstmalig zum Ausdruck, dass die Erfüllung einer Geldschuld nach dem chinesischen Recht immer verlangt werden kann, während die Erfüllung einer Nichtgeldschuld nur in bestimmten Fällen möglich ist.

Die Bedeutung des Erfüllungsanspruchs hat sich für das chinesische Recht im Laufe der Zeit verändert. In der Phase der sozialistischen Planwirtschaft konnte eine unterbliebene Leistung die Planungskette beeinträchtigen, weswegen die Erfüllung zunächst als der hauptsächliche Rechtsbehelf bei einer Vertragsverletzung galt.[252] Demgegenüber kam dem Erfüllungsanspruch im AWVG 1985 nur eine untergeordnete Rolle zu. Dies ist darauf zurückzuführen, dass das AWVG sich am CISG orientierte, bei dem der Schadensersatz den primären Rechtsbehelf darstellt.[253] Durch die Normierung in § 107 VG kehrte der Erfüllungsanspruch gegenüber dem AWVG zurück, auch wenn seine Bedeutung im Vergleich zum Schadensersatz abgeschwächt wurde.[254] Neben der Anerkennung des Erfüllungsanspruchs ist es das Verdienst des VG 1999, eine Unterscheidung zwischen Geld- und Nichtgeldschuld vorzunehmen. Aus den Gesetzgebungsmaterialien ergibt sich jedoch nicht eindeutig, was der Grund für die Einführung der Unterscheidung ist. Gleichwohl deutet eine Anmerkung in den Materialien auf eine mögliche Rechtsrezeption hin: „Eine solche Regelung entspricht nicht nur der Gegebenheit in China, sondern auch dem internationalen Standard."[255]

Bei der Suche nach der Rezeptionsquelle kann das CISG nicht als rechtliches Vorbild herangezogen werden, da der Erfüllungsanspruch im CISG

250 Wang (王利明), Studien zum Vertragsrecht (合同法研究), Band II, S. 586.
251 Vgl. § 35 WVG, § 18 AWVG, § 17 TechVG.
252 Widmer, Die Haftung für Vertragsverletzung im Außenwirtschaftsrecht der VR China, S. 213.
253 Sun (孙礼海), Erklärungen zum Vertragsgesetz, S. 59.
254 Bu (卜元石), Einführung in das Recht Chinas, § 12 Rn. 63.
255 Sun (孙礼海), Erklärungen zum Vertragsgesetz, S. 59.

nur unvollständig geregelt ist. Es fehlt im CISG an einer Regelung, die sich primär mit der Auswirkung der Hindernisse auf den Erfüllungsanspruch beschäftigt. Auch eine Trennung zwischen Geld- und Nichtgeldschuld ist dem CISG grundsätzlich fremd. Es wird strukturell zwischen den Rechtsbehelfen des Käufers und des Verkäufers unterschieden, eine Differenzierung nach dem Leistungsgegenstand ist aber dem CISG nicht bekannt. Die einzige vergleichbare Regelung ist Art. 28 CISG, der die klagweise Durchsetzbarkeit des Erfüllungsanspruchs zum Gegenstand hat. Art. 28 CISG gewährt dem Gläubiger einen Erfüllungsanspruch, lässt ein Gericht aber der Klage nur stattgeben, wenn es dies auch nach dem eigenen Recht täte. Die Vorschrift ist keine materielle Regelung und unterscheidet sich grundlegend von der chinesischen Regelung.[256]

Art. 7.2.1 f. PICC unterscheiden zwischen der Erfüllung einer Zahlungspflicht und einer nicht auf Geld gerichteten Leistungspflicht. Während die Zahlung eines Geldbetrags immer verlangt werden kann, wird die Erbringung sonstiger Leistungsgegenstände nach Art. 7.2.2 PICC Einschränkungen unterworfen.[257] Dabei haben die Grundregeln ihrerseits diesen Regelungsgedanken aus nationalen Rechten übernommen. Eine Differenzierung nach den Schuldgegenständen findet im Common Law statt, in dem die „action for an agreed sum“ grundsätzlich als „forms of action“ immer statthaft ist und durchgesetzt werden kann. Ein auf andere Leistungsgegenstände gerichteter Erfüllungsanspruch ist dagegen nur ausnahmsweise gewährleistet, etwa wenn der Schadensersatz zum Ausgleich des Interesses des Gläubigers unzureichend erscheint.[258] In Anbetracht dessen beruhen die Ausschlussgründe in Art. 7.2.2 PICC nicht allein auf materiell-rechtlichen Erwägungen. Aus der offiziellen Kommentierung geht auch hervor, dass die Ausschlussgründe die Durchsetzung des Erfüllungsanspruchs vor Gericht tangieren.[259] Dies ist nicht verwunderlich, wenn man bedenkt, dass im englischen Recht die Gerichte über einen weiten Ermessensspielraum über die Gewährung der Erfüllung verfügen. Die PICC-Regelungen stellen im Ergebnis einen Kompromiss zwischen verschiedenen Rechtsordnungen dar.

---

256 Zu Art. 28 CISG: Honsell/Gsell, CISG, Art. 28 Rn. 1; BeckOK BGB/Saenger CISG Art. 28 Rn. 1; MüKoBGB/Gruber, CISG, Art. 28 Rn. 1.

257 Ähnliche Vorschriften finden sich auch in Art. 9:101 f. PECL.

258 Unberath, Die Vertragsverletzung, S. 263.

259 Vgl. PICC-Kommentar, Art. 7.2.1.

Die Ähnlichkeit der chinesischen Regelungen zu den PICC liegt auf der Hand.[260] Dies zeigt sich schon darin, dass § 110 Nr. 1 und 2 VG eine Nachbildung der Art. 7.2.2 lit. a) and b) PICC sind. § 110 Nr. 1 VG stimmt wörtlich mit Art. 7.2.2 lit. a) PICC überein und regelt die tatsächliche und rechtliche Unmöglichkeit der Erfüllung. § 110 Nr. 2 VG behandelt den Fall, in dem die Erfüllung schwer durchzusetzen oder zu kostspielig ist. Abweichungen ergeben sich nur aus der Formulierung: Während Art. 7.2.2 lit. b) PICC von einer „unzumutbar beschwerlichen Durchsetzung" spricht, scheidet die Erfüllung nach § 110 Nr. 2 VG aus, wenn der Gegenstand der Verbindlichkeit zur Zwangsvollstreckung „ungeeignet" ist. Letzterer ist enger formuliert, weil der Gegenstand der Schuld ein Unteraspekt der Durchsetzung des Anspruchs ist. Eine Parallelität besteht auch zwischen § 110 Nr. 3 VG und Art. 7.2.2 lit. e) PICC. Der Erfüllungsanspruch wird nach beiden ausgeschlossen, wenn eine angemessene Frist verstreicht und der Gläubiger die Erfüllung nicht innerhalb der Frist verlangt.

Auf dem ersten Blick sind Art. 7.2.2 lit. c) und d) PICC nicht durch das chinesische Recht übernommen. Der Erfüllungsanspruch ist ausgeschlossen, wenn der Gläubiger die Leistung aus anderer Quelle erlangen kann oder die Leistung höchstpersönlichen Charakter hat. § 110 Nr. 2 VG wird in der Literatur weit ausgelegt und deckt diese Fälle ab.[261] Es wird ausgeführt, dass die Leistung mit dem höchstpersönlichen Charakter einen Unterfall dessen darstellt, dass der Schuldgegenstand zur Vollstreckung ungeeignet ist.[262] Die Zwangsvollstreckung einer höchstpersönlichen Schuld würde in die persönliche Sphäre des Schuldners eingreifen.[263] Außerdem bestehen hinsichtlich der Leistungsqualität Bedenken, weil der Schuldner unter Zwang im Zweifel nicht die beste Leistung erbringen würde.[264] Ein vernünftigerweise vom Gläubiger vorzunehmendes Deckungsgeschäft i. S. d. Art. 7.2.2 lit. c) PICC wird ferner als Sonderfall des § 110 Nr. 2 Fall 2 VG gesehen. Bei standardisierten Waren oder Dienstleistungen kann sich der Gläubiger die Leistung aus einer anderen

---

260 Vgl. Zhu (朱广新), Allgemeiner Teil des Vertragsrechts (合同法总则), S. 755; Han (韩世远), Allgemeines zum Vertragsrecht (合同法总论), S. 316; Ling (凌兵), Contract Law in China, S. 419, 421.

261 Wang (王利明), Vertragsrecht (合同法), S. 307; Cui (崔建远), Vertragsrecht (合同法), S. 315.

262 Zhu (朱广新), Allgemeiner Teil des Vertragsrechts (合同法总则), S. 758 f.; Wang (王利明), Vertragsrecht (合同法), S. 307; Wei (魏振瀛), Zivilrecht (民法), S. 465; Han (韩世远), Allgemeines zum Vertragsrecht (合同法总论), S. 609.

263 Bu (卜元石), Chinese Civil Law, S. 70.

264 Zhu (朱广新), Allgemeiner Teil des Vertragsrechts (合同法总则), S. 758 f.

Quelle mit gewöhnlichen Kosten beschaffen, um eine unverhältnismäßige Belastung des Schuldners zu vermeiden.[265] Nach diesem Verständnis sind die beiden Regelungen deckungsgleich. Ähnliche Vorschriften finden sich auch bei PECL, die aber nur eine Nachbildung der PICC sind.

## 2. Tatbestand des § 110 Nr. 1 VG

### a. Bedeutung des § 110 Nr. 1 VG

Ein Erfüllungsanspruch ist nach § 110 Nr. 1 VG ausgeschlossen, wenn die Erfüllung rechtlich oder tatsächlich unmöglich ist. Das Gesetz definiert die „Unmöglichkeit" nicht. In der Literatur wird eine Erfüllung als tatsächlich unmöglich angesehen, wenn sie nach den Naturgesetzen ausgeschlossen ist.[266] Der Leistungserfolg kann in diesem Fall selbst durch eine Zwangsvollstreckung nicht erzielt werden.[267] Die Erfüllung ist rechtlich unmöglich, wenn ihr rechtliche Hindernisse entgegenstehen.[268] In diesen Bereich gehört der Fall, dass die Leistung verboten oder sonstig gegen gesetzliche Vorschriften verstoßen wird.[269]

Eine Ursache für eine tatsächlich unmögliche Erfüllung sind Ereignisse der höheren Gewalt. Da aber sich der Schuldner hierbei nach § 117 VG entlasten kann, kommt § 110 Nr. 1 VG regelmäßig nicht zur Anwendung. Die Regelung ist nur dann bedeutsam, wenn eine Befreiung ausscheidet, der Schuldner also für die Nichterfüllung haften muss. Neben die Fälle, in denen der Schuldner das Leistungshindernis selbst verursacht hat, treten insbesondere die Situationen, in denen die Befreiung wegen der Vorhersehbarkeit oder der Überwindbarkeit des Hindernisses ausgeschlossen ist. Beispiele zu § 110 Nr. 1 VG sind in der Literatur insgesamt selten zu finden. Hierzu zählen die Fälle, in denen das zu übertragende Recht nicht mehr existiert, die geschuldete Leistung aus technischen Gründen nicht durchführbar ist, oder die Leistungszeit eines absoluten Fixgeschäfts nicht eingehalten wird.[270] Es wird andererseits betont, die

265 Die Richtigkeit der Begründung ist aber fraglich. § 110 Nr. 2 Fall 2 VG muss konkretisiert werden.

266 Zhu (朱广新), Allgemeiner Teil des Vertragsrechts (合同法总则), S. 758; Zheng (郑小川), Lei (雷明光), Hebei Law Science 03/2003, S. 67 ff.; Sui (隋彭生), Essenz des Vertragsrechts (合同法要义), S. 414.

267 Han (韩世远), Allgemeines zum Vertragsrecht (合同法总论), S. 609.

268 Zhu (朱广新), Allgemeiner Teil des Vertragsrechts (合同法总则), S. 758.

269 Wang (王利明), Vertragsrecht (合同法), S. 306.

270 Wang (王洪亮), Legal Science Monthly 01/2012, S. 111 ff.; ders., Legal Science, 05/2007, S. 134 ff.

Leistungsfähigkeit des Schuldners könne für die Anwendung des § 110 Nr. 1 VG eine Rolle spielen, weil bei einem nicht zur Leistung fähigen Schuldner der Erfüllungsanspruch nicht sinnvoll sei.[271] Hierdurch wird jedoch die Grenze zu § 110 Nr. 2 VG verwischt, in dem der Erfüllungsaufwand dem Schuldner unzumutbar ist.

Beispiele für die rechtlich unmögliche Erfüllung sind die Beschlagnahme des Vertragsgegenstands durch eine Behörde, ein Handelsverbot und die Versagung einer behördlichen Genehmigung, die für die Erfüllung notwendig ist.[272] Darüber hinaus ist fraglich, ob eine rechtliche „Unmöglichkeit" auch bei einem Kaufgegenstand angenommen werden kann, der von einem Dritten bereits erworben wurde.[273] Die gleiche Frage stellt sich, wenn bei dem Schuldner ein Insolvenzverfahren eröffnet wurde.[274] Insgesamt scheint die rechtlich unmögliche Erfüllung i. S. v. § 110 Nr. 2 VG ebenfalls nicht häufig vorzuliegen. Der Grund kann darin liegen, dass ein rechtliches Hindernis beim Vertragsschluss in der Regel zu einer Nichtigkeit des Vertrags nach § 52 VG führt. Nach dieser Vorschrift ist ein Vertrag auch dann nichtig, wenn staatliche oder gesellschaftliche Interessen geschädigt werden. Der umfassende Nichtigkeitsgrund des chinesischen Rechts hat zur Folge, dass für das Verlangen einer rechtlich unzulässigen Handlung regelmäßig eine vertragliche Grundlage fehlt. Der Anwendungsbereich der rechtlichen Unmöglichkeit wird insofern durch die niedrige Schwelle des § 52 VG eingeschränkt. Es verbleibt für § 110 Nr. 1 VG bei den Fällen, in denen aufgrund einer Änderung der Rechtslage die Erfüllung erst nachträglich untersagt wird.[275]

§ 110 Nr. 1 VG hat daher eine geringe praktische Bedeutung. Der Gläubiger begnügt in den meisten Fällen mit dem Schadensersatz, in denen eine Vertragsverletzung begangen wird. Aus einer empirischen Studie zur Gerichtspraxis ergibt sich, dass es bei den Fällen, in denen auf Erfüllung geklagt wird, häufig um Kauf, Miete, Übertragung von Aktien und Landpacht geht.[276] In allen übrigen Fällen wird in der Regel nur ein Wertersatz begehrt. Daneben ist eine Uneinheitlichkeit in den gerichtlichen Entscheidungen zu sehen: Ob die Naturalerfüllung gewährt wird, hängt vom Ermessen des Gerichts ab, wobei

271 Wang (王利明), Studien zum Vertragsrecht (合同法研究), Band II, S. 590.

272 Wang (王洪亮), Legal Science Monthly 01/2012, S. 111 ff.

273 Sui (隋彭生), Essenz des Vertragsrechts (合同法要义), S. 413.

274 Ebenda.

275 Zheng (郑小川), Lei (雷明光), Hebei Law Science 03/2003, S. 67 ff.

276 Chen (陈成建), Guo (郭翔峰), Journal of Law Application 10/2018, S. 68 ff.

die Erfüllung häufig über die Grenze des § 110 Nr. 1 VG hinaus aus Billigkeitsgründen untersagt wird.[277]

## b. Vergleich mit § 275 Abs. 1 BGB

Aufgrund der Parallelität zu § 275 BGB ist es nicht verwunderlich, dass es bei § 110 VG teilweise auf „Unmöglichkeit" abgestellt wird.[278] § 110 VG wird als die Stelle empfunden, an der die Lehre der Unmöglichkeit im geltenden chinesischen Recht anerkannt wird. Im deutschen Recht regelt § 275 Abs. 1 BGB heute die Fälle der Unmöglichkeit, wohingegen die Unverhältnismäßigkeit nach Abs. 2 und die Unzumutbarkeit nach Abs. 3 zu behandeln sind.[279] Entsprechend § 110 Nr. 1 VG erfasst § 275 Abs. 1 BGB die Fälle, in denen ein Leistungsurteil nicht sinnvoll wäre, weil die Leistung durch den Vollstreckungszwang nicht erreicht werden kann.[280] Ferner umfasst § 275 Abs. 1 BGB die rechtliche Unmöglichkeit, die vorliegt, wenn der Leistungserfolg aus Rechtsgründen nicht herbeigeführt werden kann.[281]

Die Ähnlichkeit der Regelungen ist darauf zurückzuführen, dass sich der deutsche Gesetzgeber bei der Schaffung des § 275 BGB ebenfalls an Art. 7.2.2 PICC orientiert hat.[282] Im Gegensatz zum chinesischen Recht hat der deutsche Gesetzgeber die PICC-Regelung jedoch weitgehend modifiziert, um der Lehre der Unmöglichkeit Rechnung zu tragen. Zwar wurde die Differenzierung nach objektiver und subjektiver Unmöglichkeit im Prinzip aufgegeben.[283] Diese lebt jedoch nun in der Trennung von der echten und faktischen Unmöglichkeit in § 275 Abs. 1 und 2 BGB fort. Ferner spiegelt sich in § 275 BGB der materiellrechtliche Gehalt des Art. 7.2.2 PICC wider und die Regelung über die Zwangsvollstreckung bleibt dem deutschen Prozessrecht vorbehalten. Die Funktion des Art. 7.2.2 lit. e) PICC (kein Verlangen innerhalb einer angemessenen Zeit)

---

277 Chen (陈成建), Guo (郭翔峰), Journal of Law Application 10/2018, S. 68 ff.

278 Wang (王洪亮), Legal Science Monthly 01/2012, S. 111.

279 Die rechtliche Zuordnung des § 275 Abs. 3 BGB ist problematisch. Die h. M. sieht darin eine Sonderregelung zu Abs. 2, wobei der Unterschied darin besteht, dass die Schwierigkeit der Leistungserbringung nicht „objektiv" durch eine Geldsumme bestimmt werden kann. Abs. 3 ist aber wegen des Kriteriums der Zumutbarkeit eher als eine Sonderregelung der Geschäftsgrundlage anzusehen. Vgl. nur MüKoBGB/Ernst, BGB, § 275 Rn. 112 f.

280 MüKoBGB/Ernst, BGB, § 275 Rn. 33.

281 MüKoBGB/Ernst, BGB, § 275 Rn. 41.

282 Canaris, JZ 2001, S. 505.

283 Canaris, JZ 2001, S. 499.

dürfte im deutschen Recht den Vorschriften der Verjährung zukommen.[284] Der Umstand, dass der Gläubiger die Leistung aus anderer Quelle erlangen kann, spielt allenfalls nur bei der Interessenabwägung im Rahmen des § 275 Abs. 2 BGB eine Rolle.

Ein wesentlicher Unterschied zu § 110 Nr. 1 VG besteht darin, dass § 275 Abs. 1 BGB Leistungshindernisse erfasst, ohne Rücksicht darauf, ob der Schuldner das Hindernis zu vertreten hat. Hat der Schuldner die Unmöglichkeit nicht zu vertreten, wird er nach der Befreiung des § 275 BGB insgesamt von seiner Leistungspflicht frei. Auch bei von ihm zu vertretender Unmöglichkeit wird der Schuldner von seiner Primärleistungspflicht befreit.[285] Er kann dem Gläubiger nach §§ 280, 283 und 284 BGB zum Schadensersatz oder Aufwendungsersatz verpflichtet sein. Demgegenüber erfasst § 110 Nr. 1 VG nur solche Hindernisse, die außerhalb der Entlastung des § 117 VG fallen und dem Schuldner zuzurechnen sind. Die Fälle der vom Schuldner nicht zu vertretenden Unmöglichkeit i. S. v. § 275 Abs. 1 BGB werden hingegen von § 117 VG geregelt, sofern der Schuldner nach dem deutschen Recht nicht auf Schadensersatz haften muss. § 110 VG erfasst im Ergebnis nur einen Teil der deutschen Unmöglichkeitsfälle, die nach § 275 BGB zu behandeln sind.

Das Schulbeispiel für die Unmöglichkeit, also der Untergang der geschuldeten Speziessache, etwa wenn sie durch Brand zerstört ist,[286] führt im chinesischen Recht regelmäßig zu einer Entlastung wegen höherer Gewalt. Bei einer Gattungsschuld dürfte hingegen § 110 Nr. 1 VG ohnehin nicht greifen, da die Leistung noch mit anderen Sachen aus der Gattung erfüllt werden kann, es sei denn, dass sich die Gattungsschuld bereits zu einer Stückschuld konkretisiert hat.[287] Im Ergebnis bleibt festzuhalten, dass § 110 Nr. 1 VG einen engeren Anwendungsbereich als § 275 Abs. 1 BGB hat. Die Ähnlichkeit der Vorschriften darf nicht darüber hinwegtäuschen, dass die höhere Gewalt die primäre chinesische Regelung der Leistungshindernisse darstellt.

---

284 Vgl. Von Bar/Zimmermann, Grundregeln des Europäischen Vertragsrechts Teil I und II, Art. 9: 102, S. 482.

285 BeckOKBGB/Lorenz, BGB, § 275 Rn. 8.

286 BeckOKBGB/Lorenz, BGB, § 275 Rn. 22.

287 Die h. M. zum deutschen Recht stellt auf der Konkretisierung ab: Ist die Gattungsschuld zu einer Stückschuld konkretisiert, liegt Unmöglichkeit vor, wenn das konkretisierte Stück untergeht. Die Gegenansicht hält den versprochenen Aufwand des Schuldners für maßgeblich. Die Leistung bleibe möglich, solange die Gattung als solche weiterhin existiere. Vgl. Lobinger, Die Grenzen rechtsgeschäftlicher Leistungspflichten, S. 56, 83.

### c. Sonstige Unmöglichkeitsarten im chinesischen Recht

In der chinesischen Literatur wird die Unmöglichkeit üblicherweise nach der Art behandelt. Es stellt sich jedoch die Frage, ob das geltende chinesische Recht die Unmöglichkeitsarten überhaupt noch kennt, insbesondere objektive und subjektive, anfängliche und nachträgliche, teilweise und zeitweilige Unmöglichkeit. Dies ist auch deswegen fraglich, weil im deutschen Recht die Bedeutung der Unmöglichkeit erheblich abgeschwächt wurde.

Für das chinesische Recht ist die Unterscheidung objektiver und subjektiver Unmöglichkeit überholt. § 117 VG gilt nicht nur für die Situation, in der die Leistung für jedermann unmöglich ist, sondern auch dann, wenn der Schuldner zur Leistung außerstande ist. Dies ist z. B. der Fall, wenn die geschuldete Sache ohne Verschulden des Schuldners gestohlen und die Suche nach dem Dieb aussichtslos ist. Bei der Befreiung nach § 117 VG wird auf die Leistungsfähigkeit des Schuldners abgestellt, also auf die Frage, inwiefern die Vermeidung und die Überwindung des Hindernisses dem Schuldner persönlich zumutbar sind. Das Gleiche gilt bei § 110 Nr. 1 VG, der nicht zwischen der Unmöglichkeit für jedermann und für den Schuldner unterscheidet. Die Befreiung des Schuldners von einem gegen ihn gerichteten Erfüllungsanspruch kann nur davon abhängen, ob ihm die Leistung gelingen kann.[288] Ob diese für andere Personen noch möglich bleibt, ist unerheblich. Danach werden objektive und subjektive Unmöglichkeit im chinesischen Recht gleichbehandelt.[289] Hier besteht eine parallele Entwicklung zum deutschen Recht, weil § 275 Abs. 1 BGB objektive und subjektive Unmöglichkeit gleichstellt.[290] Für die Befreiung genügt eine subjektive Unmöglichkeit.[291]

Auch die Unterscheidung anfänglicher und nachträglicher Unmöglichkeit hat weitgehend ihre Bedeutung verloren. Vor dem Erlass des VG 1999 war umstritten, ob der Vertrag bei anfänglicher objektiver Unmöglichkeit nichtig ist.[292] Der Streit ist nun aber überholt. Für die Annahme, dass anfängliche

288 Inwiefern die Leistung einem Dritten möglich ist, kann nicht darüber entscheiden, ob der Schuldner sie erbringen muss. Vgl. BT-Drucksache 14/6040, S. 127; Unberath, Die Vertragsverletzung, S. 272.

289 Vgl. Han (韩世远), Allgemeines zum Vertragsrecht (合同法总论), S. 412. Zu Art. 7.2.2 lit. a PICC: Riehm, Der Grundsatz der Naturalerfüllung, S. 507.

290 Vgl. BT-Drucksache 14/6040, S. 128; Canaris, JZ 2001, S. 499.

291 Haas/Medicus/Rolland/Schäfer/Wendtland, Das neue Schuldrecht, S. 96; BT-Drucksache 14/6040, S. 164; Lorenz/Riehm, Lehrbuch zum neuen Schuldrecht, S. 147.

292 Kritisch zur Rezeption des § 306 BGB a. F.: Wang (王利明), Studies in Law and Business 03/1995, S. 33 ff.

Unmöglichkeit der Wirksamkeit des Vertrags entgegensteht, fehlt es im Gesetz an jeglicher Grundlage.[293] Mit Blick auf die Befreiungsmöglichkeit nach § 117 VG spielt es insbesondere keine Rolle, ob das Hindernis vor oder nach dem Vertragsschluss entsteht. Für den Ausschluss nach § 110 Nr. 1 VG ist ebenfalls allein die Frage relevant, ob der Schuldner zum Zeitpunkt der Geltendmachung des Erfüllungsanspruchs den Vertrag noch erfüllen kann. Die Entwicklung spiegelt sich im deutschen Recht wider. Das deutsche Schuldrecht hat sich von § 306 BGB a. F. abgekehrt und in § 311a Abs. 1 BGB klargestellt, dass anfängliche Unmöglichkeit die Gültigkeit des Vertrags nicht berührt.[294] Die Differenzierung nach anfänglicher und nachträglicher Unmöglichkeit bleibt im deutschen Recht nur noch für Schadensersatzansprüche von Bedeutung.

Demgegenüber wird die Teilunmöglichkeit in § 117 VG explizit geregelt. Kann der Vertrag wegen höherer Gewalt zum Teil nicht erfüllt werden, so entfällt die Haftung des Schuldners entsprechend deren Wirkung nur teilweise. Dies steht im Einklang mit § 275 Abs. 1 BGB, wonach die Leistung ebenfalls teilweise unmöglich sein kann.[295] Eine Regelung über teilweise Befreiung von der Erfüllungspflicht nach § 110 Nr. 1 VG besteht hingegen nicht. In dogmatischer Hinsicht gibt es keine Bedenken, § 110 VG auf solche Fälle anzuwenden, in denen die Erfüllung nur teilweise möglich ist. Der Gläubiger muss nicht auf die realisierbare Teilleistung verzichten und mit einer wertmäßigen Befriedigung genügen. Auch eine zeitweilige Unmöglichkeit ist im chinesischen Recht möglich.[296] Solange das Hindernis besteht, ist die Leistung nach § 117 VG vorübergehend unmöglich und der Schuldner von seiner Leistungspflicht zeitweilig befreit. Fällt das Hindernis später weg, kann der Gläubiger die Leistung verlangen. Während Art. 79 Abs. 3 CISG vorübergehende Hindernisse normiert, ist die Formulierung „teilweise" in § 117 Abs. 1 VG auch in zeitlicher Hinsicht zu verstehen.

Das Ergebnis ist eine parallele Entwicklung im deutschen und chinesischen Recht. Während objektive und subjektive, anfängliche und nachträgliche

---

293 Vgl. Han (韩世远), Allgemeines zum Vertragsrecht (合同法总论), S. 412; Wang (王洪亮), Legal Science 05/2007, S. 140.

294 BT-Drucksache 14/6040, S. 164 ff.; Staudinger/Caspers BGB, § 275 Rn. 6; Canaris, JZ 2001, S. 499 ff.

295 Haas/Medicus/Rolland/Schäfer/Wendtland/Medicus, Das neue Schuldrecht, S. 93.

296 Nach h. M. zum deutschen Recht erfasst § 275 BGB zeitweilige Unmöglichkeit. Vgl. MüKoBGB/Ernst, § 275 Rn. 135 ff.; Medicus/Lorenz, Schuldrecht I, S. 183; BT-Drucksache 14/6040, S. 128. Eine Darstellung des Meinungsstreits in: Arnold, JZ 2002, S. 868 ff.

Unmöglichkeit ihre Rolle im Wesentlichen verloren haben, ist das Problem der zeitweiligen und teilweisen Unmöglichkeit noch in beiden Rechtssystemen von Relevanz. Eine weitere Übereinstimmung besteht darin, dass die echte Unmöglichkeit eine immer geringere Rolle spielt. Zunehmende Bedeutung wird der faktischen Unmöglichkeit beigemessen, bei der die Erfüllung nicht zwingend ausgeschlossen, sondern nur erschwert wird.

## 3. Tatbestand des § 110 Nr. 2 Fall 2 VG

§ 110 Nr. 1 VG gilt dort, wo unter jedem denkbaren Aufwand der Schuldner nicht in der Lage ist, den Vertrag zu erfüllen. Demgegenüber ist die Erfüllung nach § 110 Nr. 2 VG streng genommen nicht „unmöglich".[297] Die Gewährung des Erfüllungsanspruchs hängt vielmehr von zwei Faktoren ab, nämlich von der Schwierigkeit des Vollstreckungszwangs und dem Aufwand der Erfüllung. Aufmerksamkeit verdient der letztere Fall, der mit der faktischen Unmöglichkeit i. S. v. § 275 Abs. 2 BGB vergleichbar ist. Der chinesischen Regelung ist gegenüber § 275 Abs. 2 BGB jedoch nicht zu entnehmen, welches Kriterium für die Bestimmung der „zu hohen Kosten" der Erfüllung maßgeblich ist.

In der Literatur haben sich Kriterien herausgebildet, um die Befreiungsschwelle des § 110 Nr. 2 Fall 2 VG zu konkretisieren. Einigkeit besteht soweit darüber, dass der Schuldneraufwand eine der beiden Vergleichsposten bildet. Fraglich bleibt nur, was mit dem Schuldneraufwand ins Verhältnis zu setzen ist, um die Kosten der Erfüllung als „zu hoch" herauszustellen. In Betracht kommen als vorgeschlagener Bezugspunkt verschiedene Möglichkeiten: das Interesse des Schuldners an der Gegenleistung, das Interesse des Gläubigers am Erhalten der Leistung sowie die Kosten des Schuldners bei anderen Rechtsbehelfen, z. B. Schadensersatz oder Nacherfüllung. Bevor auf die einzelnen Möglichkeiten eingegangen wird, wird zur Veranschaulichung des Problems zunächst ein Fall aus der Rechtspraxis betrachtet, der sich mit § 110 Nr. 2 VG beschäftigt:[298]

> Die Klägerin Xinyu Company teilte den Times Square in Nanjing in über 150 Geschäftsräume, die sie an eine Vielzahl von Kunden verkaufte. Einer der Geschäftsräume (Größe: 22,5 Quadratmeter) wurde an die Beklagte Feng Yumei verkauft. Der Geschäftsraum wurde zwar an die Beklagte übergegeben, die letztere war aber noch

297 Eine Abgrenzung des § 110 Nr. 1 zu Nr. 2 VG ist regelmäßig entbehrlich. Es handelt sich hier allein um die Haftungsform, nicht um eine Bestimmung der Leistungspflicht.

298 Urteil Nr. 470 von einem lokalen Gericht (2004) (宁民四终字第470号判决书).

nicht im Grundbuch eingetragen. Da die Geschäfte nicht gut liefen, plante die Klägerin nunmehr, den Times Square umzubauen und schloss aus diesem Grund nach und nach Aufhebungsverträge mit den meisten Käufern der einzelnen Geschäftsräume. Die Beklagte stimmte einer Aufhebung des Kaufvertrags jedoch nicht zu. Die Klägerin verlangte mit ihrer Klage die Aufhebung des Kaufvertrags mit dem Einwand, dass aufgrund des einzigen Geschäftsraums der Beklagten die Umbaumaßnahmen für das Gebäude (Größe: 60.000 Quadratmeter) insgesamt nicht möglich seien. Die Beklagte war der Ansicht, dass der Kaufvertrag wirksam geschlossen worden sei und daher erfüllt werden müsse.[299]

In diesem Urteil setzte sich ein chinesisches Gericht erstmalig mit der Frage des Erfüllungsaufwands in § 110 Nr. 2 Fall 2 VG auseinander. Das Gericht gab der Klage mit der Begründung statt, andernfalls könne die Klägerin ihr Gebäude von mehr als 60.000 Quadratmetern nicht zweckmäßig nutzen. Dabei sah das Gericht § 110 Nr. 2 Fall 2 VG als Ausschlussgrund für das Erfüllungsbegehren der Beklagten an. Die Erfüllung des Kaufvertrags sei überteuert, weil wegen eines einzelnen Geschäftsraums von 22,5 Quadratmetern der Umbau eines gesamten Gebäudes verhindert werden könnte. Zumal habe das Gebäude die Geschäftsatmosphäre verloren, sodass das Ziel der fortgesetzten Vertragserfüllung für die Beklagte ohnehin nicht mehr erreicht werden könne. Folglich habe die Klägerin für ihre Vertragsverletzung nur Schadensersatz zu leisten.

Diese Urteilsbegründung ist problematisch. Sie zeigt exemplarisch, dass eine unrichtige Anwendung des § 110 Nr. 2 Fall 2 VG die Vorschrift zu einer Ermächtigungsgrundlage für richterliche Eingriffe mutieren würde. Die Erreichung eines Zwecks, der außerhalb des Vertrags liegt, darf für die Regelung nicht von Bedeutung sein.[300] Inwiefern die Klägerin das Gebäude durch Umbaumaßnahmen zu anderen Zwecken verwenden und besser bewirtschaften kann, ist daher ohne Belang. Ferner hat das Gericht bei der Kostenberechnung für die Erfüllung solche Posten einbezogen, die mit der Erfüllung des Kaufvertrags nicht zu tun haben. Auch wenn der Klägerin durch die Erfüllung des Kaufvertrags in tatsächlicher Hinsicht Kosten entstanden wären, weil der Umbau verhindert und ihr dadurch Gewinn entgehen würde, sind solche Verluste keine Kosten der Erfüllung i.S.d. § 110 Nr. 2 Fall 2 VG, sondern eine mittelbare wirtschaftliche Folge. Allenfalls käme für die Klägerin eine Änderung der Geschäftsgrundlage

---

299 Deutsche Übersetzung durch den Verfasser.

300 Die Auseinandersetzung mit dem gestörten Zweck ist darauf zurückzuführen, dass die Klägerin sich auf einer Zweckstörung berief. Fraglich ist, warum die Nichterreichung eines außerhalb des Vertrags liegenden Zwecks den Schuldner zur Aufhebung des Vertrags berechtigen kann.

in Betracht, wobei das Risiko der Wirtschaftlichkeit des Gebäudes regelmäßig ihr selbst zuzuweisen ist. Im Ergebnis hätte die Klägerin den Vertrag richtigerweise nach dem Grundsatz der Vertragstreue erfüllen müssen.

Die Befreiungsschwelle wird in der Literatur unterschiedlich gezogen. Manche sehen im Schuldnerinteresse die Gegenposition zum Leistungsaufwand.[301] Der Schuldner sei vom Erfüllungsanspruch befreit, wenn sein Aufwand zur Erfüllung in einem Missverhältnis zu seinem wirtschaftlichen Interesse steht. Nach dieser Lesart würde sich § 110 Nr. 2 Fall 2 VG in eine Geschäftsgrundlagenregel umwandeln: Die Erfüllung wird untersagt, wenn sich Leistung und Gegenleistung nicht äquivalent gegenüberstehen. Bedenken bestehen darin, dass es sich bei § 110 VG nicht um eine Befreiung von der gesamten Leistungspflicht handelt, sondern nur um die Auswahl der Haftungsform. Da der Schuldner jedenfalls Schadensersatz zu leisten hat, ist nicht ersichtlich, warum die Gegenleistung hier eine Rolle spielt. Der Schuldner könnte sich nach dieser Auffassung seiner Schadensersatzpflicht entziehen. Zudem hat sich der Gesetzgeber ausdrücklich gegen die Normierung der Geschäftsgrundlage geäußert.[302] Daher ist nicht plausibel, dass an einer anderen Stelle dieses Institut unbemerkt wieder aufgenommen wurde.

Andere sehen hierin ein Einfallstor für die Lehre des effizienten Vertragsbruchs.[303] Ein Vertragsbruch beruht auf dem Grundgedanken, dass nach Vertragsabschluss bessere Verwendungsmöglichkeiten der Ressourcen bestehen, als der Vertrag vorsieht. Ein Vertragsbruch ist deswegen zulässig, weil die versprochenen Leistungen derjenige erhält, der sie am höchsten bewertet.[304] § 110 Nr. 2 Fall 2 VG hat in der Tat die wirtschaftliche Allokationseffizienz im Blick. Ein Vergleich mit § 110 Nr. 1 VG zeigt, dass der Ausschluss der Erfüllung auf solche Fälle erweitert werden soll, in denen die Leistung theoretisch möglich aber wirtschaftlich sinnlos ist.[305] Um eine Verschwendung der Ressourcen zu vermeiden, ordnet § 110 Nr. 2 Fall 2 VG an, dass der Schuldner ggf. nur Wertersatz leisten muss. Die Lehre vom effizienten Vertragsbruch kann jedoch nur erklären, warum der Schuldner den Vertrag bricht. Sie macht noch keine

---

301 Vgl. Wang (王洪亮), Legal Science Monthly, 01/2012, S. 112 ff.

302 Der Entwurf des VG enthielt eine solche Vorschrift, die aufgrund der Kritik im Gesetzgebungsverfahren gestrichen wurde.

303 Liu (刘旭华), Journal of Lanzhou University 01/2002, 119 ff.; Liu (刘洋), Political Science and Law 02/2018, S. 105 ff.

304 Vgl. Nagel, Eigentum, Delikt und Vertrag, S. 130.

305 Wang (王利明), Vertragsrecht (合同法), S. 307; Cui (崔建远), Vertragsrecht (合同法), S. 315.

konkrete Aussage darüber, wo die Schwelle für den Rechtsbehelf des Gläubigers liegt.

Den Bezugspunkt zum Schuldneraufwand bildet richtigerweise das Gläubigerinteresse.[306] Der Erfüllungsanspruch ist nach § 110 Nr. 2 Fall 2 VG ausgeschlossen, wenn der Aufwand des Schuldners zur Leistung den Nutzen für den Gläubiger wesentlich übersteigt, sodass die Leistung im Kosten-Nutzen-Kalkül sinnlos erscheint.[307] Für dieses Ergebnis spricht schon das Beispiel in der Kommentierung zu Art. 7.2.2 lit. b) PICC: Der Beförderungsvertrag muss dann nicht erfüllt werden, wenn die Bergungskosten des gesunkenen Schiffs den Wert des verladenen Öls weit übersteigen.[308] Zu ermitteln ist das Interesse des Gläubigers an der Erfüllung, das regelmäßig dem Betrag entspricht, den er als Schadensersatz statt der Leistung beanspruchen kann.[309] Ob das immaterielle Interesse des Gläubigers bei der Abwägung einbezogen werden sollte, ist zweifelhaft.[310] Das wird bei Art. 7.2.2 lit. b) PICC aus den Gründen der Bestimmbarkeit verneint.[311] Das gleiche Argument gilt für das chinesische Vertragsrecht, zumal das immaterielle Interesse auch beim Schadensersatz bislang nur selten gewährt wird. Eine Abweichung des Gläubigerinteresses von der Höhe des Schadensersatzes liegt vor allem dort vor, wo das Gläubigerinteresse nicht voraussehbar war. Denn die Schadensersatzhaftung ist nach § 113 VG auf den bei Vertragsschluss für den Schuldner voraussehbaren Schaden begrenzt.[312] Daher kann das Gläubigerinteresse den Umfang des Schadensersatzes übersteigen, wenn der Gläubiger seine bezweckte Verwertung der Leistung dem Schuldner nicht offenlegt. Die Erfüllung zu untersagen, sobald der Schadensersatz günstiger ist, würde hingegen das Recht des Gläubigers auf Naturalrestitution völlig aushöhlen. Dies widerspräche insbesondere dem in § 107 VG vorgesehenen Wahlrecht des Gläubigers zwischen Erfüllung und Schadensersatz.

---

306 Vgl. Liu (刘洋), Political Science and Law 02/2018, S. 105 ff.; Han (韩世远), Allgemeines zum Vertragsrecht (合同法总论), S. 610.

307 Zu § 275 Abs. 2 BGB: MüKoBGB/Ernst, § 275 Rn. 70.

308 Vgl. PICC-Kommentar, Art. 7.2.2.

309 MüKoBGB/Ernst, § 275 Rn. 80.

310 Für das deutsche Recht wird das immaterielle Interesse bejaht. Vgl. BeckOK BGB/Lorenz BGB § 275 Rn. 59; MüKoBGB/Ernst, § 275 Rn. 81; Medicus/Lorenz, Schuldrecht I, S. 186 Rn. 415. Für das chinesische Recht bejahend: Liu (刘洋), Political Science and Law 02/2018, S. 105 ff.

311 Vgl. Vogenauer/Kleinheisterkamp/Schelhaas, Commentary on the PICC, Art. 7.2.2, S. 790.

312 Also in Übereinstimmung mit Art. 74, S. 2 CISG.

Fraglich ist zudem, ob die Pflicht zur Nacherfüllung im Falle eines Qualitätsmangels durch § 110 Nr. 2 Fall 2 VG eingeschränkt wird.[313] Es handelt sich dabei um eine Frage der „relativen Unverhältnismäßigkeit“: Ob der Schuldner die vom Gläubiger gewählte Art der Nacherfüllung verweigern darf, wenn sie nur mit unverhältnismäßigen Kosten möglich ist.[314] Eine Einbeziehung der relativen Unverhältnismäßigkeit ist hier nicht notwendig, weil § 111 VG das Recht des Gläubigers auf Ergreifen von solchen Abhilfemaßnahmen einschränkt, bei denen das Verlangen „angemessen“ ist. Eine Abhilfemaßnahme gilt jedoch als unangemessen, wenn sie wesentlich teurer ist als andere Abhilfemaßnahmen. Ein Rückgriff auf § 110 VG ist in diesem Fall nicht notwendig.

## 4. Rechtsfolge des § 110 VG

§ 110 VG dient als Ausschluss des Erfüllungsanspruchs, wenn der Schuldner eine Nichtgeldschuld nicht oder nicht vertragsgemäß erfüllt. Im Gegensatz zu § 117 VG ist der Schuldner nicht von seiner gesamten vertraglichen Haftung befreit, vielmehr beschränkt sich die Befreiung auf den Erfüllungsanspruch als solchen. Die Bedeutung des § 110 VG hängt also entscheidend vom Verständnis des Erfüllungsanspruchs ab. Allerdings ist die Stellung des Erfüllungsanspruchs im chinesischen Recht aufgrund verschiedener Anordnungen nicht leicht bestimmbar.

Im System des Leistungsstörungsrechts ist die Erfüllung als Rechtsbehelf eingeordnet. Sie entsteht nicht unmittelbar durch den Vertragsschluss, sondern setzt eine Vertragsverletzung des Schuldners voraus.[315] Davon ist die materielle Leistungspflicht des Schuldners zu trennen, deren Verletzung die Rechte des Gläubigers erst auslöst.[316] Die Leistungspflicht des Schuldners wird durch Vertrag begründet und ist in ihrem Bestand von der Möglichkeit der Erfüllung unabhängig. Ist die Erfüllung ausgeschlossen, so wird die Leistungspflicht durch Schadensersatz realisiert. Die Trennung der Leistungspflicht des Schuldners als das ideale Sollen vom Anspruch des Gläubigers auf Erfüllung oder Schadensersatz als Mittel zur Durchsetzung des Rechts führt dazu, dass beide in ihrem Schicksal unabhängig sind. Dies spiegelt sich in den Regelungen

313 Vgl. Han (韩世远), Allgemeines zum Vertragsrecht (合同法总论), S. 610.

314 Vgl. § 439 Abs. 4 BGB. Die Vorschrift hat eine ähnliche Funktion wie § 275 Abs. 2 BGB, soll eine niedrigere Schwelle für die Leistungsverweigerung setzen, BT-Drucksache 14/6040, S. 232; Medicus/Lorenz, Schuldrecht II, S. 55.

315 Zum CISG: Riehm, Der Grundsatz der Naturalerfüllung, S. 501 f.

316 Ebenda.

wider. Das Schicksal der vertraglichen Leistungspflicht regelt § 117 VG, der sowohl für Erfüllung als auch für Schadensersatz gilt, während sich § 110 VG allein auf Erfüllung bezieht.

Diese Zuordnung der Erfüllung steht im Widerspruch zu den allgemeinen Vorschriften des Zivilrechts. Bereits § 84 AGZ gewährt dem Gläubiger das Recht, vom Schuldner zu verlangen, dass er seine Pflichten erfüllt. § 118 ZGB definiert in Anlehnung an § 84 AGZ das Recht aus Schuldverhältnissen[317] als ein Recht, kraft Vertrags, Delikts, Geschäftsführung ohne Auftrag, Bereicherung und sonstiger gesetzlicher Bestimmungen von einem anderen ein Tun oder Unterlassen zu verlangen. Nach diesen Vorschriften wird die Grenze zwischen Anspruch und dem Recht verwischt, weil sie synonym verwendet werden. Danach entstünde der Anspruch auf Erfüllung unmittelbar durch den Vertragsschluss; eine Vertragsverletzung seitens des Schuldners ist nicht erforderlich.

Der Grund für diesen Widerspruch ist eine Rechtsrezeption nach unterschiedlichen Modellen. Dogmatisch vorzugswürdig ist die Lösung, zwischen Substanzrechten und Ansprüchen zu differenzieren. Die Ansprüche sichern die Zuordnungsentscheidung der Rechtsordnung und dienen als „Schutzrechte" zur Sicherung subjektiver Rechtspositionen.[318] Sie sind Folge eines gesetzlichen Normbefehls.[319] Demgegenüber beruht das Substanzrecht einer Forderung auf privatautonomer Willensentscheidung der Beteiligten. In der jüngeren Zeit wird in der chinesischen Literatur vertreten, die Forderung von einem Anspruch zu trennen.[320] Der Anspruch wird als Mittel zur Verwirklichung der Forderung angesehen. Die Ansicht ist zu begrüßen. Der Widerspruch in der Zuordnung kann dadurch gelöst werden, wenn die Regelung im Allgemeinen Teil des ZGB als eine Regelung über die Forderung angesehen wird. § 110 VG berührt dagegen allein den Anspruch des Gläubigers auf Erfüllung.

## 5. Änderungen durch §§ 580, 581 ZGB

In der Kodifizierung des ZGB wurde die Unterscheidung von Geld- und Nichtgeldschuld bei Erfüllungsanspruch unverändert übernommen. In Bezug auf die

---

317 债权, besser übersetzt als „Recht aus einem Schuldverhältnis".

318 Das Privatrecht als „Rechtszuweisungsordnung": Picker, AcP 1983, S. 369 ff., 511 ff.; ders., JZ 1987, S. 1041 ff.; ders., JZ 2010, s. 541 ff.; Hartmann, Der Anspruch auf das stellvertretende commodum, S. 22 ff.

319 Ebenda.

320 Wang (王利明), Studien zum Vertragsrecht (合同法研究), Band II, S. 423.

Geldschuld wurde eine geringfügige Änderung vorgenommen. So findet § 579 ZGB nicht nur auf „Kaufpreis und Vergütung" Anwendung, sondern umfasst „Miete, Zinsen oder sonstige Geldschuld". Die Ergänzung hat nur klarstellenden Charakter, weil die Auflistung in § 109 VG nicht abschließend war. Demgegenüber wurde in § 580 ZGB die Regelung des § 110 VG durch einen neuen Absatz ergänzt:

> Wenn eine Partei eine nicht monetäre Verbindlichkeit nicht oder nicht den Vereinbarungen entsprechend erfüllt, kann die andere Seite Erfüllung fordern, es sei denn, dass einer der folgenden Umstände vorliegt:
> 1. wenn rechtlich oder tatsächlich nicht erfüllt werden kann;
> 2. wenn der Gegenstand der Verbindlichkeit zur erzwungenen Erfüllung ungeeignet ist oder die Kosten der Erfüllung zu hoch sind;
> 3. wenn der Gläubiger nicht innerhalb einer angemessenen Frist die Erfüllung gefordert hat.
>
> Führt das Vorliegen eines der im vorigen Absatz bestimmten Ausnahmetatbestände dazu, dass der Vertragszweck nicht realisiert werden kann, kann das Volksgericht oder das Schiedsorgan aufgrund der Forderung einer Partei die Beziehung von Rechten [und] Pflichten aus dem Vertrag beenden; die Haftung für Vertragsverletzung wird jedoch [hierdurch] nicht beeinflusst.[321]

Der § 580 Abs. 2 ZGB war in den ersten beiden Entwürfen des ZGB nicht vorhanden, er wurde erst beim Volkskongress hinzugefügt. Die Regelung findet auch keine Entsprechung in den PICC oder PECL. Die Formulierung „das Vertragsziel nicht mehr zu erreichen ist" ist identisch mit § 563 Nr. 1 und 4 ZGB (§ 94 VG), der dem Gläubiger ein Recht auf Vertragsaufhebung einräumt. Der Zusatz bedeutet im chinesischen Recht eine wesentliche Vertragsverletzung.[322] § 580 Abs. 2 ZGB ist so zu lesen: Ist der Erfüllungsanspruch aufgrund eines Hindernisses ausgeschlossen, bei dem die Schwere einer wesentlichen Vertragsverletzung erreicht wird, so kann der Vertrag auf Verlangen beendet werden. Durch die Beendigung des Vertrags wird ein ähnliches Ergebnis erzielt wie das Entfallen *ipso jure* des Gegenleistungsanspruchs im deutschen Recht. Ferner wird auf den ersten Blick ein Gleichlauf mit der höheren Gewalt geschaffen: Auch wenn die Nichterfüllung nicht entschuldigt ist, kann der Vertrag aufgehoben werden, wenn die Erfüllung keinen Sinn hat.

§ 580 Abs. 2 ZGB erweist sich als überflüssig. Seine Anwendung setzt eine nicht entschuldigte Vertragsverletzung voraus, für die der Schuldner haften

321 Deutsche Übersetzung: Pissler (Hrsg.), ZChinR 2020, S. 207 ff.

322 Siehe die Ausführungen zur Vertragsaufhebung in Teil 1 II 5 c.

muss. Handelt es sich um eine wesentliche Vertragsverletzung, so steht dem Gläubiger ohnehin das Recht auf Vertragsaufhebung nach § 563 Nr. 4 ZGB zu, der in Anlehnung an Art. 45 Abs. 1 lit. a) CISG „sonstige Vertragsverletzungen" regelt. Durch ein zusätzliches Recht auf Beendigung des Vertrags ist wenig gewonnen, zumal auch nach § 580 Abs. 2 ZGB eine wesentliche Vertragsverletzung vorliegen muss. Der Gläubiger ist durch die Einrede der Unsicherheit bzw. das Leistungsverweigerungsrecht geschützt, die das chinesische Recht kennt.[323] Ferner kann der Sinn der Regelung auch nicht darin bestehen, dem vertragsbrüchigen Schuldner ein Beendigungsrecht zur Verfügung zu stellen. Die Gewährung eines solchen Rechts führt zu einem Wertungswiderspruch, weil der Schuldner im Falle der nicht entschuldigten Nichterfüllung besserstünde als bei höherer Gewalt. § 580 Abs. 2 ZGB ist daher nicht überzeugend.

Eine weitere Neuerung besteht in § 581 ZGB, der ebenfalls keine Vorgänger hat. Die Vorschrift wurde bereits in den ersten Entwurf des ZGB aufgenommen und blieb bis zum ZGB unverändert. § 581 ZGB lautet:

> Wenn eine Partei eine Schuld nicht oder nicht vertragsgemäß erfüllt und wegen der Natur der Schuld eine Zwangsvollstreckung nicht betrieben werden kann, so kann die andere Partei von ihr verlangen, die Kosten zu tragen, die dadurch entstehen, dass die Schuld von einem Dritten ersatzweise erfüllt wird.

Es fragt sich, ob § 581 ZGB überhaupt eine materiell-rechtliche oder prozessuale Regelung ist. Nach dem Wortlaut scheint die Regelung eine eigenständige Anspruchsgrundlage für den Ersatz der Kosten zu sein, die durch Leistung durch einen Dritten entstehen.[324] In diesem Fall wäre sie aber überflüssig, da es sich inhaltlich um einen Schadensersatz „statt der Leistung" handelt, der dem Gläubiger ohnehin zusteht. Eine weitere Unklarheit ist, ob sich die Regelung allein auf die Fälle des Ausschlusses der Vollstreckung in § 580 Nr. 2 ZGB bezieht. Zweifel ergeben sich vor allem daraus, dass die Formulierung „Natur der Schuld" verwendet wird, während § 580 Nr. 2 ZGB von „Gegenstand der Schuld" spricht. Der sprachliche Unterschied deutet darauf hin, dass § 581 ZGB eine andere Situation vor Augen hat.

§ 581 ZGB ist eher als eine prozessuale Vorschrift zu verstehen, welche die Zwangsvollstreckung regelt. In diesem Sinne ist die Regelung mit § 887 ZPO funktional vergleichbar. Erfüllt der Schuldner nach § 887 ZPO die Verpflichtung nicht, eine Handlung vorzunehmen, die von einem Dritten ausgeführt werden

---

323 Vgl. §§ 525, 527 ZGB.

324 Es ist dem Wortlaut nicht zu entnehmen, dass es sich um einen Anspruch auf Kostenvorschuss handelt.

kann, so ist der Gläubiger auf Antrag ermächtigt, auf Kosten des Schuldners die Handlung vornehmen zu lassen. Durch § 887 ZPO wird dem Gläubiger die Ersatzvornahme der Handlung durch einen Dritten auf Kosten des Schuldners ermöglicht.[325] Die Vermutung, dass der chinesische Gesetzgeber eine solche Regelung mit § 581 ZGB aufnehmen wollte, liegt besonders nahe. Denn § 580 ZGB wird in der Literatur häufig als eine Regelung des Prozessrechts eingeordnet.[326] In diesem Fall wäre bei § 581 ZGB ein Fehler unterlaufen: Die Ersatzvornahme setzt voraus, dass der Anspruchsinhalt eine vertretbare Handlung ist, die von Dritten vorgenommen werden kann.[327] § 581 ZGB verlangt aber das Gegenteil. Bei einer unmöglichen Zwangsvollstreckung kann auch keine Ersatzvornahme durch einen Dritten vorgenommen werden. Das Wort „nicht" im zweiten Halbsatz der Regelung muss gestrichen werden, um dem Satz Sinn zu verleihen. Besser noch: Die Vorschrift sollte ganz gestrichen werden, weil sie nicht zum materiellen Leistungsstörungsrecht gehört.

---

325 MüKoZPO/Gruber, ZPO, § 887 Rn. 1.
326 Vgl. Han (韩世远), Allgemeines zum Vertragsrecht (合同法总论), 600 ff.
327 BeckOK ZPO/Stürner, ZPO, § 887 Rn. 7.

# III. Die Befreiungsfigur der veränderten Umstände

## 1. Entwicklung der Befreiungsfigur im chinesischen Recht

Kaum eine andere Rechtsfigur des chinesischen Vertragsrechts hat in den letzten Jahrzehnten so viel Aufmerksamkeit erregt wie die veränderten Umstände[328]. Obwohl die Rechtsfigur dem chinesischen Recht seit Langem bekannt war, wurde sie erst im Zuge der Kodifizierung des ZGB gesetzlich normiert. Das Zögern des Gesetzgebers ist darauf zurückzuführen, dass das Rechtsinstitut viele schwierige Fragen aufwirft, die nicht durch Kodifizierung gelöst werden können. Insbesondere ist unklar, wie es sich mit der höheren Gewalt verhält.

Die Untersuchung der veränderten Umstände beginnt mit dem WVG 1981, das Erstere der dreifachen Vertragsgesetzgebung. Eine Regelung über veränderte Umstände fand sich in § 27 WVG, der aber selten als eine Hardship-Regelung angesehen wird. Ein Wirtschaftsvertrag kann nach § 27 WVG angepasst oder aufgehoben werden, wenn der staatliche Plan, nach dem der Vertrag geschlossen worden ist, geändert oder aufgehoben wird (Nr. 2) oder wenn eine Partei aufgrund der Schließung oder Änderung der Produktion den Vertrag nicht erfüllen kann (Nr. 3). § 27 WVG war die zentrale Vorschrift zur Vertragsaufhebung.[329] Die Nr. 2 regelt die Situation, in der die staatliche Planung als Vertragsgrundlage dient. Ein Wegfall der staatlichen Anweisung hat zur Folge, dass der Vertrag seine Grundlage verliert, was eine Vertragsaufhebung berechtigt. Gleiches gilt nach Nr. 3, wenn eine Schließung oder Änderung der Produktion in der Fabrik des Schuldners die Vertragserfüllung verhindert. Zugegebenermaßen bewegen sich diese Regelungen in der Nähe der Unmöglichkeit und die Zuordnung als Hardship nicht eindeutig ist.

Eine ähnliche Befreiungsregelung war dem AWVG und dem TechVG nicht bekannt. Diskussionen in größerem Umfang folgten im Jahr 1988 aufgrund eines Aufsatzes von *Liang*, der sich mit der Lehre der Geschäftsgrundlage und der Frustration of Contracts Doctrine auseinandersetzte.[330] *Liang* plädierte für

---

328 Auf Chi.: 情事变更. Die veränderten Umstände werden unten auch als Hardship, Härtefall oder Geschäftsgrundlage bezeichnet.

329 § 27 WVG war die Vorgängervorschrift des § 94 VG.

330 Liang (梁慧星), Chinese Journal of Law 06/1988, S. 35 ff.

die Schaffung einer gesetzlichen Befreiungsregelung und schlug folgende Fassung vor:

> Hat sich die Geschäftsgrundlage nach Wirtschaftsvertragsschluss aufgrund der von den Parteien nicht zu vertretenden Umstände so verändert, dass das Ziel der Parteien nicht verwirklicht werden kann oder das Verhältnis zwischen Leistung und Gegenleistung gestört wird, so kann die Anpassung oder Aufhebung des Vertrags durch ein Volksgericht oder ein Schiedsgericht von der benachteiligten Partei verlangt werden, soweit das Festhalten am Vertrag offensichtlich ungerecht ist.[331]

Diese Regelung diente als Grundlage für spätere Diskussionen und Gesetzgebungen in China. Sie ist erkennbar an die deutsche Lehre von der Geschäftsgrundlage angelehnt, was nicht zuletzt der expliziten Verwendung des Begriffs der Geschäftsgrundlage zu entnehmen ist. Erfasst sind durch die Regelung zwei Fallgruppen, die Zweck- und Äquivalenzstörung, die der sog. objektiven Geschäftsgrundlage in der deutschen Lehre entsprechen.[332] Die subjektive Geschäftsgrundlage, also die Fälle des gemeinsamen Motivirrtums,[333] werden nach den Irrtumsregelungen behandelt.[334] Eine Besonderheit der Regelung besteht darin, dass das Erfordernis der offensichtlichen Ungerechtigkeit sowohl für die Äquivalenzstörung als auch für die Zweckstörung gilt. Dies ist bei einer Äquivalenzstörung nicht gerechtfertigt, da hier die Leistung unabhängig vom Gerechtigkeitsempfinden sinnlos ist.

Bei der Ausarbeitung des VG 1999 wurde der Rechtsfigur der veränderten Umstände große Aufmerksamkeit gewidmet. In nahezu jedem Bericht des Rechtsausschusses an den Ständigen Ausschuss des Nationalen Volkskongresses über die Erarbeitung des Gesetzes hatte sie Berücksichtigung gefunden.[335] Die ersten zwei Entwürfe des VG sahen eine entsprechende Regelung vor, die sich in der letzten Gesetzgebungsphase nicht durchsetzen konnte. Bevor der Gesetzesentwurf dem Nationalen Volkskongress zur Abstimmung vorgelegt worden war, beschloss der Ständige Ausschuss aufgrund der Kontroversen um die Rechtsfigur, die vorgesehene Regelung ersatzlos zu streichen, um eine reibungslose Verabschiedung des Gesetzes zu gewährleisten.[336] Der Grund war,

---

331 Liang (梁慧星), Chinese Journal of Law 06/1988, S. 46; deutsche Übersetzung durch den Verfasser.

332 Zum Begriff: Larenz, Geschäftsgrundlage und Vertragserfüllung, S. 52 ff.; MüKoBGB/Finkenauer, BGB, § 313 Rn. 12.

333 Zum Begriff: Larenz, Geschäftsgrundlage und Vertragserfüllung, S. 20 ff.

334 Han (韩世远), Peking University Law Journal 03/2014, S. 668.

335 Vgl. Han (韩强), Chinese Journal of Law 04/2010, S. 57 ff.

336 Liang (梁慧星), Peking University Law Journal 06/1999, S. 13 ff.

dass der Volkskongress Zweifel an der Befreiungsfigur hatte, die den Grundsatz der Vertragstreue gefährden konnte.[337] Dahinter verbarg sich noch die Sorge, dass die Regelung ein Einfallstor für richterliche Willkür öffnen konnte, um sich in Vertragsbeziehungen einzumischen.[338]

Vor diesem Hintergrund war es nahezu eine Ironie, dass das Oberste Volksgericht zehn Jahre später mit § 26 AB II die veränderten Umstände in Form der justiziellen Auslegung erließ. Das Oberste Volksgericht machte seit 1981 von seiner Kompetenz zur Justizauslegung regen Gebrauch, nachdem ihm der Ständige Ausschuss des Volkskongresses Auslegungsbefugnis übertragen hatte.[339] So lautet § 26 AB II:

> Haben sich objektive Umstände nach Vertragsschluss schwerwiegend verändert und konnten die Parteien diese Veränderung, die weder auf höherer Gewalt beruht noch zu kommerziellen Risiken gehört, im Zeitpunkt des Vertragsschlusses nicht vorhersehen, so kann die Anpassung oder Aufhebung des Vertrags durch ein Volksgericht verlangt werden, soweit das Festhalten an der Erfüllung des Vertrags für eine Partei offensichtlich ungerecht ist oder das Vertragsziel nicht mehr erreicht werden kann; das Volksgericht entscheidet über die Anpassung oder Aufhebung des Vertrags nach dem Prinzip der Gerechtigkeit unter Berücksichtigung der Umstände des Einzelfalls.[340]

Der Grund für den Erlass der Regelung war vielfältig. Sie ist nicht nur auf den Ausbruch der SARS-Pandemie im Jahr 2003 und die Finanzkrise im Jahr 2008 zurückzuführen, sondern auch auf die Einführung der Wohnungspreisbeschränkung in vielen Großstädten.[341] Diese gesellschaftlichen Ereignisse lösten zahlreiche Rechtsstreitigkeiten aus, welche die Gerichte überfluteten. Kurz nach Inkrafttreten der Vorschrift erließ das Oberste Volksgericht jedoch eine Mitteilung an die unteren Gerichte, welche die Anwendung des § 26 AB II einschränkte:

> Die Ausführungsbestimmung haben alle Gerichte richtig und vorsichtig anzuwenden. Sollte diese in besonders gelagerten Fällen zur Anwendung kommen, so müsste

337 Vgl. Bericht über die Revision des Vertragsgesetzes (Entwurf), 3. 1999.

338 Liang (梁慧星), Peking University Law Journal 06/1999, S. 13 ff.; Zhu (朱广新), Allgemeiner Teil des Vertragsrechts (合同法总则), S. 668.

339 Eberl-Borges, Einführung in das chinesische Recht, S. 80.

340 Deutsche Übersetzung durch den Verfasser.

341 Vgl. Wang (王利明), China Legal Science 02/2017, S. 36 f.; Han (韩世远), Allgemeines zum Vertragsrecht (合同法总论), S. 383; Bu (卜元石), Einführung in das chinesische Recht, § 12 Rn. 68.

> deren Anwendung von einem oberen Volksgericht überprüft werden. Notfalls müsste der Fall dem Obersten Volksgericht vorgelegt werden.[342]

In der Folgezeit erließ das Oberste Volksgericht sogar eine weitere Mitteilung, die verlangte, dass die unteren Gerichte vor einer vertraglichen Gestaltung die vertragliche Risikoverteilung vorrangig zu berücksichtigen haben.[343] Durch die doppelte Einschränkung verließ § 26 AB II in der Praxis faktisch an Bedeutung und wurde nur in wenigen Fällen erfolgreich vom Schuldner geltend gemacht. Seit dem Erlass der Regelung änderte sich die politische Stimmung zugunsten der Befreiungsfigur.[344] Dies ermöglichte eine Kodifizierung der Rechtsfigur durch das ZGB.

## 2. Tatbestand des § 26 AB II

Eine Schuldnerbefreiung setzt gemäß § 26 AB II voraus, dass sich Umstände nach Vertragsschluss schwerwiegend verändert haben und die Parteien die Änderung, die weder auf höherer Gewalt beruht noch zu kommerziellen Risiken gehört, bei Vertragsschluss nicht vorhersehen konnten.[345] Ferner ist erforderlich, dass die Vertragserfüllung für eine Partei offensichtlich ungerecht ist oder das Vertragsziel nicht mehr erreicht werden kann. Bei der Entscheidung über die Befreiung hat das Gericht alle Umstände des Einzelfalls und das Prinzip der Gerechtigkeit zu berücksichtigen.

Für eine Befreiung muss zunächst eine schwerwiegende Umstandsänderung eintreten. Wann eine Änderung als „schwerwiegend" zu betrachten ist, wird in der Regelung nicht näher erläutert. Die Änderung der Umstände darf nach dem Wortlaut nicht „zu kommerziellen Risiken" gehören, also nicht als normales Geschäftsrisiko zu bewerten sein. Dies wirft nicht zuletzt die schwierige Frage auf, wo die Grenze zwischen normalen Geschäftsrisiken und veränderten Umständen liegt.[346] Im deutschen Recht wird ein Risiko nicht mehr ein

---

342 Notice of the Supreme People's Court on Correctly Applying the Interpretation II of Several Issues Concerning the Contract Law of the People's Republic of China to Serve the Primary Objectives of the Party and the State, 2009, deutsche Übersetzung durch den Verfasser.

343 Guiding Opinions of the Supreme People's Court on Several Issues Concerning the Trial of Cases of Disputes over Civil and Commercial Contracts under the Current Situation, 2009.

344 Vgl. Rede von Wang (王利明) im Dezember 2016 im „Law and Reform High-End Forum (2016)".

345 Han (韩世远), Allgemeines zum Vertragsrecht (合同法总论), S. 386.

346 Wang (王利明), Studies in Law and Business 03/2019, S. 3 ff.

vertragliches, wenn die Parteien bei Kenntnis der Umstandsänderung den Vertrag nicht oder nur mit einem anderen Inhalt abgeschlossen hätten.[347] Anders als das deutsche Recht muss die Umstandsänderung im chinesischen Recht erst nach Vertragsschluss geschehen.[348] Tritt sie vor Vertragsschluss ein, so bleiben nur Irrtumsregelungen anwendbar.[349] Die Ansicht ist fraglich. Die Irrtumsregelungen erfassen im chinesischen Recht grundsätzlich keinen Motivirrtum, sondern – wie das deutsche Recht – im Prinzip nur Irrtümer bei der Willensäußerung.[350] Bei dem Problem der veränderten Umstände liegt der Irrtum jedoch in der Willensbildung.

Die Umstandsänderung darf ferner für die Parteien bei Vertragsschluss nicht vorhersehbar gewesen sein. Es wird in der Literatur hierbei Bezug auf die Parallelvorschrift in Art. 6.2.2 lit. b) PICC genommen, die ebenfalls die Unvorhersehbarkeit einer Störung verlangt.[351] Bei der Bestimmung der Vorhersehbarkeit wird auf die Erkennbarkeit der Partei abgestellt, zu deren Lasten die Störung eingetreten ist. Der Grund ist, dass bei voraussehbaren Änderungen regelmäßig davon auszugehen ist, dass der Schuldner das Risiko des Hindernisses übernommen hat, indem er für dessen Eintritt keine Regelung vereinbart hat.[352] Ein Unterschied zum deutschen Recht besteht auf den ersten Blick darin, dass die Vorhersehbarkeit des Hindernisses in § 313 BGB einen der Aspekte bei der Risikobetrachtung bildet, während für das chinesische Recht die Voraussetzung eigenständig erfüllt sein muss. Dieser Unterschied ist oberflächlich: Auch für das chinesische Recht ist die Vorhersehbarkeit nur eines der wertenden Kriterien für die Bestimmung der Risikosphäre des Schuldners, da eine separate Betrachtung der Vorhersehbarkeit ohne die vertragliche Grundlage nicht möglich ist.

Das Risiko des Hindernisses darf nicht der benachteiligten Partei zuzuweisen sein. Es wird oft bei der Risikozuweisung auf die Parallelregelung in Art. 6.2.2 lit. c) und d) PICC verwiesen.[353] Dort wird explizit vorausgesetzt, dass das Ereignis außerhalb des Einflussbereichs des Schuldners liegen und

347 MüKoBGB/Finkenauer, BGB, § 313 Rn. 58; BeckOK BGB/Lorenz, BGB, § 313 Rn. 23.

348 Vgl. Han (韩世远), Allgemeines zum Vertragsrecht (合同法总论), S. 387; zum deutschen Recht: BeckOK BGB/Lorenz, BGB, § 313 Rn. 24.

349 Han (韩世远), Allgemeines zum Vertragsrecht (合同法总论), S. 387.

350 Vgl. Han (韩强), Chinese Journal of Law 04/2010, S. 60 f.

351 Han (韩世远), Allgemeines zum Vertragsrecht (合同法总论), S. 388.

352 Cui (崔建远), Vertragsrecht (合同法), S. 131. Zum deutschen Recht: BeckOK BGB/Lorenz, BGB, § 313 Rn. 28.

353 Han (韩世远), Allgemeines zum Vertragsrecht (合同法总论), S. 387.

das Risiko des Ereignisses nicht von ihm übernommen worden sein muss. Im Gegensatz dazu geht das Erfordernis der fehlenden Risikozuweisung in der chinesischen Regelung nur undeutlich hervor. Es findet allenfalls eine normative Stütze in der „offensichtlichen Ungerechtigkeit" der Vertragserfüllung und in der Berücksichtigung des „Prinzips der Gerechtigkeit". Diese beiden Voraussetzungen verlangen, dass die Erfüllung des unveränderten Vertrages zu einem nach dem Gerechtigkeitsempfinden untragbaren Ergebnis führen muss. Sie entsprechen der „Unzumutbarkeit" der Leistung in § 313 BGB. Bei der Einflussmöglichkeit des Schuldners wird die Zumutbarkeit der Erfüllung grundsätzlich bejaht.[354] An dieser Stelle ist es ratsam, Fallgruppen mit typischer Risikoverteilung zu bilden, wie es im deutschen Recht geschehen ist.

Das Gerechtigkeitsprinzip ist gesetzlich nicht definiert, strahlt aber aus jedem Merkmal der chinesischen Regelung aus. Es wird dabei auf das Anstandsgefühl eines vernünftigen Dritten abgestellt.[355] Einigkeit besteht darüber, dass das Befreiungsinstitut durch den Grundsatz von Treu und Glauben geprägt ist.[356] Dies zeigt einen Einfluss des deutschen Rechts. Die deutsche Rechtsprechung wendet die Geschäftsgrundlage an, wenn dies zur Vermeidung eines untragbaren, mit Recht und Gerechtigkeit nicht zu vereinbarenden und damit der betroffenen Partei nach Treu und Glauben nicht zuzumutenden Ergebnisses unabweislich erscheint.[357] Die Formel ist jedoch nicht subsumptionsfähig.[358] Sie dient letztlich dazu, eine Abwägung der Umstände des Einzelfalls zu ermöglichen. Das Gerechtigkeitsprinzip öffnet die Tür für eine Billigkeitsentscheidung, wie das folgende Beispiel aus der chinesischen Rechtspraxis zeigt:

> Die Pengwei-GmbH schloss einen Vertrag mit dem Sandbergbaubüro der Lokalregierung über die Sandabbaurechte des Yongxiu-Abschnitts des Poyang-Sees. Die Pengwei-GmbH stieß in diesem Fall auf den seltenen Niedrigwasserstand, den der Poyang-See seit 36 Jahren nicht kannte, was dazu führte, dass das Sandminenschiff im Sandminengebiet nicht mehr betrieben werden konnte. Daraufhin beendete die Pengwei-GmbH den Sandabbau vorzeitig und erlitt dadurch einen wirtschaftlichen Verlust. Sie stellten vor Gericht einen Antrag gegen das Sandbergbaubüro auf Rückerstattung eines Teils des Vertragspreises.[359]

---

354 Ebenda.

355 Cui (崔建远), Vertragsrecht (合同法), S. 131; Liang (梁慧星), Peking University Law Journal 06/1999, S. 47.

356 Han (韩世远), Allgemeines zum Vertragsrecht (合同法总论), S. 378.

357 Siehe nur BGH NZM 2005, 144; BGH NJW 2012, 1718.

358 MüKoBGB/Finkenauer, BGB, § 313 Rn. 76.

359 Vgl. Gazette of the Supreme People's Court of the People's Republic of China 04/2010; deutsche Übersetzung durch den Verfasser.

Das Oberste Volksgericht gab dem klägerischen Antrag nach § 26 AB II statt. Zur Begründung führte es aus:

> Das Prinzip der Fairness ist das Grundprinzip, das die Parteien bei Abschluss und Ausführung der Zivilverträge befolgen sollten. […] Die objektive Situation war nicht vorhersehbar, als Pengwei und das Sandbergbaubüro den Vertrag schlossen, und die Verluste von Pengwei waren nicht auf kommerzielle Risiken zurückzuführen. In diesem Fall würde eine vertragsgemäße Erfüllung zwangsläufig dazu führen, dass das Sandbergbaubüro alle Vertragserlöse und Pengwei alle Investitionsverluste tragen würde, was für Pengwei ungerecht ist und gegen die Grundprinzipien des Vertragsrechts verstößt. Der Antrag Pengweis auf Rückerstattung eines Teils des Vertragspreises durch das Sandbergbaubüro erfordert tatsächlich Änderungen an einigen Bestimmungen des Vertrags über die Übertragung von Sandbergbaurechten. Der Antrag entspricht dem Vertragsgesetz und den oben genannten gerichtlichen Auslegungen dieses Gerichts, und dieses Gericht unterstützt dies.[360]

Diese Entscheidung betrifft einen Fall der Zweckstörung, die Begründung des Gerichts ist aber repräsentativ für die Anwendung der Regelung. Zwar stellen die Seltenheit und die Unvorhersehbarkeit des Ereignisses in der Tat ein Indiz dafür dar, dass der Schuldner das Risiko des Niedrigwasserstands vertraglich nicht übernommen hat. Eine Auseinandersetzung mit dem vertraglichen Regelungsplan ist jedoch nicht dadurch entbehrlich. Dem Schuldner stünde auch bei wesentlichen Störungen keine Befreiung zu, wenn der Vertrag ihm das Risiko zugewiesen hat. Im vorliegenden Fall war der Vertragsgegenstand die Übertragung von Sachbergbaurechten, nicht der Umstand, ob und wie die Klägerin von diesen Rechten Gebrauch machen kann. Warum die Klägerin das Verwendungsrisiko der Sandbergbaurechte nicht tragen muss, ist aus der Urteilsbegründung nicht ersichtlich. Das Verwendungsrisiko einer Sachleistung wird typischerweise durch den Gläubiger getragen.[361] Ein anderes Ergebnis kann sich nur aus der Auslegung des streitigen Vertrages ergeben, die vom Gericht vorliegend nicht vorgenommen wurde.

Auch bei einer kaufvertraglichen Streitigkeit hat ein chinesisches Gericht vorschnell festgestellt, zwischen den Parteien bestehe kein ernsthaftes Ungleichgewicht der Interessen, ohne sich mit dem vertraglichen Risikoplan auseinanderzusetzen.[362] Um eine Billigkeitsentscheidung zu vermeiden, muss der Vertrag in erster Linie betrachtet werden. Alle Tatbestandsmerkmale der

360 Ebenda.

361 BeckOK BGB/Lorenz, BGB, § 313 Rn. 29.

362 Gazette of the Supreme People's Court of the People's Republic of China, 11/2015.

Regelung der veränderten Umstände sind nur im Lichte der vertraglichen Risikoverteilung auszulegen, da sie selbst wertungsbedürftig sind.

## 3. Die tatbestandliche Besonderheit des § 26 AB II

Die Rechtsfigur der veränderten Umstände hat ihre Wurzel in ausländischem Recht. In der chinesischen Literatur wird als Rezeptionsquelle das gesamte Spektrum der Befreiungsfiguren genannt – von *clausula rebus sic stantibus* bis hin zu Frustration of Contracts.[363] Obwohl die chinesische Regelung Elemente aus verschiedenen Quellen enthält, ist es unschwer erkennbar, dass eine besondere Nähe zur Lehre der Geschäftsgrundlage einerseits und zur Härtefallregel der PICC andererseits besteht.[364]

Der Einfluss der deutschen Lehre von der Geschäftsgrundlage zeigt sich bereits in der von *Liang* im Jahr 1988 vorgeschlagenen Regelung.[365] Er wies dabei darauf hin, dass es drei mögliche theoretische Stützen für die befreiende Rechtsfigur gibt: die französische Lehre der Imprévision, die Common-Law-Lehre der Frustration of Contracts und die deutsche Geschäftsgrundlage. Dabei sei der internationale Einfluss der französischen Imprévision geringer als die anderen zwei.[366] Sein Vorzug zur Geschäftsgrundlage spiegelt sich in der Gestaltung seiner Regelung wider. Neben der Verwendung des Begriffs der Geschäftsgrundlage umfasst die Regelung sowohl die Zweckstörung als auch die Äquivalenzstörung, was einer früheren Ansicht zum deutschen Recht entspricht.[367] Der Einfluss der deutschen Lehre lässt sich auch dadurch belegen, dass das Ereignis von der benachteiligten Partei nicht zu „vertreten" sein darf. Andererseits ist mit der Voraussetzung der „nachträglichen Ereignisse" die chinesische Regelung tatbestandlich enger als die Geschäftsgrundlage gefasst. Der Einfluss der PICC lässt sich in der gestrichenen Regelung des VG-Entwurfs

---

363 Vgl. Han (韩世远), Allgemeines zum Vertragsrecht (合同法总论), S. 379 ff.

364 Art. 6.2.1 ff. PICC sagen, dass Erfüllung so lange verlangt werden kann, wie sie noch möglich ist. Dadurch wird die Anwendung der Hardship-Vorschriften auf außergewöhnliche Ausnahmefälle begrenzt. Art. 6.2.2 PICC definiert den Begriff der „veränderten Umstände" und Art. 6.2.3 PICC regelt die Rechtsfolge.

365 Liang (梁慧星), Chinese Journal of Law 06/1988, S. 46.

366 Ebenda.

367 Heute ist die ganz h. M. im deutschen Recht, dass die Zweckstörung nach der Regelung der Unmöglichkeit zu lösen ist, siehe nur BeckOK BGB/Lorenz, BGB, § 275 Rn. 44.

feststellen, bei der eine vorrangige Pflicht der Parteien zu Nachverhandlung in Anlehnung an Art. 6.2.3 PICC normiert war.

Gegenüber seinen Vorbildern hat § 26 AB II eine auffällige tatbestandliche Besonderheit: Die eingetretene Störung darf weder auf höherer Gewalt beruhen noch zu kommerziellen Risiken gehören. Die Abgrenzung zu höherer Gewalt und Geschäftsrisiken gehört sogar zum Hauptproblem in den gegenwärtigen Debatten.[368] Die Ausgrenzung der Fälle ist von der Bemühung geprägt, den Anwendungsbereich der Regelung zu beschränken. Der Schuldner soll sich seinen vertraglichen Verpflichtungen nicht nach Belieben entziehen können; vielmehr kommt eine Befreiung erst in Betracht, wenn die Grenze des typischen Geschäftsrisikos überschritten wird. Es ist zutreffend, dass nicht jede nachträgliche Preisschwankung zur Befreiung des Schuldners berechtigt. Das Ziel besteht vielmehr darin, die typischen geschäftlichen Risiken von den Umständen abzugrenzen, die eine Korrektur der vertraglichen Beziehung erfordern.[369] Für eine Korrektur ist also kein Raum, wenn es um die Umstände geht, die in den Risikobereich des Schuldners fallen sollen.[370] Der Verkäufer muss zum Beispiel die Erhöhung der Beschaffungskosten bis zu einem gewissen Grad hinnehmen. Der Käufer darf keine Preisminderung fordern, sobald der Marktpreis sinkt. Geht man vom Vorrang der vertraglichen Risikozuweisung aus, so sind die „kommerziellen Risiken" jedoch vielmehr als „vertragliche Risiken" zu verstehen. Eine Befreiung kommt richtigerweise erst in Betracht, wenn das Risiko des Eintritts eines Hindernisses nicht mehr als ein „vertragliches Risiko" angesehen werden kann.

Schwieriger ist die Abgrenzung zur höheren Gewalt. Beide Befreiungsfiguren treten in Konflikt, wenn die Umstandsänderung auf höherer Gewalt beruht.[371] In der Literatur wird die von der Rechtsprechung vorgenommene Ausgrenzung der höheren Gewalt für sachwidrig gehalten.[372] Vorgeschlagen wird hingegen eine Abgrenzung nach der Auswirkung der Leistungshindernisse.[373] § 117 VG

---

368 Wang (王利明), Studies in Law and Business 03/2019, S. 3 ff.; Han (韩世远), Peking University Law Journal 03/2014, S. 657 ff.

369 Vgl. Liang (梁慧星), Chinese Journal of Law 06/1988, S. 35.

370 BeckOK BGB/Lorenz, BGB, § 275 Rn. 25.

371 Han (韩世远), Peking University Law Journal 03/2014, S. 658.

372 Vgl. nur Han (韩世远), Allgemeines zum Vertragsrecht (合同法总论), S. 384; Cui (崔建远), Vertragsrecht (合同法), S. 129 f.; Zhu (朱广新), Allgemeiner Teil des Vertragsrechts (合同法总则), S. 677; Wang (王利明), Studies in Law and Business 03/2019, S. 6.

373 Cui (崔建远), Vertragsrecht (合同法), S. 129.

sei danach auf die Fälle der echten Unmöglichkeit beschränkt, während die Leistungserschwerung allein nach § 26 AB II zu beurteilen sei. Die Ansicht ist nur teilweise begründet. Ein Ausschluss von höherer Gewalt ist in der Tat nicht sachgerecht, dennoch ist eine Abgrenzung nach der Auswirkung des Hindernisses ebenfalls verfehlt. Abgesehen von der Schwierigkeit der Abgrenzung Unmöglichkeit zur Leistungserschwerung erfasst § 117 VG keineswegs nur die Fälle der echten Unmöglichkeit. Eine solche Einschränkung findet im Wortlaut schon keine Stütze. Sie ist auch nicht zweckmäßig, weil dadurch eine Ungleichbehandlung der Fälle der Leistungshindernisse vorgenommen wird. Eine Systematisierung der Regelungen kann nur durch eine Auseinandersetzung mit der Normennatur realisiert werden – eine Aufgabe, die mit dem Erlass des ZGB noch wichtiger wird.

## 4. Rechtsfolge des § 26 AB II

Als Rechtsfolge des § 26 AB II kann eine Anpassung oder Aufhebung des Vertrags durch ein Volksgericht verlangt werden, wobei das Gericht nach dem Gerechtigkeitsprinzip unter Berücksichtigung der Umstände des Einzelfalls entscheiden muss. Der Schuldner hat nach dieser Regelung keinen Anspruch auf Anpassung oder Aufhebung des Vertrages gegen den Gläubiger. Er kann nur das Gericht anfordern,[374] die von ihm begehrten Rechtsfolgen vorzunehmen.[375] Das Gericht entscheidet über die Schuldnerbefreiung nach eigenem Ermessen.

Die chinesische Konstruktion ist eigenartig. Die Vertragsaufhebung ist keine Folge der Ausübung eines Gestaltungsrechts, sondern das Ergebnis einer gerichtlichen Entscheidung von Amts wegen.[376] Das chinesische Recht versteht die Wirkung der Vertragsaufhebung also *ex lege*.[377] Der Grund für die Vertragsaufhebung ergibt sich aus einer gesetzlichen Anordnung. Die Gerichte hat einen Entscheidungsspielraum und können die Verträge nach Ermessen anpassen oder aufheben. Fraglich ist, ob das chinesische Gericht den Vertrag auch dann aufheben kann, wenn nur eine Vertragsanpassung seitens des Schuldners beantragt wird. Dies ist nach dem Wortlaut möglich, wirft aber Probleme mit Blick auf den Grundsatz *ne ultra petita* auf. Ein weiteres Problem in der Praxis besteht darin, dass manche Gerichte die Aufhebung des Vertrags mit § 94

374 Auf Chi.: 请求; Bedeutung: bitten, fragen oder verlangen.
375 Han (韩世远), Peking University Law Journal 03/2014, S. 671.
376 Han (韩世远), Peking University Law Journal 03/2014, S. 671.
377 Cui (崔建远), Vertragsrecht (合同法), S. 260.

Abs. 5 VG begründen, um die strengen Voraussetzungen des § 26 AB II umzugehen.[378] Insgesamt besteht aber in jüngerer Zeit die Tendenz, dass die Regelung der veränderten Umstände immer restriktiver angewendet wird.[379]

Die Rechtsfolgen der chinesischen Regelung sind an Art. 6.2.3 PICC angelehnt. Nach den PICC kann die benachteiligte Partei verlangen, dass sie in Nachverhandlungen mit der Gegenpartei über eine Vertragsanpassung eintreten.[380] Erst wenn es ihnen nicht gelingt, sich über eine Anpassung des Vertrags innerhalb einer angemessenen Frist zu einigen, kann jede Partei das Gericht anrufen, das über die Anpassung oder Aufhebung des Vertrags entscheidet. Der Schuldner hat zwar einen Anspruch auf Nachverhandlung, aber keinen Anspruch auf Vertragsanpassung oder -aufhebung. Demgegenüber kann das Gericht nach den PICC nicht nur den Vertrag aufheben oder anpassen, sondern auch anordnen, dass die Parteien die Verhandlung wieder aufnehmen oder die Vertragsbedingungen bestätigen.[381] Das chinesische Recht hat die weitreichenden Befugnisse des Gerichts aus den PICC übernommen, obwohl der Gesetzgeber des VG die Befugnisse des Gerichts einschränken wollte.

Ob die Nachverhandlungspflicht bestehen soll, war bis zum Erlass des ZGB sehr umstritten. Die gestrichene Regelung des VG-Entwurfs sah diese Pflicht in Anlehnung an Art. 6.2.3 PICC vor.[382] Mehrheitlich wurde in der Literatur ebenfalls für die Einführung der Nachverhandlungspflicht gesprochen, wobei der Umfang der Pflicht und die Folge variierten.[383] Die Normierung der Nachverhandlungspflicht ist jedoch bedenklich. Eine solche Pflicht ist schon mangels Vollstreckungsmöglichkeit kaum justiziabel.[384] In Zweifel ist auch keine beste Entscheidung der Parteien unter dem Verhandlungszwang erzielbar, was diese Pflicht sinnlos macht. Als Alternative bietet sich die Anspruchslösung des deutschen Rechts an, welche die gerichtliche Durchsetzbarkeit des Anspruchs

---

378 Ein Gericht entschied in einem Fall, in dem die Erfüllung eines Kaufvertrags wegen nachträglich erlassener gesetzlicher Einschränkungen unmöglich war, dass der Vertrag gemäß § 94 Nr. 5 VG aufgelöst wurde, vgl. Han (韩世远), Peking University Law Journal 03/2014, S. 671 m. w. N.

379 Eine Sammlung der Urteile unter: http://www5.zzu.edu.cn/fxyzx/info/1005/1620.htm.

380 PICC-Kommentar, Art. 6.2.3.

381 PICC-Kommentar, Art. 6.2.3.

382 Han (韩世远), Allgemeines zum Vertragsrecht (合同法总论), S. 389.

383 Wang (王利明), Studies in Law and Business 03/2019, S. 10.

384 MüKoBGB/Finkenauer, § 313 Rn. 100.

ermöglicht. Es wird im deutschen Recht unmittelbar auf Anpassung der Leistungspflicht geklagt, deren Vollstreckung möglich ist.[385]

Im deutschen Recht besteht zwischen der Anpassung und der Aufhebung des Vertrags ein Rangverhältnis. Dies wird damit erklärt, dass nach Gründen der Vertragstreue der Vertrag nach Möglichkeit aufrechtzuerhalten sei und nur sekundär aufgehoben werde.[386] § 313 Abs. 3 BGB spricht insoweit den Vorrang der Vertragsanpassung aus. Dies wird in der chinesischen Literatur für richtig gehalten,[387] begegnet jedoch dogmatischen Schwierigkeiten. Da der Befreiungsgrund richtigerweise nur in der privatautonomen Entscheidung der Parteien gesucht werden muss, lässt sich ein genereller Vorrang der Vertragsanpassung nicht herleiten. Der durch § 313 BGB implementierte vorrangige Anspruch auf Vertragsanpassung hat sachlich einen doppelten Kontrahierungszwang zur Folge: Der Schuldner wird auf die Anpassung verwiesen und insofern zur Abgabe eines neuen Angebots gezwungen und Gläubiger zur Annahme dieser angepassten Bedingung.[388] Insofern ist eine grundsätzliche Gleichstellung der beiden Rechtsbehelfe eine bessere Lösung. Entscheidend ist stets die Frage, was die Parteien vereinbart hätten, hätten sie die Umstandsänderung bei Vertragsschluss vorausgesehen. Hätten sie z. B. keinen Vertrag abgeschlossen, so würde die Vertragsaufhebung besser ihrem hypothetischen Willen entsprechen.[389] In diesem Fall bestünde kein ersichtlicher Grund, den Vertrag vorrangig anzupassen.

## 5. Änderung durch § 533 ZGB

Nach dem Erlass des § 26 AB II änderte sich die politische Stimmung zugunsten einer Kodifizierung der Befreiungsfigur. Die Regelung helfe, das erhebliche Ungleichgewicht der Interessen zwischen den Parteien zu korrigieren, um die Fairness der Transaktion zu gewährleisten.[390] Zudem seien in jahrelanger Rechtspraxis Erfahrungen mit der Anwendung des Instituts gesammelt worden, was eine Kodifizierung ermöglichen sollte. Es wurde entschieden, eine

385 Vgl. BT-Drucksache 14/6040, S. 176; Bamberger/Roth/Unberath, § 313 Rn. 86; BeckOK BGB/Lorenz, BGB, § 313 Rn. 84; BGHZ 91, 32, 36; Loyal, AcP 2014, S. 750 f.

386 BT-Drucksache 14/6040, 176; MüKoBGB/Finkenauer, § 313 Rn. 100; Bamberger/Roth/Unberath, § 313 Rn. 84; BeckOK BGB/Lorenz, BGB, § 313 Rn. 82.

387 Wang (王利明), Studien zum Vertragsrecht (合同法研究), Band II, S. 337.

388 Lobinger, Die Grenzen rechtsgeschäftlicher Leistungspflichten, S. 269 ff.

389 Im Ergebnis richtig: MüKoBGB/Finkenauer, § 313 Rn. 105.

390 Wang (王利明), China Legal Science 02/2017, S. 36 f.

Regelung der veränderten Umstände im Zuge der Kodifizierung in das ZGB zu integrieren.[391] Die erste Regelung, § 323 BTZ, war im Wesentlichen nur eine Modifizierung des § 26 AB II[392] und lautet wie folgt:

> Haben sich Umstände, die zur Grundlage des Vertrags geworden sind, nach Vertragsschluss schwerwiegend verändert und konnten die Parteien diese Veränderung, die weder auf höherer Gewalt beruht noch zu kommerziellen Risiken gehört, im Zeitpunkt des Vertragsschlusses nicht vorhersehen, so kann die benachteiligte Partei eine Neuverhandlung von der anderen Partei verlangen, soweit das Festhalten an der Erfüllung des Vertrags für sie offensichtlich ungerecht ist; kann innerhalb einer angemessenen Frist keine Einigung erzielt werden, so kann die benachteiligte Partei Anpassung oder Aufhebung des Vertrags von einem Volksgericht oder einem Schiedsgericht verlangen.
>
> Das Volksgericht oder das Schiedsgericht entscheidet über die Anpassung oder Aufhebung des Vertrags nach dem Prinzip der Gerechtigkeit unter Berücksichtigung der Umstände des Einzelfalls.[393]

Hinsichtlich der tatbestandlichen Ausgrenzung der höheren Gewalt und der Geschäftsrisiken wurde die bestehende Regelung des § 26 AB II unverändert übernommen. Neuerungen sind an drei Stellen erkennbar. Zunächst wird der Begriff der Geschäftsgrundlage ausdrücklich verwendet. Während § 26 AB II lediglich von „objektiven Umständen" spricht, nimmt § 323 BTZ ausdrücklich Bezug auf die Geschäftsgrundlage. Im Streichen der Zweckstörung liegt eine weitere strukturelle Annäherung an das deutsche Recht.[394] Indem der Halbsatz „das Vertragsziel nicht mehr erreicht werden kann" gestrichen wurde, erfasst die Regelung allein die Fälle der Äquivalenzstörung. Unklar ist jedoch, wonach die Zweckstörung zu behandeln ist. Schließlich besteht die dritte Neuerung darin, dass die Nachverhandlungspflicht eingeführt wurde.[395] Dass

391 Bu (卜元石), Der Besondere Teil der chinesischen Zivilrechtskodifikation, S. 19.

392 Liang (梁慧星), Research on Rule of Law 04/2019, S. 11.

393 Deutsche Übersetzung durch den Verfasser.

394 Zu Zweckstörung im deutschen Recht: Köhler, Unmöglichkeit und Geschäftsgrundlage bei Zweckstörungen im Schuldverhältnis, S. 77 ff.; zu der Einordnung der Zweckstörung: MüKoBGB/Finkenauer BGB, § 313 Rn. 157 ff.; MüKoBGB/Ernst, § 275 Rn. 151 ff.; BeckOK BGB/Lorenz, § 275 Rn. 41; Staudinger/Caspers, § 275 Rn. 28; Back, Leistungshindernisse, S. 716 ff.; Lobinger, Die Grenzen rechtsgeschäftlicher Leistungspflichten, S. 244 ff.; AnwK-BGB/Dauner-Lieb, § 275 Rn. 33; Palandt/Grüneberg, § 275 Rn. 18 f.

395 Han (韩世远), Allgemeines zum Vertragsrecht (合同法总论), S. 389 ff.; Wang (王利明), China Legal Science 02/2017, S. 38.

diese Rechtsfolge schwer durchzusetzen und für die Praxis sinnlos ist, wurde dargelegt. Den Parteien steht auch nichts entgegen, über die Bedingungen des Vertrags selbst zu verhandeln, auch wenn eine solche gesetzliche Verpflichtung nicht bestünde. Hinsichtlich der Folge einer Verletzung der Verhandlungspflicht wird eine gerichtliche Anpassung oder Aufhebung des Vertrages angesehen.[396] Das Ergebnis lässt dogmatisch nicht begründen, da eine gerichtliche Vertragsanpassung keine Restitution für die unterlassene Verhandlung darstellen kann.

Zu den durch § 323 BTZ nicht gelösten Problemen gehört insbesondere das problematische Verhältnis zu höherer Gewalt, das zu einem der Hauptstreitpunkte wurde.[397] Die Regelung der veränderten Umstände solle höhere Gewalt tatbestandlich nicht ausschließen, was der internationalen Tendenz entspreche.[398] § 323 BTZ wurde im Gesetzgebungsprozess modifiziert und die endgültige Fassung des § 533 ZGB lautet:

> Wenn nach dem Zustandekommen des Vertrags schwerwiegende Änderungen bei grundlegenden Bedingungen des Vertrags eintreten, die die Parteien beim Abschluss des Vertrags nicht vorhersehen konnten [und] die nicht zu den Geschäftsrisiken gehören, [sodass] die weitere Erfüllung des Vertrags für eine Partei deutlich ungerecht ist, kann die nachteilig beeinflusste Partei mit der anderen Partei erneut aushandeln; gelingt das Aushandeln innerhalb einer angemessenen Frist nicht, kann die Partei vom Volksgericht oder Schiedsorgan fordern, den Vertrag zu ändern oder aufzulösen. Das Volksgericht oder das Schiedsorgan muss unter Einbeziehung der tatsächlichen Umstände des Falles aufgrund des Gerechtigkeitsgrundsatzes den Vertrag ändern oder auflösen.[399]

In der neuen Regelung wird nicht mehr nach der Ursache für das Hindernis gefragt; auch ein Ereignis der höheren Gewalt kann daher als veränderte Umstände betrachtet werden. Eine Paralleländerung in der Gesetzgebung besteht bei § 590 ZGB, bei der das Anpassung- und Aufhebungsrecht des Gläubigers als Abs. 3 der Vorschrift gestrichen wurde. Dementsprechend kann sich der Schuldner im Falle einer Leistungserschwerung künftig sowohl auf eine Anpassung des Vertrags nach § 533 ZGB als auch auf eine Befreiung nach § 590 ZGB berufen. Diese Änderungen sind positiv zu bewerten: Sie signalisieren, dass das chinesische Vertragsrecht auf eine formalistische Abgrenzung der

---

396 Bu (卜元石), Der Besondere Teil der chinesischen Zivilrechtskodifikation, S. 19 m. w. N.

397 Wang (王利明), Studies in Law and Business 03/2019, S. 6 ff.

398 Ebenda.

399 Deutsche Übersetzung: Pissler (Hrsg.), ZChinR 2020, S. 207 ff.

Befreiungsfiguren verzichtet hat. Es wird zutreffend erkannt, dass in der Praxis die gleichen Fälle regelmäßig durch beide Tatbestände behandelt werden können.[400] Die wichtige Erkenntnis bildet die Grundlage für eine Systematisierung und Verbesserung der chinesischen Befreiungsvorschriften. Es bleibt fraglich, wie das Problem der Schuldnerbefreiung künftig nach dem ZGB sachgerecht zu lösen ist.

400 Wang (王利明), Studies in Law and Business 03/2019, S. 7.

# Teil 3 Dogmatik, Systematisierung und Verbesserung

# I. Probleme durch die Rezeption ausländischer Rechtsfiguren

Die Rezeption ausländischer Rechtsfiguren wirft Probleme auf, die eine Reflexion des chinesischen Vertragsrechts erforderlich macht. Wie in den ersten beiden Teilen gezeigt, bildet das chinesische Recht an vielen Stellen einen Kompromiss zwischen verschiedenen ausländischen Modellen. In kaum einem anderen Bereich tritt der fragmentarische Regelungscharakter des chinesischen Rechts so deutlich hervor wie bei den Leistungshindernissen. Das neu geschaffene ZGB enthält diesbezüglich drei Bestimmungen, die unterschiedliche Einflüsse des CISG, der PICC und des deutschen Rechts zeigen.

Das ZGB konsolidiert die bestehenden Regeln über Leistungshindernisse aus den bisherigen Vertragsgesetzen und richterlichen Auslegungen. Diese Regelungen wurden in den letzten Jahrzehnten im Wesentlichen im Wege der Rechtsverpflanzung aus ausländischem Recht übernommen und modifiziert. Dabei hat der chinesische Gesetzgeber bei der Rechtsrezeption großen Pragmatismus gezeigt. Die Regelung der höheren Gewalt wurde schon durch das allererste Vertragsgesetz der 1980er-Jahre (das WVG) rezipiert, obwohl das Haftungssystem damals noch eine Verschuldenshaftung war.[401] Diese Vorschrift wurde in späteren Gesetzen mehrfach modifiziert und bildet heute die Hauptsäule der Leistungsbefreiung. Die Regelung über den Ausschluss des Erfüllungsanspruchs wurde zur Beschränkung desselben im Zuge der VG 1999 eingeführt und in der Kodifizierung durch einen neuen Absatz ergänzt.[402] Nicht zuletzt wurde die frühere richterliche Auslegung der Hardship im Zuge des ZGB kodifiziert, auch wenn die Streitigkeiten über die Rechtsfigur durch die Kodifizierung nicht beseitigt werden konnten.[403]

Es stellt sich damit die Frage, ob die aus den verschiedenen Bezugssystemen übernommenen Rechtskonzepte ein kohärentes Ganzes bilden können. Da sich die durch die Regelungen zu lösenden Probleme teilweise überschneiden, muss das komplexe Normensystem vereinheitlicht und systematisiert werden. Ziel ist es, nicht nur die Anwendungsprobleme des chinesischen Vertragsrechts zu lösen, sondern auch eine tragfähige Rechtsdogmatik für Leistungshindernisse

---

401 Siehe dazu Teil 2 I.

402 Siehe dazu Teil 2 II.

403 Siehe dazu Teil 2 III.

herauszuarbeiten. Die chinesischen Regelungen betrachten das Problem der Leistungshindernisse unter verschiedenen Gesichtspunkten: Während der Schuldner bei höherer Gewalt wegen der Unvorhersehbarkeit und Unüberwindbarkeit des Hindernisses entlastet wird, steht bei der Hardship die Gerechtigkeit der Vertragserfüllung im Vordergrund. Darüber hinaus wird der Schuldner von der Erfüllung befreit, wenn diese unmöglich oder zu kostspielig ist. Aber auch der Umstand, dass eine unmögliche Leistung nicht verlangt werden kann, spielt schon bei der höheren Gewalt eine Rolle. Das seit Erlass des § 26 AB II umstrittene Problem der Abgrenzung zu höherer Gewalt ist durch die Kodifizierung nicht behoben, vielmehr sind nun beide Regelungen nach ihrem Wortlaut für die Leistungserschwerung anwendbar.

Da das chinesische Recht die befreienden Rechtsfiguren aus dem ausländischen Recht übernommen hat, ist es nicht weit hergeholt, eine Lösung in diesen Rechtsordnungen, die als Vorbild gedient haben, zu suchen. Gleichwohl wird schnell erkennbar, dass die Frage der Schuldnerbefreiung auch im Rahmen dieser Rechtsordnungen sehr kontrovers diskutiert wird. Im Hinblick auf das deutsche Recht gehört das Verhältnis zwischen § 275 Abs. 2 BGB und § 313 BGB zu einem der umstrittensten Probleme im allgemeinen Leistungsstörungsrecht nach der Schuldrechtsreform.[404] Sowohl die Unmöglichkeit als auch die Geschäftsgrundlage erhielten im Zuge der Reform neue gesetzliche Grundlagen. Der erweiterte Tatbestand des § 275 Abs. 2 BGB gerät mit der Regel der Geschäftsgrundlage in Konflikt, weil beide für überwindbare Leistungshindernisse anwendbar sind. Auch die Neugestaltung des § 275 BGB ist an sich nicht unproblematisch: Neben der schwierigen Frage der Abgrenzung verschiedener Absätze ist das dogmatische Verständnis des Absatzes 2, das bei der Befreiung maßgeblich auf dem Missverständnis zwischen Leistungsaufwand und Gläubigerinteresse abstellt, nicht vollständig geklärt.

Das UN-Kaufrecht hat eine andere Herangehensweise. Entgegen dem deutschen Recht regelt das CISG die Befreiungsfrage nur mit einer einzigen Vorschrift: Der Schuldner hat die Leistung so lange zu erbringen, bis die Befreiungsgrenze des Art. 79 CISG erreicht wird. Die im Ausgangspunkt bestehende Garantiehaftung wird durch Art. 79 CISG eingeschränkt. Der Schuldner wird danach befreit, wenn die Nichterfüllung auf einem Hinderungsgrund beruht und von ihm vernünftigerweise nicht erwartet werden konnte, den

---

404 Siehe nur MüKoBGB/Ernst, § 275 Rn. 19 ff.; Staudinger/Caspers, § 275 Rn. 117 ff.; Stürner, JURA 10/2010, S. 721 ff.; Lobinger, Die Grenzen rechtsgeschäftlicher Leistungspflichten, S. 74 ff.

Hinderungsgrund vorherzusehen, ihn zu vermeiden oder zu überwinden. Probleme ergeben sich hier zum einen daraus, dass das Schicksal des Erfüllungsanspruchs beim Eintritt von den Leistungshindernissen ungeregelt ist. Zum anderen ist zweifelhaft, wie sich Art. 79 CISG mit einer Hardship verhält, insbesondere, ob eine zweite Befreiungsregelung im Wege der Auslegung ins CISG hineingelesen werden sollte. Letztlich haben die beiden Probleme die gleiche Wurzel – das dogmatische Grundverständnis des Art. 79 CISG ist bislang nicht geklärt. Das gleiche gilt auch für die PICC, in denen verschiedene Befreiungsfiguren normiert sind.

In vielerlei Hinsicht hat die Befreiungsproblematik in all den Rechtssystemen gemeinsam: Es handelt sich im Grunde immer um die zentrale Frage des Befreiungsmaßstabs und zugleich, als dessen Kehrseite, die Entlastungsgrenze. Zu klären ist insbesondere die Frage, was der Grund für die Befreiung ist. Denn unterschiedliche Legitimationen rechtfertigen die unterschiedliche Befreiungsgrenze. Zudem weisen die Regelungen zumindest *prima facie* unterschiedliche Reichweiten auf. Während der Schuldner nach manchen Regelungen von seiner gesamten Leistungspflicht befreit wird, beschränkt sich die Befreiungsfolge bei den anderen allein auf den Anspruch des Gläubigers auf Erfüllung. Dem liegt eine wichtige Differenzierung zugrunde: Was der Schuldner als vertraglich versprochene Leistung schuldet, ist nicht mit dem Anspruch des Gläubigers auf diese Leistung gleichzusetzen. Vielmehr ist der Anspruch nur das einklagbare Recht des Gläubigers, sein materielles Recht durchzusetzen. Diese Trennung von Substanzrecht und Anspruch geht aus der Systematik des CISG klar hervor, bei dem der Anspruch erst durch eine Vertragsverletzung ausgelöst wird. Sie ist dem deutschen Recht nicht fremd,[405] lässt sich durch die neue Dogmatik nach der Schuldrechtreform sogar besser begründen.

Letztlich gilt es zu erkennen, dass Probleme bei der Rechtsanwendung regelmäßig auf ein unzureichendes Grundverständnis der Rechtsdogmatik hinweisen. Eine Systematisierung der chinesischen Befreiungsregelungen setzt die dogmatische Zuordnung der heterogenen Regelungen voraus. Im Folgenden wird zunächst die Befreiungsproblematik im deutschen Recht und im CISG betrachtet, bevor eine Lösung für das chinesische Vertragsrecht diskutiert wird. Es wird versucht, die Gemeinsamkeiten im Problem der Befreiung herauszustellen und eine Lösung vorzuschlagen, die für die Rechtssysteme tragfähig ist.

---

405 Vgl. Hartmann, Der Anspruch auf das stellvertretende commodum, S. 22 f.; BeckOKG/Hartmann, CISG, Art. 46 Rn. 6.1; Hoffmann, Zession und Rechtszuweisung, S. 106 ff.; Hoffmann, JA 2014, S. 71 ff.

# II. Leistungshindernisse im allgemeinen Schuldrecht des BGB

## 1. Einführung

§ 275 BGB enthält im BGB die zentrale Regelung zur Behandlung von Leistungshindernissen. Geregelt wird das Schicksal des Anspruchs auf Leistung sowohl bei unüberwindbaren als auch bei überwindbaren Leistungshindernissen.[406] Daneben kennt das deutsche Recht die Lehre von der Geschäftsgrundlage, die dem Schuldner bei Eintritt von Leistungshindernissen eine Entlastung gewährt. Beide Befreiungsfiguren begegnen sich bei der Schuldrechtsreform. Zu den wichtigsten Reformen im allgemeinen Schuldrecht zählt die Erneuerung der beiden befreienden Regelungen, welche die Grenzen der Leistungspflichten bestimmen.[407] Die Reform hat zwei neue Vorschriften geschaffen: § 275 BGB, der die Unmöglichkeit regelt, wurde wesentlich in seiner Gestalt modifiziert, und die Lehre der Geschäftsgrundlage, die früher nur Richterrecht war,[408] mit § 313 BGB ihre Stütze im Gesetz gefunden.[409] Auch wenn keine Veränderung der bisherigen Rechtslage durch die Reform beabsichtigt war,[410] sind mit der Schaffung der neuen Regelungen doch neue Probleme aufgetreten, in deren Mittelpunkt die Beziehung zwischen § 275 BGB und § 313 BGB steht. Die Abgrenzung der Normen hat eine grundlegende Bedeutung, da es sich um die Bestimmung der Reichweite der rechtsgeschäftlichen Leistungspflichten handelt.[411]

## 2. Unmöglichkeit

Das Unmöglichkeitsrecht wurde im Zuge der Schuldrechtsreform erheblich verändert. Zum großen Teil wurde die bisherige Differenzierung nach Arten

---

406 Bach, Leistungshindernisse, S. 23.

407 Lobinger, Die Grenzen rechtsgeschäftlicher Leistungspflichten, Einleitung.

408 Vgl. RGZ 106, 7; RGZ 122, 200; BGH NJW 1982, 2184; BGH NJW 1951, 602.

409 BT-Drucksache 14/6040, S. 127 ff., 174 ff.

410 BT-Drucksache 14/6040, S. 130; Canaris, JZ 2001, S. 499, 501; AnwK-BGB/Dauner-Lieb, § 275 Rn. 38.

411 MüKoBGB/Ernst, § 275 Rn. 19 ff.; Staudinger/Caspers, § 275 Rn. 117 ff.; Stürner, JURA 10/2010, S. 721 ff.; Lobinger, Die Grenzen rechtsgeschäftlicher Leistungspflichten, S. 74 ff.

der Unmöglichkeit aufgegeben.[412] Das alte Recht sah komplexe Regelungen vor: Bei nachträglicher, vom Schuldner zu vertretender Unmöglichkeit konnte der Gläubiger nach § 325 Abs. 1 BGB a. F. Schadensersatz wegen Nichterfüllung verlangen oder vom Vertrag zurücktreten. Bei nachträglicher, objektiver und vom Schuldner nicht zu vertretender Unmöglichkeit war der Schuldner nach § 275 Abs. 1 BGB a. F. von der Leistungspflicht befreit. Nach § 275 Abs. 2 BGB a. F. waren nachträgliches Unvermögen (subjektive Unmöglichkeit) des Schuldners und nachträgliche objektive Unmöglichkeit gleichgestellt. Bei anfänglicher objektiver Unmöglichkeit war der Vertrag hingegen nach § 306 BGB a. F. nichtig und der Schuldner haftete in diesem Fall, soweit er die Unmöglichkeit kennen musste, auf das negative Interesse. Es fehlte demgegenüber an einer Regelung zum anfänglichen Unvermögen.

Dieser ausdifferenzierte Normenkomplex ist mit der Schuldrechtsreform entfallen. Das neue Schuldrecht regelt die Unmöglichkeit in den §§ 275, 283, 311a und 326 BGB. Dabei bildet § 275 BGB die zentrale Vorschrift für anfängliche und nachträgliche Leistungshindernisse, welche die Leistung unmöglich machen oder wesentlich erschweren.[413] Nach § 275 Abs. 1 BGB ist der Anspruch auf die Leistung ausgeschlossen, soweit diese für den Schuldner oder für jedermann unmöglich ist. Die Vorschrift differenziert weder zwischen subjektiver und objektiver noch zwischen anfänglicher und nachträglicher Unmöglichkeit.[414] In sämtlichen Fällen ist der Anspruch auf Leistung *ipso jure* ausgeschlossen. Der Abs. 1 vom Grundgedanken geleitet: Was unmöglich ist, muss nicht geleistet werden.

Demgegenüber regelt § 275 Abs. 2 BGB überwindbare Leistungshindernisse. Das Gesetz sagt aber nicht, wann ein Leistungshindernis überwindbar oder nicht überwindbar ist, sondern setzt dies als gegeben voraus. Dem Schuldner steht im Falle der Unzumutbarkeit der Leistungserbringung ein Leistungsverweigerungsrecht zu.[415] Das Vertretenmüssen für die Unmöglichkeit spielt – im Gegensatz zu § 275 Abs. 1 BGB a. F. – grundsätzlich für die Befreiung keine Rolle mehr, es ist lediglich bei der Bestimmung des Schuldneraufwands nach § 275 Abs. 2 BGB zu berücksichtigen. § 275 Abs. 3 BGB enthält eine Sonderregelung zu Abs. 2 und gewährt dem Schuldner einer persönlich zu erbringenden Leistung ein Leistungsverweigerungsrecht, wenn ihm die Leistung

412 Zur Übersicht: Canaris, JZ 2001, S. 499 ff.
413 Bach, Leistungshindernisse, S. 23 f.
414 BeckOK BGB/Lorenz BGB § 275 Rn. 8 f.
415 Ebenda.

unzumutbar ist.[416] In allen vorgenannten Fällen wird der Schuldner grundsätzlich auch dann befreit, wenn er das Leistungshindernis zu vertreten hat. Er haftet nur dem Gläubiger gegenüber nach §§ 280, 283, 284 BGB auf Schadensersatz oder Aufwendungsersatz.[417] Soweit der Schuldner nach § 275 Abs. 1 bis 3 BGB vom Erfüllungsanspruch befreit wird, entfällt bei gegenseitigen Verträgen nach der Regelung des § 326 Abs. 1 BGB sein Anspruch auf die Gegenleistung, soweit keine anspruchserhaltende Vorschrift greift.[418]

In grundlegender Abkehr zum alten Recht führt anfängliche objektive Unmöglichkeit nicht mehr zur Unwirksamkeit des Vertrags. An die Stelle der aufgehobenen §§ 306–309 BGB a. F. ist § 311a BGB getreten, dessen Abs. 1 nun klarstellt, dass es der Wirksamkeit eines Vertrags nicht entgegensteht, dass der Schuldner nach § 275 Abs. 1 bis 3 nicht zu leisten braucht und das Leistungshindernis schon bei Vertragsschluss vorliegt. Diese Regelung hat eine deklaratorische Bedeutung.[419] Demgegenüber enthält § 311a Abs. 2 BGB eine Anspruchsgrundlage. Im Falle der anfänglichen Unmöglichkeit kann der Gläubiger gemäß § 311a Abs. 2 BGB bei der Kenntnis des Schuldners vom Leistungshindernis oder seiner fahrlässigen Unkenntnis bei Vertragsschluss entweder Schadensersatz statt der Leistung oder Ersatz der fehlgeschlagenen Aufwendungen in dem in § 284 BGB bestimmten Umfang verlangen. Sein Schadensersatzanspruch ist auf das positive Interesse gerichtet.[420] Neben § 280 Abs. 1 BGB bildet § 311a Abs. 2 BGB eine weitere Anspruchsgrundlage des Leistungsstörungsrechts.[421] Durch das Erfordernis des Kennenmüssens in § 311a Abs. 2 BGB wird die von der h. M. angenommene Garantiehaftung für anfängliches Unvermögen beseitigt.[422]

Hervorzuheben ist an der Stelle eine Neuerung, die das Unmöglichkeitsrecht prägt. Während § 275 BGB a. F. den Schuldner von der „Verpflichtung zur Leistung" befreite, spricht § 275 BGB nunmehr davon, dass der „Anspruch" auf Leistung ausgeschlossen ist.[423] Dem veränderten Wortlaut liegt ein gewandeltes

---

416 MüKoBGB/Ernst, BGB, § 275 Rn. 112.

417 Gleiches gilt nach § 311a Abs. 2 BGB für anfängliche Unmöglichkeit. Der Schuldner haftet auf Schadensersatz, wenn er Kenntnis bezüglich der Unmöglichkeit hatte oder die Unkenntnis zu vertreten hat.

418 Zum Beispiel §§ 326 Abs. 2, 446, 447, 615, 616, 644, 645 BGB

419 BT-Drucksache 14/6040, S. 164; MüKoBGB/Ernst, BGB, § 311a Rn. 1.

420 BT-Drucksache 14/6040, S. 165; NK-BGB/Dauner-Lieb, § 284 Rn. 14.

421 BeckOK BGB/Gehrlein, BGB, § 311a Rn. 1.

422 Palandt/Grüneberg, § 311a Rn. 2; BeckOK BGB/Gehrlein, BGB, § 311a Rn. 1.

423 BeckOGK/Riehm, BGB, § 275 Rn. 22.

dogmatisches Verständnis zugrunde. Während § 275 BGB a. F. das Schicksal der gesamten Leistungspflicht im Blick hatte, befreit § 275 BGB n. F. ausweislich des Wortlauts den Schuldner allein von einem Anspruch des Gläubigers. Unberührt wird die Pflicht des Schuldners zur Schadensersatzleistung. Diese Änderung hat weitreichende Konsequenz für die Rechtsdogmatik der Unmöglichkeit. Es wird zwischen der Leistungspflicht des Schuldners einerseits und dem Erfüllungsanspruch des Gläubigers andererseits unterschieden.[424] Ist der Erfüllungsanspruch ausgeschlossen, so ist der Schuldner lediglich von einem „Anspruch auf Leistung" frei, während seine Leistungspflicht als solche, die durch Vertrag begründet wird, grundsätzlich fortbesteht und den Schadensersatzanspruch des Gläubigers begründet.[425] Während die alte Unmöglichkeit den Schuldner nach § 275 Abs. 1 BGB a. F. von seiner gesamten Leistungspflicht befreit, erlischt die Leistungspflicht jetzt nicht automatisch bei einer Unmöglichkeit. Vielmehr realisiert sie sich durch die Schadensersatzpflicht bei Zurechenbarkeit des Schuldners für das Leistungshindernis.[426]

Unmöglich wird dementsprechend allein der Anspruch des Gläubigers auf Leistung in natura, hingegen wird der Anspruch auf Schadensersatz nicht durch die Unmöglichkeit infrage gestellt. Diese Unterscheidung zwingt zu einer Trennung von Leistungspflicht und Erfüllungsanspruch. Dem ist besser Rechnung zu tragen, wenn zwischen subjektiven Rechtspositionen und Ansprüchen differenziert wird, welche die Durchsetzung der Rechtspositionen sichern.[427] Während die Leistungspflicht unmittelbar durch den Vertrag begründet wird, setzt der Erfüllungsanspruch eine Rechtsverletzung voraus, etwa in der Form einer Vertragsverletzung. Dieses Verständnis ist aber keine neue Erkenntnis für das deutsche Recht.[428] Zwar setzt die h. M. Forderung und Anspruch als austauschbare Rechtsbegriffe gleich,[429] eine Ansicht im Schrifttum vertritt aber seit jeher

424 Vgl. BeckOGK/Riehm, BGB, § 275 Rn. 23.

425 § 275 BGB bildet in dieser Funktion eine Übergangsnorm zu einem etwaigen Schadensersatzanspruch des Gläubigers. Vgl. nur MüKoBGB/Ernst, BGB, § 275 Rn. 1.

426 BeckOGK/Riehm, BGB, § 275 Rn. 24. Die Frage der Schuldnerbefreiung wird im Ergebnis dualistisch geregelt, vgl. Ernst, JZ 1994, 801 ff.; MüKoBGB/Ernst, BGB, § 275 Rn. 1.

427 Hartmann, Der Anspruch auf das stellvertretende commodum, S. 22 f.

428 BeckOKG/Hartmann, CISG, Art. 46 Rn. 6.1.

429 MüKoBGB/Bachmann, § 241 Rn. 6, dort aber der weitere Umfang des Anspruchs angenommen wird, Forderung sei der schuldrechtliche Anspruch. Ebenso: Jauernig/Mansel, BGB, § 241 Rn. 4.

die Auffassung, die Forderung sei als Zuweisungsentscheidung vom Anspruch als Schutzrecht zu unterscheiden.[430] Der klagbare Anspruch des Gläubigers resultiert nicht aus einer privatautonomen Entscheidung der Parteien, sondern beruht auf einem gesetzlichen Normbefehl.[431]

Dass dem CISG dieses Verständnis zugrunde gelegt wird, ergibt sich schon aus der Zuordnung des Erfüllungsanspruchs als Remedy für die Vertragsverletzung. Durch die Umgestaltung des Unmöglichkeitsrechts hat sich das deutsche Recht an diese Position angenähert. Die Orientierung des deutschen Reformgesetzgebers bei der Umformung des § 275 BGB am Vorbild des Art. 7.2.2 PICC bestätigte die Sichtweise.[432] § 275 BGB stellt – neben dem Einfluss des § 251 BGB – weitgehend eine Nachbildung des Art. 7.2.2 PICC dar, der ebenfalls nur einen „Anspruch" ausschließt, wenn dieser unmöglich oder zu teuer ist.[433] Der Erfüllungsanspruch ist nach dem Konzept der PICC auch nur ein Rechtsbehelf, der erst durch eine Nichterfüllung entsteht. Durch die Rezeption des Art. 7.2.2 PICC und die Übernahme des Grundrisses des Leistungsstörungsrechts aus dem CISG ist eine strukturelle Angleichung des deutschen Unmöglichkeitsrechts an die internationalen Modelle herbeigeführt. Der Erfüllungsanspruch ist daher auch im deutschen Recht eher als „Schutzrecht" zu verstehen.

---

430 Vgl. Hartmann, Der Anspruch auf das stellvertretende commodum, S. 22 f.; BeckOKG/Hartmann, CISG, Art. 46 Rn. 6.1; Hoffmann, Zession und Rechtszuweisung, S. 106 ff.; Braun, AcP 205 (2005), S. 127, 135 ff.

431 Vgl. Savigny, System des heutigen römischen Rechts, Bd. 5, § 204, S. 1 ff.: Savigny differenzierte zwischen materiellem Recht und seiner Durchsetzung im Prozess und deutete die *actio* des römischen Rechts in ein materiell-rechtliches Klagerecht um, welches er dem subjektiven Recht aus Vertrag zur Seite stellte. Er setzte das Klagerecht als Zwischenglied zwischen dem subjektiven Recht aus Vertrag und dem Prozessrecht ein. Das Klagrecht sei ein durch die Verletzung eines Rechtsguts erzeugtes Recht auf gerichtlichen Schutz, welches auf die Aufhebung der Verletzung gerichtet ist. Die Ansicht Savignys wird aber im deutschen Recht kritisch betrachtet. In der Tradition Windscheids wird das Klagerecht als überflüssig angesehen, weil es keine über das subjektive Recht hinausgehende Befugnis des Gläubigers enthält. Vgl. Unberath, Die Vertragsverletzung, S. 197; Hoffmann, Zession und Rechtszuweisung, S. 106 ff.

432 Canaris, JZ 2001, S. 505. Kritisch: Lobinger, Die Grenzen rechtsgeschäftlicher Leistungspflichten, S. 130 ff.

433 Canaris, JZ 2001, S. 505.

## 3. Störung der Geschäftsgrundlage

Im Zuge der Schuldrechtsreform hat die Störung der Geschäftsgrundlage mit § 313 BGB eine positive gesetzliche Stütze gefunden.[434] Als gesetzliche Ausformung des Gedankens von Treu und Glauben (§ 242) bezweckt § 313 BGB für den Fall einer nach Vertragsschluss eintretenden gravierenden Störung einen angemessenen Ausgleich zwischen dem Erfüllungsinteresse der begünstigten Partei und dem Änderungs- oder Beendigungsinteresse der benachteiligten Partei.[435] Häufig wird in der Lehre von der Geschäftsgrundlage ein Spannungsverhältnis zum Grundsatz der Vertragstreue gesehen.[436] Dies ergibt sich aus den möglichen Rechtsfolgen, da dem Schuldner bei der erfolgreichen Berufung auf die Lehre ein Recht auf Anpassung oder Aufhebung des Vertrags gewährt wird. Zudem wird darin ein Einfallstor für richterliche Willkür gesehen, da die Anpassung des Vertrags im richterlichen Ermessen steht.

Diese Bedenken sind zwar nicht von der Hand zu weisen, eine Gefahr für die Vertragstreue entsteht jedoch primär dadurch, dass die Befreiungsfigur der Geschäftsgrundlage nicht in ihrer dogmatischen Begründung erkannt wird. Die Rechtsfigur bezweckt eine angemessene Risikoverteilung zwischen den Parteien mit Blick auf den Eintritt eines Leistungshindernisses, das nicht in den Risikobereich des Schuldners fällt.[437] Eine Gefährdung der Vertragstreue ist nur dann zu befürchten, wenn die vertragliche Risikoverteilung durch die Anwendung der Geschäftsgrundlage überlagert wird. Es handelt sich bei der Geschäftsgrundlagenproblematik um eine Frage der Ermittlung der Leistungsgrenze des streitigen Vertrags.[438] Es geht also in erster Linie um die Bestimmung der Reichweite des Vereinbarten, des *pactum*. Beschränkt sich die Geschäftsgrundlage auf die Befreiung des Schuldners in den Fällen, in denen das *pactum* seine Grenze durch Änderung des Umstands erreicht hat, wird die Vertragsbindung nicht gefährdet.

Die historischen Wurzeln der Lehre der Geschäftsgrundlage[439] liegen im Institut *clausula rebus sic stantibus*, wonach jeder Vertrag nur so lange bindend sein soll, wie die Verhältnisse, die für seinen Abschluss bestimmend waren,

---

434 BeckOK BGB/Lorenz, BGB, § 313 Rn. 1.

435 MüKoBGB/Finkenauer, BGB, § 313 Rn. 1; BeckOK BGB/Lorenz, BGB, § 313 Rn. 1.

436 MüKoBGB/Finkenauer, BGB, § 313 Rn. 3.

437 Vgl. Kegel, Gutachten für den 40. Deutschen Juristentag, S. 199.

438 MüKoBGB/Finkenauer, BGB, § 313 Rn. 4.

439 Zur Übersicht der Entwicklung des Instituts: Huang (黄喆), Zur Lehre von der Geschäftsgrundlage nach altem und neuem Schuldrecht, S. 17 ff.

sich nicht von Grund auf geändert haben.[440] Danach soll jede Verpflichtung von vornherein nur unter dem Vorbehalt eingegangen werden, dass die maßgeblichen Verhältnisse unverändert Bestand hätten. Liegt ein Leistungshindernis vor, das eine erhebliche Störung zur Folge hat, sind die Verhältnisse, die für den Vertragsschluss bestimmend waren, nicht mehr vorhanden. Dem Vertrag wird also durch die Störung der Boden entzogen. Es wird nach dieser Theorie in jeden Vertrag eine Klausel hineingelesen, welche die Reichweite der vertraglichen Bindung selbst regelt.[441] Die Grenze der Bindungswirkung wird dann erreicht, wenn sich die Dinge so entwickeln, dass die Parteien den Vertrag nicht abgeschlossen hätten, hätten sie diese Entwicklung vorausgesehen. Eine solche in das Rechtsgeschäft „hineingelesene" Klausel ist im Ergebnis nichts anderes als eine Vertragsauslegung. Der Vertrag wird mit Berücksichtigung aller Umstände des Vertragsschlusses so ausgelegt, dass er seinen eigenen Bestand bestimmen würde. Das Ergebnis lässt sich dadurch rechtfertigen, dass die Vertragsbeteiligten am besten in der Lage sind, das Schicksal des Vertrags zu bestimmen.

*Windscheid* knüpft die „Voraussetzung"[442] als eine „unentwickelte Bedingung" subjektiv an, die bestimmte Motivirrtümer berücksichtigt, die dem Vertragspartner erkennbar waren.[443] Das Motiv sei „in die Willenserklärung mit hineingenommen, zu einem Bestandteil derselben gemacht worden"[444]. Damit belegt die „Voraussetzung" eine Zwischenstelle zwischen der vertraglichen Vereinbarung und dem bloßen Motiv. Die „Voraussetzung" muss nicht vereinbart werden, der Schuldner kann aber eine bereits erbrachte Leistung mit der *condictio ob rem* zurückverlangen, wenn sie nicht mehr gegeben ist. Dem war der BGB-Gesetzgeber, abgesehen von § 812 Abs. 2 S. 2 Var. 2 BGB, aus dem Grund der Rechtsunsicherheit nicht gefolgt.[445] Die Doktrin der Voraussetzung ist durch das Bemühen gekennzeichnet, einen Ausgleich zwischen dem Schutz des Interesses des Schuldners und dem Interesse der Gegenpartei zu finden. Es ist jedoch nicht immer einfach, die „Voraussetzung" von den anderen Motivationsirrtümern zu unterscheiden.

Demgegenüber sieht *Oertmann* die „Geschäftsgrundlage" in einem Umstand, der vom Vertragspartner erkannt und nicht beanstandet wird.[446] Die

---

440 BeckOK BGB/Lorenz, BGB, § 313 Rn. 2.
441 MüKoBGB/Finkenauer, BGB, § 313 Rn. 20.
442 Windscheid, Die Lehre des römischen Rechts von der Voraussetzung.
443 MüKoBGB/Finkenauer, BGB, § 313 Rn. 21.
444 Windscheid, Die Lehre des römischen Rechts von der Voraussetzung.
445 MüKoBGB/Finkenauer, BGB, § 313 Rn. 21.
446 Oertmann, Die Geschäftsgrundlage.

Definition der Geschäftsgrundlage *Oertmanns* prägt die deutsche Rechtsprechung bis heute. Sie besteht einerseits aus den bei Vertragsschluss vorhandenen gemeinsamen Vorstellungen beider Parteien, andererseits aus Vorstellungen einer Vertragspartei zum Vorhandensein oder künftigen Eintritt gewisser Umstände, die dem Geschäftsgegner erkennbar waren und von ihm nicht beanstandet wurden, sofern der Geschäftswille der Parteien auf dieser Vorstellung beruht.[447] Die Kodifizierung der Geschäftsgrundlage in § 313 BGB hat an diesem Grundverständnis nichts geändert.[448] Schon aus dieser komplizierten Definition lässt sich entnehmen, dass die Geschäftsgrundlage im Vergleich zur „Voraussetzung" nicht viel leichter zu bestimmen ist. Belegt wird dies durch die zahlreichen Theorien zur Geschäftsgrundlage im Schrifttum – *Chiotellis* hat in den 1980er-Jahren 56 Theorien über die Lehre der Geschäftsgrundlage gezählt.[449]

Das Problem der Geschäftsgrundlage ist deswegen umstritten, weil die Parteien die Grenze der Vertragsbindung nicht oder nicht in klarer Sprache vereinbart haben. Die Ermittlung der Grenze der rechtsgeschäftlichen Vereinbarung ist mit großer Schwierigkeit verbunden, da hierzu regelmäßig konkrete Kriterien fehlen. Nimmt man die „Voraussetzung" als Beispiel, stellt sich als Erstes die Frage, wie sich eine „unentwickelte Bedingung" ermitteln lässt, da sie ja gerade nicht Vertragsinhalt geworden ist. Gleiches gilt auch für die „Geschäftsgrundlage" nach der Definition *Oertmanns*. Mit § 313 BGB hat der deutsche Gesetzgeber versucht, durch die Rechtsprechung entwickelten Kriterien aufzunehmen. Neben einer schwerwiegenden Umstandsänderung wird verlangt, dass die Umstände zur „Grundlage des Vertrags" geworden sind, wobei das Gesetz die Definition einer solchen voraussetzt. Ferner ist für die Regelung erforderlich, dass „einem Teil unter Berücksichtigung aller Umstände des Einzelfalls, insbesondere der vertraglichen oder gesetzlichen Risikoverteilung, das Festhalten am unveränderten Vertrag nicht zugemutet werden kann".[450] Somit hat der Gesetzgeber die „Zumutbarkeit" als zentrales Befreiungskriterium des

---

447 Siehe nur BGH NJW 2017, 2191 Rn. 18; RGZ 103, 328; BGH NJW 2015, 1523 Rn. 32; 2010, 1663 Rn. 17.

448 BT Drucksache 14/6040, 175. Die Entstehungsgeschichte der Vorschrift bleibt für ihre Auslegung von zentraler Bedeutung, ebenso die von der Rechtsprechung gebildeten Fallgruppen.

449 Chiotellis, Rechtsfolgenbestimmung bei Geschäftsgrundlagenstörungen in Schuldverträgen.

450 Vgl. § 313 BGB.

§ 313 BGB eingeführt.[451] Fraglich ist nur, wann die Leistung für den Schuldner als „unzumutbar" anzusehen ist.

## 4. Abgrenzungsproblem durch Schuldrechtsreform

Die strittige Bestimmung des § 275 BGB a. F. über die nachträgliche Unmöglichkeit und das nachträgliche Unvermögen wurde im Zuge der Schuldrechtsreform durch eine neue Regelung abgelöst. § 275 BGB enthält neben der „Unmöglichkeit" in Abs. 1 noch eine Bestimmung der „Unverhältnismäßigkeit" in Abs. 2, die für die Praxis eine wichtigere Rolle spielen dürfte. Der Schuldner kann nach § 275 Abs. 2 BGB die Leistung verweigern, wenn „diese einen Aufwand erfordert, der unter Beachtung des Inhalts des Schuldverhältnisses und der Gebote von Treu und Glauben in einem groben Missverhältnis zu dem Leistungsinteresse des Gläubigers steht". Dabei ist bei der Bestimmung der dem Schuldner zuzumutenden Anstrengungen „auch zu berücksichtigen", ob der Schuldner das Hindernis zu vertreten hat.

Für die Schuldnerbefreiung sieht § 275 Abs. 2 BGB als Befreiungskriterium die „Unverhältnismäßigkeit" vor, bei welcher der Leistungsaufwand mit dem Leistungsinteresse des Gläubigers ins Verhältnis zu setzen ist. Die Schuldnerbefreiung tritt erst ein, wenn ein „grobes Missverhältnis" zwischen den beiden Posten vorliegt. Dabei muss das Missverhältnis „besonders krass" sein, was sich vor allem daraus legitimiert, dass der Gläubiger bei vom Schuldner nicht zu vertretender Unmöglichkeit seinen Anspruch ersatzlos verliert.[452] Wann ein solch „grobes Missverhältnis" anzunehmen ist, lässt sich der Vorschrift nicht entnehmen.[453] Das Gesetz listet lediglich Kriterien auf, die bei der Abwägung zu beachten sind: der Inhalt des Schuldverhältnisses, die Gebote von Treu und Glauben und das Vertretenmüssen des Schuldners.[454] Hat der Schuldner das Leistungshindernis zu vertreten, sollten von ihm erhöhte Anstrengungen zu der Überwindung des Hindernisses zu erwarten sein.[455] Als Beispiel wird genannt, dass der Schuldner aufgrund eines Irrtums oder in Kenntnis der Rechtslage den Vertragsgegenstand an einen Dritten übereignet: Hier muss der Schuldner

451 Vgl. Lobinger, Die Grenzen rechtsgeschäftlicher Leistungspflichten, passim.
452 Canaris, JZ 2001, S. 502.
453 Kritisch: Picker, JZ 2003, 1035 ff.; Lobinger, Die Grenzen rechtsgeschäftlicher Leistungspflichten, passim.
454 Bach, Die Leistungshindernisse, S. 338.
455 Canaris, JZ 2001, S. 503.

dem Dritten für den Rückerwerb mehr als den Marktpreis bieten, um in den Genuss der Leistungsbefreiung zu kommen.[456]

Durch die neue Fassung des § 275 BGB hat die Unmöglichkeit eine erhebliche Erweiterung erfahren. Sie umfasst nun praktisch jedes Leistungshindernis, bei dessen Vorliegen die Leistung entweder nach Abs. 1 ausgeschlossen oder nach Abs. 2 rechtlich zweifelhaft ist, ob der Fall als Unvermögen zu qualifizieren ist oder nicht.[457] Dabei ist eine trennscharfe Abgrenzung von überwindbaren und unüberwindbaren Leistungshindernissen unmöglich. Ist dem Verkäufer beispielsweise die geschuldete Sache durch Diebstahl abhandengekommen, stellt sich die Frage, wonach dieses Hindernis zu beurteilen ist. Theoretisch kann der Verkäufer immer versuchen, den Dieb zu finden und die Sache zu erlangen. Die Frage ist aber, wie viel Aufwand der Verkäufer erbringen muss, um sich dann auf die Befreiung berufen zu können. Gerade das Beispiel mit der verschuldeten Übereignung des Kaufgegenstands an einen Dritten zeigt die Schwierigkeit der Zweiteilung in Unmöglichkeit und Unverhältnismäßigkeit: Wie soll die Grenze gezogen werden, ob realistische Möglichkeiten bestehen, den Dritten wiederzufinden und den Vertragsgegenstand zurückzuerwerben? Auch das Schulbeispiel zu § 275 Abs. 2 BGB mit dem ins Meer gefallenen Ring zeigt das Problem. Ob die Bergung des Rings vom Meeresboden schon technisch nicht möglich ist oder es nur viel Geld kostet, lässt sich nur schwer beurteilen.[458] Die Abgrenzung der Unmöglichkeit von der Unverhältnismäßigkeit ist jedoch auch regelmäßig entbehrlich, da in den beiden Fällen die Bestimmung des Leistungsaufwands für den Schuldner entscheidend ist.[459]

Neben § 275 BGB hat der Schuldner nach deutschem Recht die Möglichkeit, durch eine Berufung auf Störung der Geschäftsgrundlage zu einer Befreiung zu gelangen. Da im Zuge der Schuldrechtsreform dieses Befreiungsinstitut in § 313 BGB normiert wurde und das Gesetz keinerlei Hinweis zur Beziehung der Vorschriften enthält, wird der Schuldner stets versuchen können, eine Befreiung durch § 313 BGB zu erreichen. Nach der Regelung kann er die Anpassung oder Aufhebung des Vertrags verlangen, wenn sich die Umstände schwerwiegend verändert haben und ihm die Leistung unter ursprünglichen Bedingungen nicht zugemutet werden kann. Der Schuldner muss somit nach § 313 BGB die Leistung solange erbringen, bis die Grenze der Zumutbarkeit erreicht wird.

---

456 Ebenda.

457 Canaris, JZ 2001, S. 501.

458 Bach, Die Leistungshindernisse, S. 24 f.

459 Lobinger, Die Grenzen rechtsgeschäftlicher Leistungspflichten, passim.

Dabei kommt eine Befreiung nach der Rechtsprechung nur dann infrage, wenn „dies zur Vermeidung eines untragbaren, mit Recht und Gerechtigkeit nicht zu vereinbarenden und damit der betroffenen Partei nach Treu und Glauben nicht zuzumutenden Ergebnisses unabweislich erscheint"[460]. Die Grenze der Schuldnerbefreiung wird hier anders als bei § 275 BGB gezogen: Entscheidend ist nicht mehr die Unmöglichkeit bzw. die Unverhältnismäßigkeit der Leistung, sondern die Unzumutbarkeit der Leistungserbringung für den Schuldner.[461]

So springt ein Widerspruch des Gesetzes ins Auge. Treten bei der Durchführung des Vertrags Schwierigkeiten auf, die vom Schuldner einen erhöhten Leistungsaufwand erfordern, so stellt sich im Kern nur eine entscheidende Frage, nämlich die Bestimmung der Grenze der vertraglichen Leistungspflichten. Dazu bietet das modernisierte Schuldrecht zwei unterschiedliche Kriterien, bei denen die Grenze der Leistungspflichten gezogen wird: einmal durch die Unverhältnismäßigkeit des Leistungsaufwands in § 275 Abs. 2 BGB, das andere Mal durch das Zumutbarkeitskriterium in § 313 BGB. Daneben stellt sich noch die Frage, wie die Unmöglichkeit in § 275 Abs. 1 BGB von einer Unverhältnismäßigkeit in Abs. 2 überhaupt zu unterscheiden ist. Alle diese Regelungen betrachten das gleiche Sachproblem der Schuldnerbefreiung bei Leistungshindernissen aus unterschiedlichen Blickwinkeln: § 275 Abs. 1 BGB aus dem Gesichtspunkt der Unmöglichkeit, Abs. 2 dem Verhältnis des Schuldneraufwands zum Gläubigerinteresse, § 313 BGB die gleiche Frage erneut mit Bezug auf die Gegenleistung. In sämtlichen Situationen geht es um die Frage der Bestimmung des geschuldeten Leistungsaufwands durch den Schuldner.

## 5. Eingrenzung des Problemfelds

Notwendig ist eine Eingrenzung des Problemfelds im Hinblick auf den Normenkonflikt. Nach der h. M. stellt sich die Problematik der Abgrenzung nicht, soweit die Leistung des Schuldners bereits nach § 275 Abs. 1 BGB „unmöglich" ist.[462] Denn bei einer unmöglich gewordenen Leistung wäre eine Vertragsanpassung sinnlos. Dies setzt voraus, dass die Abgrenzung der Unmöglichkeit zur Unverhältnismäßigkeit überhaupt möglich ist. Eine Lösung besteht darin, den Anwendungsbereich des § 275 Abs. 1 BGB auf die Fälle der sog. echten

460 Siehe nur BGH NZM 2005, 144; BB 2006, 911; NJW 2012, 1718 Rn. 30.

461 Lobinger, GPR 6/08, S. 264 f.

462 Vgl. BT-Drucksache 14/6040, S. 177; MüKoBGB/Ernst, § 275 Rn. 19; AnwK-BGB/Dauner-Lieb, § 275 Rn. 37; Finn, Erfüllungspflicht und Leistungshindernis, S. 513 f.; Jauernig/Stadler, § 275 Rn. 3.

Unmöglichkeit zu beschränken, in denen die Leistung entweder tatsächlich oder rechtlich zwingend ausgeschlossen bleibt. Sobald irgendein Zweifel daran besteht, beurteilt sich die Befreiung ausschließlich nach der Unverhältnismäßigkeit im Abs. 2. Das Argument ist die Gestaltung des § 275 Abs. 1 BGB als Einwendung und Abs. 2 als Einrede. Eine solche Differenzierung ist nur sinnvoll, wenn der Schuldner überhaupt die Möglichkeit hat, die Leistung trotz eines Hindernisses zu erbringen. Dies hat zur Folge, dass alle Fälle, in denen der Leistungsaufwand des Schuldners unsicher erscheint, nur noch nach Abs. 2 gelöst werden.

Ein Konflikt mit § 313 BGB kommt nach dieser Lösung allein bei § 275 Abs. 2 BGB in Betracht.[463] Die Anwendungsbereiche der beiden Regelungen sind nicht deckungsgleich. Da § 313 BGB nur auf gegenseitige Verträge anwendbar ist, findet keine Abgrenzung zu § 275 Abs. 2 BGB statt, wenn ein einseitiges Schuldverhältnis betroffen ist.[464] In diesem Fall ist § 275 Abs. 2 BGB allein für die Bestimmung der Leistungspflichten maßgeblich.[465] Eine Abgrenzung ist auch nicht bei jedem Vertrag notwendig. Eine Entwertung der Gegenleistung hat zwar eine Äquivalenzstörung i. S. d. § 313 BGB zur Folge, führt aber regelmäßig nicht dazu, dass der Leistungsaufwand des Schuldners in einem Missverhältnis zum Gläubigerinteresse steht.[466] Ferner gehören allein zu § 313 BGB solche Fälle, in denen mit der Leistungserschwerung eine parallele Steigerung der Gegenleistung eintritt.[467] Wenn das Gläubigerinteresse mit der Preissteigerung auf dem Beschaffungsmarkt proportional ansteigt, ist ein Missverhältnis zwischen Gläubigerinteresse und Schuldneraufwand i. S. d. § 275 Abs. 2 BGB nicht gegeben. Beispiel: V verkauft K eine Sache im Wert und zum Preis von 1.000 Euro, die V erst von einem Dritten erhalten muss. Nach Vertragsschluss

---

463 Zwar stellt sich die Frage der Abgrenzung auch bei § 275 Abs. 3 BGB, der dem Schuldner einer „persönlich" zu erbringenden Leistung das Recht der Leistungsverweigerung gewährt, wenn ihm die Leistung unter Abwägung des Hindernisses mit dem Leistungsinteresse des Gläubigers nicht zugemutet werden kann. Betrachtet man die Fälle des § 275 Abs. 3 BGB, sind diese überwiegend die Fälle des § 313 BGB. Damit ist § 275 Abs. 3 BGB als *lex specialis* zu § 313 BGB zu sehen. Schulbeispiel ist die Sängerin, die sich weigert aufzutreten, weil ihr Kind lebensgefährlich erkrankt ist, vgl. nur BT-Drucksache 14/6040, S. 130.

464 Staudinger/Caspers, § 275 Rn. 118.

465 Stürner, JURA 10/2010, S. 723.

466 Staudinger/Caspers, § 275 Rn. 119.

467 MüKoBGB/Ernst, § 275 Rn. 21; Lobinger, Die Grenzen rechtsgeschäftlicher Leistungspflichten, S. 77 ff.

erfolgt eine marktbedingte Kostensteigerung i. H. v. 1000 Euro. V muss nun 2.000 Euro aufwenden, um K mit der Sache zu beliefern. Das Leistungsinteresse des K steigt aber auch um 1.000 Euro. Diese Fälle der Parallelverschiebung von Schuldneraufwand und Gläubigerinteresse sind nicht von § 275 Abs. 2 BGB erfasst.[468] V kann sich allenfalls auf eine Störung der Geschäftsgrundlage berufen.

Unzutreffend ist die Vorstellung, dass eine Abgrenzung von § 275 Abs. 2 BGB und § 313 BGB stets entbehrlich ist, da eine Parallelverschiebung von Leistungsaufwand und Gläubigerinteresse stets vorliegen sollte.[469] Eine Erhöhung des Aufwands aufseiten des Schuldners hat nicht immer zur Folge, dass der Preis auf dem Beschaffungsmarkt mit ansteigt. Zum einen kann der Grund für die Kostenerhöhung vielfältig sein und beruht nicht ausschließlich darauf, dass die Produktionskosten auf dem Markt gestiegen sind. Zum anderen lässt sich nicht ausschließen, dass die Konkurrenten des Schuldners aufgrund höherer Flexibilität oder stärkerer Leistungsfähigkeit in der Lage sein werden, die gestiegenen Beschaffungskosten nicht vollständig weitergeben zu müssen.[470] Gegen die Ansicht spricht das Beispiel mit dem ins Meer gefallenen Ring. In diesem Fall ist das Gläubigerinteresse an dem Ring nicht deswegen gestiegen, nur weil der Ring ins Meer gefallen ist. Vielmehr erhöhen die Bergungskosten für den Ring nur den Aufwand des Schuldners. Neben dem Missverhältnis zwischen Schuldneraufwand und Gläubigerinteresse kommt ein gestörtes Äquivalenzverhältnis infrage, weil die Bergungskosten die vereinbarte Gegenleistung erheblich übersteigen.

Zusammenfassend kann man sagen, dass eine Abgrenzung der Regelungen immer dann erforderlich ist, wenn der Leistungsaufwand vom vertraglich vorausgesetzten Aufwand, an dem sich die Gegenleistung bemisst, gravierend abweicht.[471] In diesem Fall hat das Leistungshindernis sowohl die Unverhältnismäßigkeit i. S. d. § 275 Abs. 2 BGB als auch die Unzumutbarkeit der Leistung

468 Vgl. Lorenz/Riehm, Lehrbuch zum neuen Schuldrecht, Rn. 408; Bamberger/Roth/Unberath, § 313 Rn. 22; Canaris, Karlsruher Forum 2002: Schuldrechtsmodernisierung, S. 14; MüKoBGB/Finkenauer, § 313 Rn. 161; Bach, Leistungshindernisse, S. 475.

469 a. A.: Canaris, JZ 2001, S. 499 ff.

470 Lobinger, Die Grenzen rechtsgeschäftlicher Leistungspflichten, S. 77 ff.; vgl. Finn, Erfüllungspflicht und Leistungshindernis, S. 519.

471 Staudinger/Caspers, § 275 Rn. 120; MüKoBGB/Ernst, § 275 Rn. 23; Stürner, JURA 10/2010, S. 723.

i. S. d. § 313 BGB zur Folge. Diese Situation wird zum Teil als die Abgrenzung der „faktischen“ von der „wirtschaftlichen“ Unmöglichkeit beschrieben.[472]

## 6. Abgrenzung in der Diskussion

Das problematische Verhältnis des § 313 BGB zu § 275 BGB war bereits im Kommissions- und Diskussionsentwurf Gegenstand zahlreicher Debatten.[473] In beiden Entwürfen wurde ein Vorrang der Geschäftsgrundlage postuliert.[474] Im späteren Regierungsentwurf wurde demgegenüber § 275 Abs. 2 BGB dem § 313 BGB im Konfliktfall vorangestellt.[475] Der BGH hat sich bislang, soweit ersichtlich, zu dieser Frage noch nicht äußern müssen.[476] In der Literatur wird hinsichtlich des Normenkonflikts eine Lösung in nahezu allen denkbaren Richtungen vertreten. Im Wesentlichen sind – abgesehen von der Ansicht, die eine Abgrenzung für ganz entbehrlich hält[477] – drei Lösungsansätze erkennbar: der Vorrang des § 275 Abs. 2 BGB, der Vorrang des § 313 BGB und das Wahlrecht des Schuldners zwischen den Rechtsbehelfen.

### a. Vorrang des § 275 Abs. 2 BGB

Es wird vertreten, § 275 Abs. 2 BGB sei ein Vorrang vor § 313 BGB einzuräumen.[478] Die Frage nach einer Anpassung des Vertrags könne sich nur stellen, wenn der Schuldner nicht bereits nach § 275 BGB von seiner Leistungspflicht befreit worden sei.[479] Zur Begründung wird angegeben, dass § 275 Abs. 2 BGB systematisch an früherer Stelle greife und daher bei seiner Anwendung § 313 BGB verdränge.[480] Ferner sei eine Veränderung der bisherigen Rechtslage nicht

---

472 MüKoBGB/Finkenauer, § 313 Rn. 163; Soergel/Ekkenga/Kuntz, § 275 Rn. 130.
473 Vgl. Canaris, Karlsruher Forum 2002: Schuldrechtsmodernisierung, S. 156.
474 Vgl. Abschlussbericht der Schuldrechtskommission 1991, S. 151; MüKoBGB/Ernst, § 275 Rn. 23.
475 BT Drucksache 14/6040, S. 176.
476 Bach, Leistungshindernisse, S. 477.
477 BeckOK BGB/Lorenz, BGB, § 275 Rn. 57.
478 Vgl. BT-Drucksache 14/6040, S. 176; Bamberger/Roth/Unberath, § 275 Rn. 53; Medicus/Petersen, Bürgerliches Recht, Rn. 156; Lorenz/Riehm, Lehrbuch zum neuen Schuldrecht, Rn. 408; Fikentscher/Heinemann, Schuldrecht, Rn. 399; Brox/Walker, Allgemeines Schuldrecht, § 27 Rn. 15; Fehre, Unmöglichkeit und Unzumutbarkeit der Leistung, S. 54.
479 BT-Drucksache 14/6040, S. 176.
480 Vgl. Jauernig/Stadler, § 275 Rn. 3; AnwK-BGB/Krebs, § 275 Rn. 13 ff.; Düchs, Die Behandlung von Leistungsstörungen im Europäischen Vertragsrecht, S. 298 ff.

beabsichtigt. Vor der Reform sei aber schon anerkannt gewesen, die Regelung sei über die Geschäftsgrundlage gegenüber dem gesetzlich normierten Unmöglichkeitsrecht subsidiär gewesen.[481] Ein ähnliches Argument stützt sich auf die Subsidiarität des § 313 BGB.

Indessen lässt sich die Subsidiarität des § 313 BGB anzweifeln. Eine solche ergibt sich jedenfalls nicht aus dem Gesetz. War die Subsidiarität der Geschäftsgrundlage bis zur Schuldrechtsreform noch damit zu begründen, dass sie auf einem Richterrecht basierte und dort ausscheiden musste, wo das Gesetz eine Regelung vorsah, ist diese Begründung weggefallen.[482] Ein Anwendungsvorrang einer der Vorschriften ist weder gesetzlich angeordnet noch ergibt er sich aus teleologischen Aspekten.[483] Auch ist der Rechtspraxis nicht zu entnehmen, dass der bisherige Vorrang von § 275 BGB nach der Schuldrechtsreform aufrechterhalten wird.[484] Noch grundsätzlicher muss man sehen, dass die Subsidiarität der Geschäftsgrundlage ein Fehlverständnis ist. Erreicht werden soll mit diesem missverständlichen Begriff lediglich der Vorrang der Vertragsauslegung und eine vorsichtige Anwendung der Regelung – der Schuldner ist aber im Ergebnis entweder zu entlasten oder nicht.

### b. Vorrang des § 313 BGB

Andere in der Literatur sprechen sich für einen Vorrang des § 313 BGB aus, der *lex specialis* zu § 275 Abs. 2 BGB sei.[485] Diese Ansicht entspricht einer früheren Auffassung des Reformgesetzgebers.[486] Zur Begründung wird häufig auf die Rechtsfolgen abgestellt: Da die beiden Regelungen ähnliche Tatbestandsvoraussetzungen vorsähen, sei eine Abgrenzung nur mit Blick auf die Rechtsfolgen möglich.[487] § 313 BGB sehe eine Anpassung oder eine Aufhebung des Vertrags und damit flexiblere Rechtsfolgen gegenüber § 275 Abs. 2 BGB vor, daher sei die Geschäftsgrundlage ein geeigneterer Rechtsbehelf, um auf die diversen Situationen eines Leistungshindernisses zu reagieren.[488]

---

481 Zusammengefasst in: Stürner, JURA 10/2010, S. 722 m. w. N.
482 Bach, Leistungshindernisse, S. 477.
483 Ebenda.
484 Vgl. MüKoBGB/Ernst, § 275 Rn. 23.
485 Vgl. Schlüter, ZGS 2003, 346, 349 ff.; MüKoBGB/Roth, § 313 Rn. 140; Palandt/Heinrichs, § 275 Rn. 29; BeckOGK/Martens, § 313 Rn. 186 ff.; MüKoBGB/Finkenauer, § 313 Rn. 161 ff.
486 Vgl. Abschlussbericht der Schuldrechtskommission 1991, S. 151.
487 Finn, Erfüllungspflicht und Leistungshindernis, S. 518; Schlüter, ZGS 2003, 349 ff.
488 Ebenda.

Die Ansicht ist nicht überzeugend. Eine Anwendung der Normen von der Rechtsfolge her birgt die Gefahr einer Billigkeitsentscheidung in sich, was bei einer Anwendung des § 313 BGB gerade vermieden werden muss.[489] Ferner lassen sich auch die „flexibleren“ Rechtsfolgen des § 313 BGB bezweifeln. Sollte die Geschäftsgrundlage nicht zu einem Einfallstor für richterliche Willkür ausufern, kann von einer „flexibleren“ Rechtsfolge sowieso keine Rede sein. Der Schuldner ist im Ergebnis von seiner Leistungspflicht zu befreien, was bei einer Anwendung des § 275 Abs. 2 BGB ebenfalls erzielt wird. Die letztere Regelung eröffnet mit den Kriterien des „Inhalts des Schuldverhältnisses“ und der Beachtung von „Treu und Glauben“ ebenfalls einen Spielraum für die Schuldnerbefreiung. Die Spezialität des § 313 BGB wird weder durch die Systematik des Gesetzes gestützt noch kann sie sinnvoll begründet werden.

### c. Wahlrecht des Schuldners

Eine weitere Auffassung geht davon aus, eine Abgrenzung der Regelungen angesichts der Offenheit verspreche der Tatbestände nur eingeschränkten Erfolg.[490] Dem Schuldner sei vielmehr ein Wahlrecht im Konkurrenzfall einzuräumen, ob er die Leistung nach § 275 Abs. 2 BGB verweigern oder den Vertrag nach § 313 BGB anpassen oder aufheben will.[491] Zur Begründung wird angeführt, dass sowohl § 275 Abs. 2 BGB als auch § 313 BGB Rechtsfolgen begründen, deren endgültige Wirkung noch in die Entscheidungsgewalt des Schuldners gestellt ist – dieser müsse die Einrede erheben bzw. die Anpassung des Vertrags verlangen.[492] Sei Schuldnerschutz der maßgebliche Gedanke der befreienden Regelungen, wäre ein Wahlrecht des Schuldners eine bessere Lösung des Normenkonflikts.[493] Es sei nicht ersichtlich, weswegen der Schuldner Anpassung des Vertrags verlangen kann, wenn allein der Tatbestand des § 313 BGB erfüllt ist, ihm jedoch nur eine Einrede zur Seite steht, wenn zusätzlich die

489 Stürner, JURA 2010, S. 723.

490 Vgl. Bach, Leistungshindernisse, S. 477; MüKoBGB/Ernst, § 275 Rn. 20, 23 f.; Staudinger/Caspers, § 275 Rn. 120; Emmerich, Das Recht der Leistungsstörungen, § 3 Rn. 68, § 27 Rn. 40; Huber/Faust, Schuldrechtsmodernisierung, Rn. 79; Schwarze, JURA 2002, S. 73 ff., 78; Löhnig, ZGS 2005, S. 459 ff.; Soergel/Ekkenga/Kuntz, § 275 Rn. 126 f. Für das Nebeneinanderstehen der Institute: Feldhahn, NJW 2005, S. 3381 ff.

491 Ebenda.

492 MüKoBGB/Ernst, § 275 Rn. 23; Staudinger/Caspers, § 275 Rn. 120.

493 Soergel/Ekkenga/Kuntz, § 275 Rn. 131.

Voraussetzungen des § 275 Abs. 2 BGB vorliegen.[494] Das gleiche Argument spreche auch gegen die alleinige Anwendung des § 313 BGB.

Diese Ansicht kommt der Sache näher, weil das Gesetz in der Tat kein Vorrangverhältnis vorschreibt. Außerdem spricht der Gedanke des Schuldnerschutzes für diese Lösung, da aus Sicht des Schuldners ein Wahlrecht die bessere Lösung wäre.[495] Eine ähnliche Meinung wird auch zu den PICC-Regelungen vertreten.[496] Der wesentliche Nachteil dieser Ansicht besteht darin, dass sie sich nur mit der Erscheinung des Problems beschäftigt, nicht aber mit dessen Ursache. Sie stellt nicht infrage, warum das Problem im Bezug auf die Abgrenzung von Normen überhaupt entstanden ist. Insofern bleibt der Lösungsvorschlag nur an der Oberfläche des Problems. Es wird nicht diskutiert, dass dem Schuldner in sachwidriger Weise zwei unterschiedliche Entlastungsmöglichkeiten eingeräumt werden, wofür sich keine Legitimation im Vertrag finden lässt. Liegt der Grund für die Verpflichtung des Schuldners in der Vereinbarung selbst, müssen sich auch deren Grenzen aus der Vereinbarung ergeben.[497] Insofern bedürfen die Befreiungsregelungen ihrerseits einer Rechtfertigung.

### d. Abgrenzung nach vertraglicher Risikostruktur

In jüngerer Zeit wird eine Lösung vorgeschlagen, wonach § 275 Abs. 2 BGB und § 313 BGB nach der vertraglichen Risikostruktur abzugrenzen seien.[498] Beide Normen sollten unterschiedliche Funktionen erfüllen: § 275 Abs. 2 BGB als eine Regelung der Gefahrtragung, die sich auf das Risiko der Verwirklichung vertragsbezogener Störungen beziehe, und § 313 BGB als eine Regelung für die Verteilung der Risiken, die nicht im Vertrag selbst begründet lägen.[499] Es sei danach zu untersuchen, ob das Leistungshindernis dem vertraglichen Risikobereich oder demjenigen der Geschäftsgrundlage zuzuordnen ist.[500] Ob ein bestimmtes Risiko inner- oder außerhalb des Vertrags liege, hänge davon ab, ob die Parteien bei Vertragsschluss die eintretende Störung vorhersehen

---

494 Huber/Faust, Schuldrechtsmodernisierung, Rn. 79; Finn, Erfüllungspflicht und Leistungshindernis, S. 517.

495 Medicus/Lorenz, Schuldrecht I, S. 189.

496 PICC Kommentar, Art. 7.1.7.

497 Lobinger, Die Grenzen rechtsgeschäftlicher Leistungspflichten, S. 194 ff., 207 ff.

498 Vgl. Stürner, JURA 2010, S. 721 ff.; Prütting/Wegen/Weinreich/Stürner, § 313 Rn. 6.

499 Stürner, JURA 2010, S. 723 f.; Prütting/Wegen/Weinreich/Stürner, § 313 Rn. 6.

500 Stürner, JURA 2010, S. 723 f.

könnten.[501] Im Ergebnis bildet die Vorhersehbarkeit des Hindernisses das maßgebliche Abgrenzungskriterium.

Beizupflichten ist, dass diese Ansicht an die Definition der Geschäftsgrundlage anknüpft. Die Problematik der Geschäftsgrundlage ist dadurch entstanden, dass diese nicht der Vertragsinhalt geworden ist. Zweifel an der Ansicht ergeben sich daraus, dass sich für die Beschränkung des § 275 Abs. 2 BGB auf vertragsbezogene Störungen keine Stütze im Gesetz findet. Ferner kann für die Frage, ob ein Risiko inner- oder außerhalb des Vertrags liegt, die Vorhersehbarkeit des Hindernisses nicht das allein ausschlaggebende Kriterium sein. Vielmehr kann die Frage nur aus dem Gesamtbild des Vertrages und den Begleitumständen des Vertragsschlusses beantwortet werden. Ist ein Hindernis vorhersehbar, hat der Schuldner regelmäßig dafür einstehen müssen. In diesem Fall kommt weder eine Entlastung nach § 275 Abs. 2 BGB noch nach § 313 BGB in Betracht. Ist ein Hindernis unvorhersehbar, ist aber auch kein Grund ersichtlich, weswegen dem Schuldner eine Anwendung des § 275 Abs. 2 BGB abgesprochen werden muss. Auch wenn die Betonung der vertraglichen Risikoverteilung an sich zutreffend ist, spielt diese bei beiden Vorschriften keine Rolle.

### e. Maßgeblichkeit der Vertragsauslegung

Zuletzt ist eine Ansicht vorzustellen, welche die Diskussion über Befreiungsfrage voranbrachte. Nach dieser Ansicht bietet das modernisierte Schuldrecht zwei Kriterien, um den Schuldner zu entlasten: die „Unverhältnismäßigkeit“ des Aufwands gegenüber dem Gläubigerinteresse (§ 275 Abs. 2 BGB) sowie die „Unzumutbarkeit“ der Leistungsanstrengungen (§ 313 BGB).[502] Die Abgrenzung sei problematisch, nicht nur weil es gesetzgebungstechnisch nicht gelungen ist, beide Vorschriften tatbestandlich trennscharf festzulegen, sondern vor allem weil die „sachliche Befreiungskonzeption“ in beiden Fällen völlig übereinstimmt.[503] Es gehe in beiden Fällen um die gleiche Frage, welchen Leistungsaufwand der Schuldner zu erbringen hat, um die Erfüllung in der durch das Leistungshindernis geprägten Lage zu bewirken.[504]

---

501 Stürner, JURA 2010, S. 724; Prütting/Wegen/Weinreich/Stürner, § 313 Rn. 6.

502 Lobinger, GPR 6/08, S. 264; ders., Die Grenzen rechtsgeschäftlicher Leistungspflichten, S. 74 ff.

503 Lobinger, Die Grenzen rechtsgeschäftlicher Leistungspflichten, S. 82 ff.

504 Um diese Frage geht es in sämtlichen Fällen überwindbarer Leistungshindernisse, unabhängig davon, ob sie faktischer, wirtschaftlicher oder persönlicher Natur sind.

Diese Ansicht ist überzeugend. Dass eine Abgrenzung der § 275 Abs. 2 BGB und § 313 BGB mit großen Schwierigkeiten verbunden ist, liegen allen Ansichten zugrunde. In beiden Fällen geht es um die sachliche Problematik der Schuldnerbefreiung, bei der letztlich nur die Frage der Befreiungsschwelle entscheidend ist.[505] Dadurch, dass das gleiche Problem durch die beiden Regelungen unterschiedlich behandelt wird, liegt eine Ungleichbehandlung vor. Um den Leistungsaufwand des Schuldners und damit die Grenzen der Leistungspflicht zu ermitteln, ist eine Vertragsauslegung vorzugswürdig. Das unter dem Stichwort der Geschäftsgrundlage stehende Problem ist in der Tat ein Problem der Lückenfüllung des Vertrags.[506] Zweifel ergeben sich jedoch aus der Position, dass dispositives Gesetzesrecht bei der Befreiungsfrage generell keine Aussage treffen dürfte. Es geht hier um das Grundverständnis des dispositiven Gesetzes. Zieht man die grundlegende Bedeutung des dispositiven Gesetzes in Zweifel, wäre das Vertragsrecht zum großen Teil durch Vertragsauslegung ersetzbar. Vor diesem Hintergrund würde sich eine Diskussion über die Befreiungsregelungen erübrigen. Demgegenüber besteht hier die Bemühung, das dispositive Gesetz zur Schuldnerbefreiung mit dem Grundsatz der Privatautonomie zu versöhnen. Dies geschieht dadurch, dass das dispositive Recht als Auslegungshilfe betrachtet wird, die der Ermittlung des Parteiwillens dient.

## 7. Der Parteiwille: eine Frage des Seins oder Sollens?

Der Grundsatz der Privatautonomie erfordert, dass bei der Bestimmung der Grenze von vertraglichen Leistungspflichten dem Parteiwillen die entscheidende Bedeutung zukommt.[507] Daraus folgert, dass es in erster Linie durch Vertragsauslegung zu ermitteln ist, ob der Schuldner den Vertrag bei veränderten Umständen zu erfüllen hat.[508] Ergibt sich daraus, dass der Schuldner das Risiko eines Hindernisses übernommen hat, ist das Ergebnis für die Bestimmung seiner Leistungspflicht entscheidend. Es besteht in diesem Fall kein Raum für die Anwendung gesetzlicher Regelungen. Die §§ 275 Abs. 2, 313 BGB sind nur dann anwendbar, wenn der Vertrag eine Regelungslücke hinsichtlich des

505 Lobinger, Die Grenzen rechtsgeschäftlicher Leistungspflichten, S. 76 f., 82 ff.

506 Zu § 313 BGB: MüKoBGB/Finkenauer, BGB, § 313 Rn. 41.

507 Zur Privatautonomie: Flume, Allgemeiner Teil des Bürgerlichen Rechts: Bd. 2, Das Rechtsgeschäft.

508 Lobinger, GPR 6/08, S. 264 f.; ders., Die Grenzen rechtsgeschäftlicher Leistungspflichten, S. 128, 139 ff.

eingetretenen Leistungshindernisses enthält. Es stellt sich die Frage, ob die Vertragslücke durch Auslegung oder dispositives Gesetz geschlossen werden soll.

Bei der Wahl zwischen Auslegung und dispositiven Regelungen ist fraglich, ob man sich auf die Ebene des Seins oder des Sollens begeben will.[509] Man muss sich entscheiden, die Lücke im vertraglichen Regelungsplan entweder durch Erweiterung bestehender vertraglicher Regelungen oder durch Rückgriff auf gesetzliche Reserveregelungen zu schließen. Wer sich für die Welt des Seins entscheidet, legt den infrage stehenden Vertrag so aus, als sei der Leistungsaufwand durch die restlichen Vereinbarungen „indiziert". Wer zur Welt des Sollens tendiert, wendet die dispositiven Regelungen an, um die Lücke durch vertragsfremde Bestimmungen zu schließen.[510] In beiden Fällen wird der Vertrag hinsichtlich der Lücke durch eine fiktive Regelung ergänzt. Bei der Anwendung dispositiver Regelungen gilt der Gedanke: Soweit die Auslegung des Vertrags nicht mehr reicht, müsste man an Gesetzeswirkungen zu denken haben.[511] Die Anwendung der §§ 275 Abs. 2, 313 BGB setzt zwingend voraus, dass eine „einfache" Vertragsauslegung nicht mehr ausreicht.

Dem steht nicht entgegen, dass der Schuldner die Herbeiführung des Leistungserfolgs regelmäßig nur mit einem begrenzten Aufwand verspricht.[512] Es ist zutreffend, dass „selbst hinter rudimentärsten Vertragstexten ganz selbstverständlich immer nur ein begrenzter Vertragswille steht."[513] Der Schuldner verspricht die Leistung in der Regel nicht ohne jegliche Begrenzung seines Aufwands. Dies entspricht nicht nur der Lebenserfahrung, sondern wird auch dadurch belegt, dass §§ 275 Abs. 2, 313 BGB als Reserveregelungen eine Entlastung des Schuldners bei extremen Situationen vorsehen. Das Gerechtigkeitsgefühl, dem Schuldner bei einer gravierenden Umstandsänderung helfen zu müssen, bildet seine Interessenlage zutreffen ab. Ein unbedingtes, nur erfolgsbezogenes Leistungsversprechen würde dem Schuldnerinteresse widersprechen, da er bei der Realisierung des Risikos wirtschaftlich ruiniert wäre. Die Regelungen der §§ 275 Abs. 2, 313 BGB tragen diesem prinzipiell begrenzten Schuldnerwillen Rechnung. Der Schuldner wird danach befreit, wenn das realisierte Risiko außerhalb seiner vertraglichen Risikosphäre liegt. Es bleibt ihm

509 Oertmann, Die Geschäftsgrundlage, S. 130.
510 Ebenda.
511 Oertmann, Die Geschäftsgrundlage, S. 131.
512 Lobinger, GPR 6/08, S. 264; ders., Die Grenzen rechtsgeschäftlicher Leistungspflichten, S. 194 ff., 207.
513 Lobinger, Die Grenzen rechtsgeschäftlicher Leistungspflichten, S. 194.

jedoch unbenommen, die dispositiven Regelungen durch eine Vereinbarung zu überstimmen.

Mit Blick auf die Problematik der Geschäftsgrundlage handelt es sich bei der Annahme vom Fortbestand von bestimmten Umständen weniger um einen positiven psychologischen Prozess als um einen negativen Prozess. Insofern geht *Oertmann* zutreffend davon aus, dass es bei der Geschäftsgrundlage nicht um solche Vorstellungen der Parteien geht, unter denen der Willensentschluss gefasst wurde, sondern vielmehr um solche, ohne die der Willensentschluss nicht gefasst worden wäre.[514] Die Vorstellungen der Parteien vom Fortbestand von bestimmten Umständen haben nach *Oertmann* eine „negative Bedeutung" für den Vertragsschluss. Die richtige Vorstellung der Parteien sei Gegenmotiv für den Geschäftsschluss gewesen.[515] Auch hier zeigt sich die Schwierigkeit mit einer „einfachen" Vertragsauslegung. Es würde bei einer Partei, die bei Vertragsschluss Ereignisse schon gar nicht bedachte, unterstellt, dass sie eine rechtlich verbindliche Folge für sich setzen wollte, wenn sich ein unbekanntes Risiko realisiert.[516] Ein Folgeproblem besteht bei der Lehre der Willenserklärung: Sie droht, ihre Kontur zu verlieren, wenn jeder negative psychologische Prozess für deren Annahme ausreichen würde. Für eine gravierende Rechtsfolge wie die Schuldnerbefreiung müsste für die Bejahung der Willenserklärung eine erhöhte Schwelle bestehen, weil infrage nicht eine Einzelklausel über eine Leistungsbedingung, sondern der Bestand des Vertrags als solcher steht.[517]

---

514 Oertmann, Die Geschäftsgrundlage, S. 27.

515 Ebenda.

516 Daran ändert die Infragestellung des Leistungsaufwands statt der Hindernisse nichts.

517 Oertmann, Die Geschäftsgrundlage, S. 133 f.: „Wo das aber nicht der Fall, die Geschäftsgrundlage nicht selbst Geschäftsbestandteil geworden ist, da scheint es mir bedenklich, den Geschäftsinhalt aus Umständen heraus zu verändern, die nun einmal nicht in den Geschäftsinhalt eingegangen sind, den Parteien ein Rücktrittsrecht infolge von Umständen zu geben, deren Eintritt jenseits ihrer Vorstellungen gelegen hat. Denn hätten die den Wegfall der Geschäftsgrundlage herbeiführenden Umstände im Gesichtskreise der Parteien gelegen, so wäre jene nicht bloße Grundlage geblieben, sondern dem Geschäfte in aller Form mittels Bedingung oder Rücktrittsklausel eingefügt worden."

## 8. Dogmatische Einordnung von § 275 Abs. 2 BGB und § 313 BGB

Im Ergebnis sieht das modernisierte Schuldrecht zwei Regelungen vor, mit denen ein gleiches Sachproblem der Schuldnerbefreiung geregelt wird. Das allgemein als schwierig empfundene Normenverhältnis zwischen § 275 Abs. 2 BGB und § 313 BGB ist ein Problem der dualen Befreiungskriterien. Die Lösung des Problems besteht in der Aufgabe der dualen Regelungen zugunsten eines einheitlichen Befreiungskriteriums.[518] Dabei müssen die Befreiungsregelungen im Einzelnen näher betrachtet werden. Dem Wortlaut der Regelungen ist nicht eindeutig zu entnehmen, was der Grund für die Schuldnerentlastung ist. Dies wird erst deutlich, wenn die Dogmatik für die Befreiung untersucht wird.

### a. § 275 Abs. 2 BGB

Nach dem Konzept des Gesetzgebers war § 275 Abs. 2 BGB als Befreiung des Schuldners wegen exorbitanten Leistungsaufwands konzipiert.[519] Der Schuldner muss die Leistung bis zur Grenze des „groben Missverhältnisses" erbringen, wobei sein Leistungsaufwand mit dem Leitungsinteresse des Gläubigers ins Verhältnis zu setzen ist.[520] § 275 Abs. 2 BGB solle in dieser Befreiungsfunktion eine ähnliche Funktion wie § 275 Abs. 1 BGB erfüllen: Er sei als „tatbestandliche Präzisierung" der Unmöglichkeitsfälle zu verstehen, die mit „normativen Elementen" durchgesetzt sind, dass sich ihre Qualifikation als Unmöglichkeit anders als in Abs. 1 nicht von selbst versteht.[521] Geregelt sind die Fälle, in denen die Leistungserbringung zwar nicht ontologisch ausgeschlossen, jedoch aus dem Kosten-Nutzen-Kalkül sinnlos ist.[522]

Die Funktion des § 275 Abs. 2 BGB als Befreiungsvorschrift wird durch die unglückliche Gestaltung der Regelung infrage gestellt. Denn mit dem Befreiungskriterium der Unverhältnismäßigkeit wird ein vertragsfremder Maßstab eingeführt, der einen Rückschluss auf den Parteiwillen nicht zulässt.[523] Zwar

---

518 Vgl. Lobinger, GPR 6/08, S. 265; ders., Die Grenzen rechtsgeschäftlicher Leistungspflichten, S. 139 ff.

519 Canaris, JZ 2001, S. 499, 501 ff.

520 BT-Drucksache 14/6040, S. 129; Schwarze, Jura 2002, S. 73 ff.; AnwK-BGB/Dauner-Lieb, § 275 Rn. 38.

521 Canaris, JZ 2001, S. 499, 505.

522 MüKoBGB/Ernst, § 275 Rn. 70.

523 Vgl. Picker, JZ 2003, 1035 ff.; Lobinger, Die Grenzen rechtsgeschäftlicher Leistungspflichten, passim; AnwK-BGB/Dauner-Lieb, § 275 Rn. 47 ff.

könnte man denken, dass das Kriterium der Unverhältnismäßigkeit als solche eine Nachbildung des hypothetischen Parteiwillens wäre. Dem steht jedoch entgegen, dass das Leistungsinteresse des Gläubigers vom Schuldner bei Vertragsschluss in der Regel nicht abgeschätzt werden kann. Das in Geld veranschlagte positive Leistungsinteresse des Gläubigers entspricht grundsätzlich derjenige Betrag, den der Gläubiger als Schadensersatz statt der Leistung beanspruchen kann.[524] Dieser Betrag schließt Folgeschäden oder einen Weiterveräußerungsgewinn ein, den der Gläubiger mit der Leistung erzielen könnte.[525] Insoweit ist das Leistungsinteresse des Gläubigers zum Zeitpunkt des Vertragsschlusses häufig nicht bestimmbar. Es würde daher kaum dem Willen des Schuldners entsprechen können, bis zur Grenze eines von ihm nicht abschätzbaren Betrages zu leisten. Außerdem ist nicht ersichtlich, warum der Schuldner einer so hohen Befreiungsgrenze zustimmen würde.

Durch die Korrektur des § 275 Abs. 2 BGB wird dem Schuldner zur Erfüllung seiner Leistungspflicht ein Mehraufwand auferlegt, zu dem er sich nie verpflichtet hätte. Auch wenn der „Inhalt des Schuldverhältnisses" bei der Bestimmung des Aufwands auch „beachtet" werden muss, führt eine Abwägung mit Kosten und Nutzen der Leistung zu einer rein objektiven Befreiungsformel. Die Nachteile, die der Schuldner auf sich nehmen muss, sind den Vorteilen gegenübergestellt, die eine Leistung für den Gläubiger hätte.[526] Der Schuldner ist danach verpflichtet, bis zur Grenze des groben Missverhältnisses zwischen den beiden Positionen zu leisten, auch wenn die Kosten der Leistung seine ursprüngliche Kalkulation übersteigen. Von einer Befreiungsvorschrift kann daher nur die Rede sein, wenn im Ausgangspunkt ein Garantieversprechen des Schuldners angenommen wird. Eine Garantiehaftung ist aber mit seinem Willen nicht zu vereinbaren.[527] Ein weiteres Problem der Vorschrift besteht in dem Wertungswiderspruch zwischen den beiden Sätzen des § 275 Abs. 2 BGB. Sofern der Gedanke der Allokationseffizienz für § 275 Abs. 2 S. 1 BGB maßgeblich ist, sorgte S. 2 mit der Einführung des Vertretenmüssens für Verwirrung. Denn

---

524 MüKoBGB/Ernst, § 275 Rn. 84.

525 Ebenda.

526 Bach, Leistungshindernisse, S. 481.

527 Siehe das Beispiel in Picker, JZ 2003, 1036: Ein Cabriolet wurde gestohlen, das später in Murmansk wieder auftaucht und dessen Rückführung nunmehr erheblich mehr Aufwand beansprucht. Eine entsprechende Anwendung des § 275 Abs. 2 BGB würde dazu führen, dass der Verkäufer die Kosten für die Rückführung nach der Maßgabe des groben Missverhältnisses tragen muss, obwohl ein solcher Wille dem Vertrag nicht zu entnehmen wäre. Kritisch dazu: Canaris, JZ 5/2004, S. 214 ff.

die Frage, ob das Leistungshindernis vom Schuldner zu vertreten ist oder nicht, spielt für den Aspekt der Verhältnismäßigkeit keine Rolle.[528] Auch ein vom Schuldner zu vertretendes Hindernis macht eine sinnlose Leistung nicht sinnvoller.

Das Erfordernis des Vertretenmüssens enthält den Schlüssel für die Natur der Regelung. § 275 Abs. 2 BGB ist dogmatisch eher als eine Regelung des Schadensersatzes zu verstehen. Der Grund für die Verpflichtung des Schuldners, einen Mehraufwand über sein Leistungsversprechen hinaus zu leisten, lässt sich im Erfordernis des Vertretenmüssens finden, weil das Abverlangen des Mehraufwands ein verdecktes Schadensersatzverlangen des Gläubigers darstellt. Zwar wird der Schuldner an sich befreit, sobald er nach dem Parteiwillen zur Leistung nicht mehr verpflichtet ist. Da er aber das Hindernis schuldhaft verursacht hat, haftet er auf Schadensersatz in der Form der Naturalrestitution. Der Schuldner soll aufgrund seines Vertretenmüssens bei der Verursachung des Hindernisses die Leistung mit erhöhtem Aufwand erbringen, auch wenn er an sich von seiner Leistungspflicht befreit wäre. Damit gewährt § 275 Abs. 2 BGB der Sache nach eine Schadensersatzpflicht, bei der die Leistung als Naturalrestitution geschuldet ist.[529]

Dass diese Sichtweise besser dem Verständnis des historischen BGB-Gesetzgebers zur Unmöglichkeit entspricht, hat *Lobinger* bereits gezeigt.[530] Der haftungsrechtliche Charakter des § 275 Abs. 2 BGB lässt sich ferner der Orientierung des Reformgesetzgebers an § 251 Abs. 2 BGB und an der Parallelvorschrift des Art. 7.2.2 lit. b) PICC entnehmen.[531] Nach § 251 Abs. 2 BGB muss ein Schadensersatzschuldner keine Naturalrestitution leisten, kann den Gläubiger vielmehr in Geld entschädigen, wenn die Wiederherstellung des ursprünglichen Zustands „nur mit unverhältnismäßigen Aufwendungen möglich ist". Als Parallelvorschrift des § 275 Abs. 2 BGB im Schadensersatzrecht begrenzt diese Vorschrift die Haftungspflicht des Schuldners zur Naturalrestitution.[532] § 251 Abs. 2 BGB wird dabei als eine Ausprägung des allgemeinen Grundsatzes von Treu und Glauben verstanden.[533] Die Begrenzung des Ersatzanspruchs auf die Kompensation soll einen Anreiz dafür setzen, unwirtschaftliche Schadensbeseitigungsmaßnahmen zu unterlassen, dadurch trägt die Regelung

528 MüKoBGB/Ernst, § 275 Rn. 74.
529 Lobinger, Die Grenzen rechtsgeschäftlicher Leistungspflichten, 233 ff.
530 Lobinger, Die Grenzen rechtsgeschäftlicher Leistungspflichten, 229 ff.
531 BT-Drucksache 14/6040, S. 129 f.
532 Bach, Leistungshindernisse, S. 424.
533 MüKoBGB/Oetker, BGB, § 251 Rn. 35.

zur wirtschaftlichen Effizienz der durch die §§ 249 ff. BGB geschaffenen Ausgleichsordnung bei.[534]

Die Orientierung des Reformgesetzgebers bei der Schaffung des § 275 Abs. 2 BGB an § 251 Abs. 2 BGB ist bedenklich. Das Hauptproblem liegt darin, dass die letztere Vorschrift nicht die Frage zum Gegenstand hat, ob der Schuldner überhaupt leisten muss, sondern setzt dies als gegeben voraus. Im Falle des § 251 Abs. 2 BGB ist die Frage des „Ob" der Leistung unbestritten und es geht allein noch um die Frage des „Wie" der Leistung. Die Regelung hat als zentrale Aufgabe zu entscheiden, ob der Schuldner die Schadensersatzleistung in Form der Naturalrestitution zu erbringen oder nur einen Wertersatz zu leisten hat.[535] Damit beschäftigt sich § 251 Abs. 2 BGB mit einem anderen Sachproblem als § 275 Abs. 2 BGB, bei dem offensteht, ob der Schuldner die Leistung überhaupt erbringen muss. Das Gleiche gilt auch für Art. 7.2.2 lit. b) PICC, der dogmatisch ebenfalls eher als eine Haftungsvorschrift verstanden wird. Die PICC gehen von einer Garantiehaftung des Schuldners für den Leistungserfolg aus. Der Schuldner hat die Leistung grundsätzlich immer zu erbringen außer bei höherer Gewalt. Im Falle des Art. 7.2.2 lit. b) PICC steht fest, dass der Schuldner jedenfalls für die Nichterfüllung Geldersatz leisten muss. Wegen des Unterschieds zum deutschen Recht ist Art. 7.2.2 lit. b) PICC funktional mit § 251 Abs. 2 BGB vergleichbar.

Weder dogmatisch noch rechtsvergleichend lässt sich § 275 Abs. 2 BGB als eine Befreiungsregelung verstehen. Die Frage der Unverhältnismäßigkeit der Leistung stellt sich nur, wenn von vornherein feststeht, dass der Schuldner leisten muss. Hingegen ist das Kriterium der Unverhältnismäßigkeit für die Begrenzung der Restitutionspflicht sinnvoll und nachvollziehbar. Das Gläubigerinteresse kann durch die Kompensation befriedigt werden, wenn die Naturalrestitution zu einer Verschwendung der Ressourcen führt. Wird das haftungsrechtliche Normkonzept zugrunde gelegt, springt eine Verletzung des schadensrechtlichen Verschuldensprinzips durch die Regelung des § 275 Abs. 2 BGB ins Auge: Die Regelung macht die Auferlegung des Mehraufwands gerade nicht zwingend vom Vertretenmüssen des Schuldners abhängig.[536] Ob der Schuldner das Leistungshindernis zu vertreten hat, ist nach dem Wortlaut bei der Bestimmung des Aufwands lediglich „zu berücksichtigen". Unter dem Deckmantel der Befreiungsregelung statuiert § 275 Abs. 2 BGB also eine

534 Ebenda.
535 Lobinger, GPR 6/08, 265.
536 Lobinger, GPR 6/08, 267.

Schadensersatzpflicht, die nicht zwingend ein Vertretenmüssen des Schuldners voraussetzt. Hat der Schuldner das Hindernis nicht zu vertreten, ist er dennoch zur Leistung des Mehraufwands verpflichtet, obwohl für die Auferlegung der Leistungspflicht keine Legitimationsbasis besteht.[537]

Im Ergebnis verpflichtet § 275 Abs. 2 BGB den Schuldner zu einer überobligatorischen Leistung und stellt eine versteckte Haftungsvorschrift dar. Es wird kritisiert, dass § 275 BGB zwei konträre Normkonzepte in sich vereinigt.[538] § 275 Abs. 1 BGB befreit den Schuldner von seiner Pflicht zur Naturalerfüllung, unabhängig davon, ob er die Unmöglichkeit zu vertreten hat. Dagegen begründet § 275 Abs. 2 BGB eine Pflicht zur Naturalerfüllung bis zur Grenze des groben Missverhältnisses, auch wenn der Schuldner die Unmöglichkeit nicht zu vertreten hat. Der Widerspruch im Normkonzept zeigt sich bei der vom Schuldner nicht zu vertretenden Unmöglichkeit. Hier wird dem Schuldner gemäß § 275 Abs. 2 BGB eine Pflicht zur Mehrleistung auferlegt, obwohl er nach § 275 Abs. 1 BGB von seiner Leistungspflicht befreit wäre. Die Ungleichbehandlung lässt sich nicht rechtfertigen.

### b. § 313 BGB

§ 313 BGB wird verbreitet als eine Einschränkung des Grundsatzes *pacta sunt servanda* empfunden.[539] Der Vertrag wird angepasst oder aufgehoben, wenn eine derartige grundlegende Änderung der Umstände vorliegt, dass ein Festhalten an der Vertragsregelung zu einem untragbaren, mit Recht und Gerechtigkeit schlechthin nicht mehr zu vereinbarenden Ergebnis führen würde.[540] Nach der Ansicht enthält § 313 BGB einen staatlichen Eingriff ins Vertragsverhältnis im Interesse der Gerechtigkeit.[541] Es besteht die Gefahr, dass § 313 BGB zu einer Ermächtigung für Richter mutiert, bei der Frage der Befreiung vertragsfremde Erwägungen anzustellen und nach Belieben in Verträge einzugreifen.[542] Im

537 Vgl. Picker, JZ 2003, 1035, 1040 ff.; Lobinger, Die Grenzen rechtsgeschäftlicher Leistungspflichten, passim.

538 Lobinger, Die Grenzen rechtsgeschäftlicher Leistungspflichten, 233 ff.

539 Vgl. BT-Drucksache 14/6040, S. 174; Medicus, FS Flume I, 1978, S. 629 ff.; MüKoBGB/Finkenauer, § 313 Rn. 25; AnwK-BGB/Krebs, § 313 Rn. 4; BeckOK BGB/Lorenz, § 313, Rn. 3; BGH NJW 1958, 1772; BGH NJW 1977, 2262 f.; AnwK-BGB/Krebs, § 313 Rn. 3; Weller, Die Vertragstreue, S. 297 ff.

540 BGH NJW 1959, 2003; BGH NZM 2005, 144.

541 Vgl. Teubner, ZHR 146 (1982), S. 625 ff.

542 Vgl. Flume, Das Rechtsgeschäft, S. 526 f.; Lobinger, Die Grenzen rechtsgeschäftlicher Leistungspflichten, S. 39 ff.

vorliegenden Fall wird versucht, eine vertragsinnere Rechtfertigung für § 313 BGB zu finden und die Vorschrift mit dem Grundsatz der Privatautonomie in Einklang zu bringen.

Zugegebenermaßen enthält § 313 BGB eine Vielzahl von unbestimmten Rechtsbegriffen, die Probleme bei der Rechtsanwendung auslösen.[543] Dies betrifft schon die Frage, was überhaupt unter einer „Geschäftsgrundlage" zu verstehen sei. Die von der Rechtsprechung verwendete Definition wird zu Recht als nicht subsumtionsfähig kritisiert.[544] Die Frage der Definition kann jedoch dahinstehen. § 313 BGB bezweckt nichts anderes als die Frage zu beantworten, wann von einer „übermäßigen Belastung" des Schuldners auszugehen ist, die eine Leistungsbefreiung rechtfertigen kann. Versteht man § 313 BGB als Vorschrift zur Bestimmung des Aufwands des Schuldners, so geht es nicht um die Definition der Geschäftsgrundlage, sondern um die Frage der Zumutbarkeit der Leistung. Aber auch diese Frage wird nicht klar beantwortet. Die Rechtsprechung stellt darauf ab, ob eine Befreiung zur Vermeidung eines untragbaren und damit der betroffenen Partei nach Treu und Glauben nicht zuzumutenden Ergebnisses unabweislich erscheint.[545] Diese Formel ist unbestimmt und dient allenfalls dazu, eine Abwägung im Einzelfall zu ermöglichen.[546]

Es geht bei § 313 BGB im Kern um die Bestimmung der Zumutbarkeitsgrenze. Nicht selten wird bei der Zumutbarkeit der Leistung darauf abgestellt, ob das Verhältnis von Leistung und Gegenleistung erheblich erschüttert ist.[547] Dem liegt die Prämisse zugrunde, dass bei gegenseitigen Verträgen die Vorstellungen der Parteien über das Gleichgewicht von Leistung und Gegenleistung zur Geschäftsgrundlage gehören.[548] Bei der Frage, welchen Grad das Missverhältnis erreichen muss, um von einer Unzumutbarkeit auszugehen, wird versucht, eine mathematisch bestimmbare Grenze zu ziehen.[549] Dabei werden die Art des Vertrags, die aufgetretene Störung und die Umstände des Einzelfalls betrachtet und Fallgruppen herausgebildet.[550] Wie bei § 275 Abs. 2 BGB, wird

543 Vgl. MüKoBGB/Finkenauer, § 313 Rn. 7; BeckOGK/Martens, BGB, § 313 Rn. 49.

544 MüKoBGB/Finkenauer, § 313 Rn. 24.

545 Wenn „dies zur Vermeidung eines untragbaren, mit Recht und Gerechtigkeit nicht zu vereinbarenden und damit der betroffenen Partei nach Treu und Glauben nicht zuzumutenden Ergebnisses unabweislich erscheint"; vgl. BGH NZM 2005, 144; BB 2006, 911; NJW 2012, 1718 Rn. 30.

546 MüKoBGB/Finkenauer, § 313 Rn. 76.

547 BGH WM 1975, 1131; BeckOK BGB/Lorenz, BGB, § 313 Rn. 31.

548 BeckOGK/Martens, BGB, § 313 Rn. 206 ff.; Bach, Leistungshindernisse, S. 481.

549 Bach, Leistungshindernisse, S. 481.

550 BeckOK BGB/Lorenz, BGB, § 313 Rn. 31 ff.

auch bei § 313 BGB angestrebt, eine objektive Grenze für die Befreiung festzulegen.

Die Bildung einer objektiven Befreiungsformel ist zweifelhaft. § 313 BGB erwähnt an keiner Stelle, dass für die Schuldnerentlastung auf das Verhältnis zwischen Leistung und Gegenleistung ankommen muss. Ebenso ist die Prämisse zweifelhaft, da nicht jeder Vertrag das Ergebnis einer genauen wirtschaftlichen Kalkulation ist, sondern der Willkür der Parteien unterliegt. Da die Funktion des § 313 BGB die Lückenfüllung ist, ist die Regelung eher als ein gesetzlich normierter Fall ergänzender Vertragsauslegung aufzufassen.[551] Aufgrund der identischen Funktion wird das Verhältnis von § 313 BGB zur ergänzenden Auslegung als schwierig empfunden.[552] In beiden Fällen wird der unvollständige vertragliche Regelungsplan durch eine Regelung der Schuldnerbefreiung ergänzt und weiterentwickelt.[553] Dabei führen ergänzende Auslegung und Anwendung des § 313 BGB zum gleichen Ergebnis: Die Vertragslücke wird unter Berücksichtigung aller Umstände des Vertragsschlusses, der Verkehrssitte und des Parteiwillens geschlossen.[554] Wird § 313 BGB so verstanden, so wird seine Beziehung zur „einfachen" Vertragsauslegung deutlich. Einer ergänzenden Auslegung bedarf es nur, wenn die einfache Auslegung nicht zum Ergebnis führt. Der Vorrang der einfachen Vertragsauslegung vor § 313 BGB ist die gebotene Konsequenz. Die Rechtsprechung war bisher in entsprechenden Fällen nicht konsequent. Solche Fälle werden einmal mithilfe der (ergänzenden) Vertragsauslegung, das andere Mal mithilfe der Geschäftsgrundlage gelöst.[555] Auch wenn es im Ergebnis richtig ist, wäre eine einheitliche Vorgehensweise wünschenswert.

Als vertragsimmanente Fortentwicklung des Vertrags ist die Beziehung der Geschäftsgrundlage zu den Regelungen der normativen Auslegung, insbesondere §§ 133, 157 BGB und § 242 BGB, nicht geklärt.[556] Die h. M. betont

---

551 MüKoBGB/Finkenauer, § 313 Rn. 41 ff.

552 Vgl. Nicklisch, BB 1980, S. 949 ff.; Medicus/Petersen, Allgemeiner Teil des BGB, Rn. 857 ff.; Schäfer/Ott, Lehrbuch der ökonomischen Analyse des Zivilrechts, S. 463; Bamberger/Roth/Unberath, § 313 Rn. 17; AnwK-BGB/Krebs, § 313 Rn. 11 ff.

553 Vgl. MüKoBGB/Finkenauer, § 313 Rn. 41; Fikentscher, Die Geschäftsgrundlage als Frage des Vertragsrisikos.

554 Ebenda.

555 BGH NJW 1997, 652; BGH NJW-RR 2006, 699; MüKoBGB/Finkenauer, § 313 Rn. 46 m. w. N.

556 Vgl. Nicklisch, BB 1980, s. 949 ff.; MüKoBGB/Finkenauer, § 313 Rn. 41 ff.; AnwK-BGB/Krebs, § 313 Rn. 11 ff.; Bamberger/Roth/Unberath, § 313 Rn. 17.

dabei die strukturelle Verwandtschaft der Regelungen.[557] Eine Zuordnung der Geschäftsgrundlage wird dadurch erschwert, dass die Einordnung der ergänzenden Auslegung umstritten ist.[558] Einigkeit besteht nicht einmal darüber, ob sie überhaupt als Auslegung zu qualifizieren ist.[559] Ergänzende Auslegungen werden einerseits unter § 157 BGB, andererseits unter § 242 BGB verortet.[560] Zwar besteht eine theoretische Abgrenzung darin, dass es bei §§ 133, 157 BGB um die Auslegung von Willenserklärungen geht, während sich § 242 BGB auf die rechtsfortbildende Korrektur bezieht. Faktisch ist eine Abgrenzung unmöglich, da beide auf „Treu und Glauben" und Verkehrssitte Bezug nehmen und das gleiche Ziel verfolgen, vertragliche Bestimmungen möglichst sachgerecht zu ergänzen.[561] Überzeugend ist es, die Grenze zwischen §§ 133, 157 BGB und § 242 BGB als fließend zu betrachten.[562] Bei ergänzender Auslegung wird das Terrain der Feststellung des von den Parteien tatsächlich Vereinbarten verlassen und der Weg der Ergänzung des Parteiwillens beschritten. Je weniger sachliche Bezugspunkte zum Vertrag bestehen, desto mehr erfolgt eine Entscheidung in der Grauzone zwischen §§ 133, 157 BGB und § 242 BGB.[563]

Die Schwierigkeit der Einordnung spiegelt sich im Streit um die dogmatische Herleitung der Geschäftsgrundlage wider. Während sich die Rechtsprechung und ein Teil der Literatur zur Herkunft des § 313 BGB aus § 242 BGB bekennen,[564] müssen nach einer anderen Auffassung die in §§ 133, 157 BGB

---

557 Medicus/Petersen, Allgemeiner Teil des BGB, Rn. 876 ff.

558 Vgl. MüKoBGB/Busche, BGB, § 157 Rn. 27, 38; Palandt/Grüneberg, § 242 Rn. 17; Staudinger/Roth, § 157 Rn. 8; Bamberger/Roth/Wendtland, § 157 Rn. 31; Soergel/Wolf, § 157 Rn. 26 ff.; Wolf/Neuner, Allgemeiner Teil des Bürgerlichen Rechts, § 35 Rn. 68 ff.

559 Wolf/Neuner, Allgemeiner Teil des Bürgerlichen Rechts, § 35 Rn. 68; MüKoBGB/Busche, BGB, § 157 Rn. 27.

560 Staudinger/Roth, § 157 Rn. 8; Bamberger/Roth/Wendtland, § 157 Rn. 31; Wolf/Neuner, Allgemeiner Teil des Bürgerlichen Rechts, § 35 Rn. 66 ff.; AnwK-BGB/Krebs, § 242 Rn. 24.

561 Staudinger/Roth, § 157 Rn. 8; AnwK-BGB/Krebs, § 242 Rn. 24; Soergel/Wolf, § 157 Rn. 26.

562 Vgl. Staudinger/Roth, § 157 Rn. 2; Bamberger/Roth/Wendtland, § 157 Rn. 31; Nicklisch, BB 1980, S. 949 ff.; Medicus/Petersen, Allgemeiner Teil des BGB, Rn. 876 ff.; Schäfer/Ott, Lehrbuch der ökonomischen Analyse des Zivilrechts, S. 463; Bamberger/Roth/Unberath, § 313 Rn. 17; AnwK-BGB/Krebs, § 313 Rn. 11 ff.

563 MüKoBGB/Schubert, § 242 Rn. 120; Lüderitz, Auslegung von Rechtsgeschäften, S. 418 ff.

564 BT-Drucksache 14/6040, S. 175.

niedergelegten Grundsätze der normativen Auslegung gelten.[565] Versteht sich die Grenze der Regelungen als fließend, spricht nichts dagegen, §§ 157, 242 BGB als eine einheitliche dogmatische Grundlage für Vertragsfortentwicklung zu betrachten. Im Ergebnis kann daher offenbleiben, ob ergänzende Auslegung § 313 BGB vorzuziehen ist.[566]

## 9. Konsequenz für das deutsche Recht

Bei der Normbeziehung zwischen §§ 275 Abs. 2, 313 BGB geht es um das Problem der dualen Befreiungskriterien bei Leistungshindernissen. Das Abgrenzungsproblem ist durch die Schuldrechtsreform entstanden. Um Widersprüche zu vermeiden, müssen die Entlastungsvorschriften zugunsten eines einheitlichen Befreiungsmaßstabs aufgegeben werden. Der Grundsatz der Privatautonomie gebietet, dass die Parteien über die rechtliche Tragweite des vertraglichen Leistungsversprechens entscheiden. Zentrale Aufgabe ist bei Leistungshindernissen die Ermittlung des Parteiwillens. Die Anwendung der dispositiven Befreiungsregelung darf nicht zu einem anderen Ergebnis führen als Vertragsauslegung.

Wie gezeigt, ist § 275 Abs. 2 BGB in seiner jetzigen Form vielmehr als eine Haftungsvorschrift zu verstehen. Für eine Auferlegung einer nicht versprochenen Leistungspflicht besteht jenseits der Schadensersatzhaftung keine Legitimation. Soweit § 275 Abs. 2 BGB als Befreiungsvorschrift angesehen wird, verstößt die Vorschrift gegen den Grundsatz der Privatautonomie, da die Befreiungsgrenze durch die Einführung der Unverhältnismäßigkeitsprüfung außervertraglich festgelegt wird. Bei den vom Schuldner nicht zu vertretenden Leistungshindernissen hat § 275 Abs. 2 BGB ein unerträgliches Ergebnis zur Folge: Dem Schuldner wird eine Leistungspflicht auferlegt, die nicht versprochen wurde.[567] In Ermangelung des Vertretenmüssens ist der Grund für das Abverlangen des Mehraufwands auch nicht im Schadensersatz zu suchen. Eine mögliche Korrektur der Regelung erfolgt durch Einschränkung des

565 Vgl. Lobinger, GPR 6/08, S. 265.

566 Für den Vorrang der Auslegung: vgl. MüKoBGB/Finkenauer, § 313 Rn. 20 ff.; Staudinger/Roth, § 157 Rn. 9; Bamberger/Roth/Wendtland, § 157 Rn. 32; im Ergebnis wohl auch Medicus/Petersen, Allgemeiner Teil des BGB, Rn. 879. a. A.: Palandt/Ellenberger, § 157 Rn. 4; Stürner, JURA 10/2010, S. 724. Versteht sich die Geschäftsgrundlage als eine Auslegungsregelung, so käme eine Haftung auf der sekundären Ebene nicht mehr in Betracht: a. A. Schollmeyer, Selbstverantwortung und Geschäftsgrundlage.

567 Vgl. Picker, JZ 2003, 1035 ff.

Anwendungsbereichs auf die Fälle von Leistungshindernissen, die der Schuldner zu vertreten hat. § 275 Abs. 2 BGB erfüllt hier eine ähnliche Funktion wie § 251 Abs. 2 BGB, indem er die Verpflichtung des Schuldners zur Naturalrestitution aus Gründen der wirtschaftlichen Effizienz begrenzt. Zugegebenermaßen ist diese Korrektur nicht im Einklang mit dem Wortlaut der Vorschrift, wonach das Vertretenmüssen lediglich „auch zu berücksichtigen" ist.

Ebenfalls ist die Unzumutbarkeitsprüfung in § 313 BGB nicht unproblematisch. Es besteht jedoch die Möglichkeit, die Regelung mit der Privatautonomie in Einklang zu bringen. Dem Gesetz ist nicht zu entnehmen, wann die Unzumutbarkeit der Leistung vorliegt. Versteht sich die Geschäftsgrundlage als ein gesetzlicher Fall normativer Vertragsauslegung, so ist bei der Zumutbarkeit nicht auf das objektive Missverhältnis von Leistung und Gegenleistung abzustellen, sondern allein auf vertragsimmanente Kriterien. Das bedeutet, dass der vertragliche Regelungsplan mit Blick auf das eingetretene Leistungshindernis zu vervollständigen und fortzuentwickeln ist. Der Schuldner wird gemäß § 313 BGB von seiner Leistungspflicht befreit, wenn eine Umstandsänderung zur Folge hat, dass die Leistung nicht mehr vom hypothetischen Parteiwillen gedeckt ist. Durch die Rückbindung des § 313 BGB auf den Parteiwillen wird die Gefahr des willkürlichen richterlichen Eingriffs minimiert.

Das Verständnis als normative Auslegung wirkt sich auf die Rechtsfolge des § 313 BGB aus, was zu einer Korrektur der Befreiungsfolge führt. Bei der Fortentwickelung des vertraglichen Regelungsplans bestehen zwei Möglichkeiten. Hätten die Parteien bei einer richtigen Vorstellung über die Entwicklung der Umstände den Vertrag nicht geschlossen, müsste der Vertrag aufgehoben werden. Eine Vertragsanpassung würde sich in diesem Fall wie ein doppelter Kontrahierungszwang auf Gläubiger und Schuldner auswirken.[568] Hätten die Parteien den Vertrag bei der zutreffenden Vorstellung mit einem anderen Inhalt geschlossen, müsste der Vertrag auf diesen hypothetischen Parteiwillen hin angepasst werden. Folglich sollten die beiden Rechtsfolgen des § 313 BGB nicht in einem Rangverhältnis stehen, wie es das Gesetz vorsieht, sondern parallel zueinander.[569] Ein Vorrang der Vertragsanpassung lässt sich insbesondere nicht aus Gründen der Vertragstreue herleiten, wenn eine Anpassung nie von den Parteien gewollt ist. Maßstab für die Befreiungsfolge ist die Frage, was die Parteien als gerechte Interessenabwägung vereinbart hätten, wenn sie das

568 Vgl. Lobinger, Die Grenzen rechtsgeschäftlicher Leistungspflichten, S. 269 ff.; ders., GPR 6/08, 267.

569 BT-Drucksache 14/6040, S. 175 f.

Leistungshindernis bei Vertragsschluss bedacht hätten. Die Frage gilt als Leitlinie und Begrenzung für die richterliche Entscheidung.

Im Ergebnis bleibt festzuhalten, dass die dispositiven Befreiungsvorschriften des deutschen Rechts im Lichte der Privatautonomie verstanden werden können.[570] Nimmt man Privatautonomie als prägendes Merkmal des Privatrechts ernst, muss das Ergebnis der Schuldnerbefreiung mit dem hypothetischen Parteiwillen übereinstimmen. Normative Kriterien kommen erst zum Zuge, wenn der Vertrag keinen Anhaltspunkt für die Risikoverteilung bietet.[571] Insofern hat eine einfache Vertragsauslegung einen Vorrang. § 275 Abs. 2 BGB sollte nur auf Hindernisse, die der Schuldner zu vertreten hat, angewendet werden. In diesen Fällen findet § 313 BGB keine Anwendung.

570 Mehr zu dispositivem Recht: Möslein, Dispositives Recht, S. 46 ff.
571 MüKoBGB/Finkenauer, § 313 Rn. 46.

# III. Leistungshindernisse im UN-Kaufrecht

## 1. Einführung

Im UN-Kaufrecht bildet Art. 79 CISG die zentrale Regelung für Leistungshindernisse. Nach Art. 79 Abs. 1 CISG hat eine Partei für die Nichterfüllung einer ihrer Pflichten nicht einzustehen, wenn die Nichterfüllung auf einem Hinderungsgrund beruht, der außerhalb ihres Einflussbereichs lag und für sie unvorhersehbar und unvermeidbar war. Dabei hindert nach Art. 79 Abs. 5 CISG die Vorschrift die Partei nicht, ein anderes als das Recht auszuüben, Schadensersatz zu verlangen. Art. 79 CISG wirft mehrere Probleme auf, die den Tatbestand und die Rechtsfolge betreffen.[572] Diese Anwendungsprobleme sind ein Auswuchs der nicht aufgeklärten dogmatischen Natur der Befreiungsregelung. Die aus dem deutschen Innenrecht bekannten Probleme drängen sich mit Blick auf Art. 79 CISG auf. Es geht hier wie dort um die Frage der Bestimmung der Grenze von vertraglichen Leistungspflichten.

## 2. Art. 79 CISG im Vergleich mit dem deutschen Recht

In Bezug auf seine systematische Stellung dient Art. 79 CISG als einschränkendes Korrektiv für die im Ausgang bestehende Garantiehaftung.[573] Auf eine Vertragsverletzung reagiert das CISG mit einem Rechtsbehelfssystem, das neben den Mängelansprüchen auch Ansprüche des allgemeinen Leistungsstörungsrechts umfasst.[574] Im Gegensatz zum deutschen Recht setzt die Geltendmachung von Schadensersatz nach Art. 45 Abs. 1 lit. b) und Art. 74 bis 77 CISG kein Vertretenmüssen des Schuldners voraus. Diese verschuldensunabhängige Haftung wird dem Grunde nach allein durch Art. 79 CISG beschränkt.[575]

---

572 Siehe nur Staudinger/Magnus, Art. 46 Rn. 25; Schlechtriem/Schwenzer/Schwenzer CISG, Art. 79 Rn. 52 ff.

573 Vgl. Schlechtriem/Schwenzer/Schwenzer CISG, Art. 79 Rn. 1; MüKoBGB/Huber, CISG, Art. 79 Rn. 1; Staudinger/Magnus, Art. 79 Rn. 1; BeckOGK/Hartmann, CISG Art. 45 Rn. 26.

574 MüKoBGB/Huber, CISG Art. 45 Rn. 4.

575 Eine weitere Begrenzung der Schadensersatzhaftung in Art. 74, S. 2 CISG. Die Haftung soll der Höhe nach auf das bei Vertragsschluss erkennbare Risiko beschränkt werden. Vgl. MüKoBGB/Huber, CISG Art. 74 Rn. 2.

Ausweislich des Wortlauts des Abs. 5 hindert Art. 79 CISG die Parteien nicht, ein anderes als das Recht auszuüben, Schadensersatz zu verlangen. Dadurch wird die Befreiung auf Schadensersatz beschränkt und dem Gläubiger verbleiben alle sonstigen Rechtsbehelfe, wie Erfüllung, Vertragsaufhebung und Minderung.[576] Hinsichtlich der Befreiung von der Schadensersatzhaftung ist Art. 79 CISG funktionell mit dem Verschuldensprinzip im deutschen Recht vergleichbar. Nach dem Verschuldensprinzip kann sich der Schuldner einer Schadensersatzhaftung entlasten, indem er nachweist, dass er die Leistungsstörung nicht zu vertreten hat.[577] Art. 79 CISG enthält ein Verschuldenselement. Dies belegt schon die Entstehungsgeschichte der Vorschrift, indem die UNICITRAL-Arbeitsgruppe zunächst von einem Verschuldensbegriff ausgegangen war, den Begriff jedoch später aus dem Entwurf herausgenommen hatte.[578] Art. 79 CISG bildet einen Kompromiss zwischen der angloamerikanischen Garantiehaftung und der Verschuldenshaftung im deutschen Rechtskreis.[579] Ferner sind sämtliche Merkmale des Art. 79 CISG auch bei einer Prüfung des Verschuldens zu berücksichtigen. Die Tatsache, dass ein Hindernis unvorhersehbar und unvermeidbar ist, ist ein Indiz dafür, dass der Schuldner das Hindernis nicht verschuldet hat. Der wesentliche Unterschied zur Verschuldenshaftung liegt in der Behandlung von endogenen Ursachen des Hindernisses.[580] Während dem deutschen Recht gleichgültig ist, ob das Hindernis der Schuldnersphäre zuzuordnen ist, kommt eine Befreiung nach Art. 79 CISG nur bei exogenen Hindernissen in Betracht.[581] Das Hindernis muss also außerhalb des Einflussbereichs des Schuldners liegen.

Die Bedeutung des Art. 79 CISG erschöpft sich jedoch nicht im Verschuldenselement. Wie §§ 275, 313 BGB im deutschen Recht hat Art. 79 CISG die rechtliche Behandlung von Leistungshindernissen zum Gegenstand und dient als primäre Befreiungsregelung des CISG. Geregelt werden durch Art. 79 CISG primär die Fälle der vom Schuldner nicht zu vertretenden Unmöglichkeit.[582] In diesen Fällen ist der Schuldner von seiner vertraglichen Haftung für Nichterfüllung befreit. Der Unterschied zu §§ 275, 313 BGB besteht in der Befreiungsreichweite, die ausweislich des Art. 79 Abs. 5 CISG auf den Schadensersatz

576 BeckOK BGB/Saenger, CISG, Art. 79 Rn. 11.
577 Vgl. im deutschen Recht §§ 280 Abs. 1 S. 2, 311a Abs. 2 BGB.
578 Krüger, Modifizierte Erfolgshaftung im UN-Kaufrecht, S. 84 ff., 101.
579 Vgl. BeckOGK/Hartmann, CISG, Art. 45 Rn. 26.1 f.
580 Vgl. Bach, Leistungshindernisse, S. 271.
581 Ebenda.
582 Staudinger/Magnus, Art. 46 Rn. 26.

beschränkt ist. Anders als § 313 BGB umfasst Art. 79 CISG neben der Leistungserschwerung auch die Fälle der echten Unmöglichkeit, bei denen die Leistung zwingend ausgeschlossen bleibt. In dieser Hinsicht ist Art. 79 CISG mit § 275 BGB ähnlich. Von § 275 BGB weicht Art. 79 CISG insofern ab, als eine sekundäre Schadensersatzhaftung nicht in Betracht kommt.[583] Anders als bei § 275 Abs. 2 BGB, spielt die objektive Wertdifferenz zwischen Leistungsaufwand und Gläubigerinteresse bei Art. 79 CISG keine Rolle. Es wird bei überwindlichen Hindernissen auf die Risikosphäre des Schuldners abgestellt. Da § 275 Abs. 2 BGB nach der hier vertretenen Auffassung eher als eine Haftungsvorschrift zu verstehen ist, ist Art. 79 CISG in seiner befreienden Natur eher mit § 275 Abs. 1 BGB vergleichbar.

Die Überschneidung mit dem Verschuldensprinzip und den Befreiungsvorschriften ist darauf zurückzuführen, dass Art. 79 CISG als einzige Vorschrift der Leistungshindernisse die Funktion der verschiedenen Regelungen in sich vereint. Bei unüberwindbaren Hindernissen ist der Schuldner nach § 275 Abs. 1 BGB von seiner primären Leistungspflicht befreit, seine Schadensersatzpflicht beurteilt sich nach seinem Vertretenmüssen. Bei überwindbaren Hindernissen richtet sich die Befreiung auf der Leistungsebene richtigerweise nach dem hypothetischen Parteiwillen und auf der Haftungsebene nach dem Vertretenmüssen. Dies zeigt, dass im deutschen Recht die Frage der Schuldnerbefreiung auf beiden Ebenen getrennt beurteilt werden muss. Im CISG stellt Art. 79 CISG eine Übergangsvorschrift von der Leistungspflicht zur Haftungspflicht dar und entscheidet über die Befreiung des Schuldners von seiner Haftungspflicht. Hinsichtlich der Befreiungsfunktion ist fraglich, ob die Entlastung des Art. 79 CISG den Erfüllungsanspruch erfasst.[584] Ferner lässt sich fragen, in welcher Beziehung die Vorschrift zu einer Regelung der Hardship steht.[585] Diese Fragen zeigen den entscheidenden Nachteil der CISG-Herangehensweise, weil die Probleme des deutschen Rechts nur in anderer Form wiederkehren.

583 MüKoBGB/Ernst, BGB, § 275 Rn. 1.

584 Staudinger/Magnus, Art. 46 Rn. 25; Schlechtriem/Schwenzer/Schwenzer CISG, Art. 79 Rn. 52 ff.

585 Staudinger/Magnus, Art. 79 Rn. 24; Schlechtriem/Schwenzer/Schwenzer CISG, Art. 79 Rn. 30 f.

## 3. Diskussionen zu Art. 79 CISG

### a. Schicksal des Erfüllungsanspruchs

Der Ausgangspunkt der Diskussion ist der Vorbehalt in Art. 79 Abs. 5 CISG, der die Befreiung auf die Schadensersatzhaftung beschränkt. Da das CISG auch sonst an keiner Stelle den Ausschluss des Erfüllungsanspruchs festschreibt,[586] wird vielfach von einer Lücke des CISG ausgegangen.[587] Im Grunde handelt es sich um zwei unterschiedliche Fragen. Die erste Frage ist, ob eine Befreiung nach Art. 79 CISG den Erfüllungsanspruch umfasst. Die zweite Frage bezieht sich hingegen auf die Auswirkung der sonstigen Leistungshindernisse auf den Erfüllungsanspruch, die außerhalb des Art. 79 CISG liegen. Art. 79 CISG umfasst ausweislich des Wortlauts nicht alle Leistungshindernisse, sondern nur diejenigen, welche die engen Tatbestandsvoraussetzungen erfüllen.[588] Für die Behandlung des Schicksals des Erfüllungsanspruchs ist eine allgemeinere Vorschrift wünschenswert, die etwa an der Stelle des Art. 46 CISG zu normieren wäre.[589]

Das Spannungsverhältnis zwischen Art. 79 CISG und Erfüllungsanspruch wird durch den Abs. 5 künstlich erzeugt. Die Regelung lässt den Erfüllungsanspruch von der Befreiung unberührt.[590] Auch die Entstehungsgeschichte der Vorschrift spricht gegen eine Ausdehnung der Befreiung auf Erfüllung, da ein gegenteiliger Antrag Deutschlands und Norwegens auf der Wiener Konferenz abgelehnt wurde.[591] Zur Lösung wird vorgeschlagen, die von Art. 79 Abs. 5 CISG hinterlassene „Lücke" des Erfüllungsanspruchs sei über Art. 28 CISG durch das anwendbare nationale Recht zu schließen.[592] Demgegenüber bejaht die h. M. eine Befreiung vom Erfüllungsanspruch.[593] Es sei danach

586 Schlechtriem/Schroeter, Internationales UN-Kaufrecht, S. 276; BeckOGK/Hartmann, CISG, Art. 46 Rn. 20.

587 Vgl. MüKoBGB/Huber, CISG, Art. 79 Rn. 29.

588 Staudinger/Magnus, Art. 46 Rn. 26.

589 Vgl. BeckOGK/Hartmann, CISG, Art. 46 Rn. 20; Kröll/Mistelis/Viscasillas/Atamer, Art. 79 Rn. 105.

590 Vgl. Schlechtriem/Schwenzer/Schwenzer, CISG, Art. 79 Rn. 52; Honsell/Schnyder/Magnus, Art. 79 Rn. 26; Staudinger/Magnus, Art. 79 Rn. 57; BeckOK/Saenger, CISG, Art. 79 Rn. 10; Schlechtriem/Schroeter, Internationales UN-Kaufrecht, S. 276.

591 Schlechtriem/Schwenzer/Schwenzer CISG, Art. 79 Rn. 52.

592 Schlechtriem/Schroeter, Internationales UN-Kaufrecht, S. 276 ff.

593 Vgl. Schlechtriem/Schwenzer/Müller-Chen, CISG, Art. 46 Rn. 9 ff.; Achilles, Art. 46 Rn. 3; Brunner, Art. 46 Rn. 7; Herber/Czerwenka, Art. 46 Rn. 3.

widersprüchlich, dem Gläubiger einen Erfüllungsanspruch zu gewähren, wo der Schuldner zur Leistung des Schadensersatzes nicht verpflichtet ist.[594]

Nicht beantwortet wird dadurch die Frage des Erfüllungsanspruchs bei Leistungshindernissen. Es wird diesbezüglich weitgehend zwischen objektiver und subjektiver Unmöglichkeit unterschieden. Ist die Erfüllung wegen eines Hindernisses objektiv, d. h. für jedermann, unmöglich, besteht im Ergebnis Einigkeit darüber, dass der Erfüllungsanspruch erlischt.[595] Dies gelte ohne Rücksicht darauf, ob der Schuldner sich hinsichtlich der Ursache für die Unmöglichkeit nach Art. 79 CISG entlasten kann oder nicht.[596] Uneinigkeit besteht nur in der dogmatischen Herleitung des Ergebnisses. Im Wesentlichen sind dabei zwei Strömungen zu sehen. Es wird zum einen vorgeschlagen, der Ausschluss des Erfüllungsanspruchs sei dem CISG selbst zu entnehmen (sog. CISG-interne Lösung), etwa aus dem Rechtsgedanken des Art. 79 CISG,[597] des Art. 46 Abs. 1 Hs. 2 CISG[598] oder aus den Regelungen der Gefahrtragung.[599] Zum anderen wird befürwortet, dass das CISG hinsichtlich des Erfüllungsanspruchs eine Lücke aufweist, die über Art. 28 CISG durch das nationale Recht[600] oder über Art. 7 Abs. 2 CISG (allgemeine Grundsätze des CISG) durch Art. 7.2.2 PICC[601] als Fortentwicklung des CISG geschlossen werden sollte (sog. CISG-externe Lösung).

Bei subjektiver Unmöglichkeit, insbesondere der Leistungserschwerung, besteht auch im Ergebnis kein Konsens. Es wird teilweise vertreten, dass der Erfüllungsanspruch bei subjektiver Unmöglichkeit grundsätzlich fortbestehe, der Schuldner müsse aber keine existenzgefährdenden Anstrengungen auf sich

594 Schlechtriem/Schwenzer/Müller-Chen, CISG, Art. 46 Rn. 9; Staudinger/Magnus, Art. 46 Rn. 25.

595 Vgl. BeckOGK/Hartmann, CISG, Art. 46 Rn. 21; BeckOGK/Bach, CISG, Art. 79 Rn. 67; MüKoHGB/Mankowski, CISG, Art. 79 Rn. 8; Ferrari/Kieninger/Mankowski/Saenger, Art. 79 Rn. 11; Schlechtriem/Schwenzer/Schwenzer CISG, Art. 79 Rn. 53; Schlechtriem/Schwenzer/Müller-Chen, CISG, Art. 46 Rn. 12.

596 Schlechtriem/Schwenzer/Müller-Chen, CISG, Art. 46 Rn. 12; Atamer, FS Schwenzer, S. 83, 86.

597 Vgl. Schlechtriem/Schwenzer/Schwenzer, CISG, Art. 79 Rn. 53; MüKoBGB/Huber, CISG, Art. 79 Rn. 29; MüKoHGB/Mankowski, CISG, Art. 79 Rn. 9; Staudinger/Magnus, CISG, Art. 79 Rn. 58.

598 Düchs, Die Behandlung von Leistungsstörungen im Europäischen Vertragsrecht, S. 93 f.; tendenziell auch BeckOGK/Bach, CISG, Art. 79 Rn. 69.

599 Schlechtriem/Schwenzer/Schwenzer, CISG, Art. 79 Rn. 53.

600 Schlechtriem, Einheitliches UN-Kaufrecht, S. 51, 97.

601 Brunner, Art. 79 Rn. 42.

nehmen.[602] Zum Teil wird vorgeschlagen, der Erfüllungsanspruch sei für die Dauer des Leistungshindernisses nicht durchsetzbar.[603] Nach einer weiteren Ansicht solle das Zumutbarkeitskriterium aus nationalem Recht herangezogen werden: Das Interesse des Käufers an der Erfüllung sei unter Berücksichtigung des Vertrags und des Grundsatzes von Treu und Glauben im internationalen Handel gegen den Erfüllungsaufwand des Verkäufers abzuwägen und eine Befreiung käme erst bei einem groben Missverhältnis in Betracht.[604] In jüngerer Zeit wird dafür plädiert, eine Differenzierung nach subjektiver und objektiver Unmöglichkeit sei nicht mehr aufrechtzuerhalten.[605] Auch wenn die vorgenannten Ansätze erheblich unterschiedlich sind, muss der Schuldner bei überwindbaren Leistungshindernissen nach allen Ansichten die Leistung nicht „um jeden Preis" erbringen. Es bestehe auch im CISG eine gewisse „Zumutbarkeitsgrenze", jenseits derer der Schuldner von seiner Leistungspflicht befreit wird. Uneinigkeit bleibt nur, wo diese Grenze liegt.

### b. Rechtliche Behandlung von Hardship

Das CISG enthält keine ausdrückliche Regelung der Hardship, was im Gegensatz zu internationalen Regelwerken wie den PICC und dem PECL steht.[606] Es war bei den Vorarbeiten des CISG strittig, ob Hardship den Schuldner entlasten kann.[607] Dies wurde mit Blick auf Art. 74 EKG überwiegend bejaht.[608] Die Auffassung steht im Einklang mit der heutigen h. M., welche die wirtschaftliche Unmöglichkeit als Befreiungsgrund akzeptiert.[609] Eine Entlastung komme erst

---

602 Vgl. Staudinger/Magnus, CISG, Art. 79 Rn. 60; Achilles, Art. 79 Rn. 14; Schlechtriem/Schwenzer/Schwenzer, CISG, Art. 79 Rn. 54; BeckOK/Saenger, CISG, Art. 79 Rn. 10; Schlechtriem, Einheitliches UN-Kaufrecht, S. 96; Honsell/Schnyder/Magnus, Art. 79 Rn. 27.

603 Schlechtriem/Schwenzer/Schwenzer, CISG, Art. 79 Rn. 54.

604 Schlechtriem/Schwenzer/Müller-Chen, CISG, Art. 46 Rn. 13.

605 MüKoHGB/Mankowski, CISG, Art. 79 Rn. 10; Bach/Stieber, IHR 2006, 59 ff.

606 BeckOGK/Martens, BGB, § 313 Rn. 35.

607 Schlechtriem/Schroeter, Internationales UN-Kaufrecht, S. 293.

608 Schlechtriem, Einheitliches UN-Kaufrecht, S. 96.

609 Vgl. Staudinger/Magnus, CISG, Art. 79 Rn. 24; Kröll/Mistelis/Viscasillas/Atamer, Art. 79 Rn. 81; MüKoBGB/Huber, CISG, Art. 79 Rn. 21; Schlechtriem/Schwenzer/Schwenzer, CISG, Art. 79 Rn. 30; BeckOK/Saenger, CISG, Art. 79 Rn. 6; Herber/Czerwenka, Art. 79 Rn. 8; MüKoHGB/Mankowski, CISG, Art. 79 Rn. 38; Brunner, Art. 79 Rn. 26.

in Betracht, wenn die „äußerste Opfergrenze" überschritten ist.[610] Dabei sei für die Bestimmung der Opfergrenze ein CISG-autonomer Maßstab anzulegen.[611] Hingegen lehnt die m. M. die Ausdehnung des Art. 79 CISG auf Hardship ab.[612] Zur Lückenfüllung solle Art. 7 Abs. 1 CISG (Treu und Glauben) für die Extremfälle herangezogen werden,[613] teilweise aber auch nationales Recht oder Art. 6.2.1 ff. PICC als Fortentwicklung des CISG.[614]

Der Streit um die rechtliche Behandlung von Hardship erstreckt sich auf die Bestimmung der Opfergrenze. Hier kann innerhalb der h. M. keine Einigkeit erzielt werden. Überwiegend wird für eine Einzelfallentscheidung plädiert. Eine explosionsartige Steigerung von Beschaffungspreisen kann beispielsweise unter Art. 79 CISG berücksichtigt werden,[615] während Preisänderungen von 100 % in der Regel noch keinen Entlastungsgrund darstellen sollten.[616] Es wird oft auf eine Entscheidung des OLG Hamburg verwiesen, das eine Steigerung des Marktpreises auf 300 % bei einem spekulativen Geschäft in einem Handelssektor als Entlastungsgrund abgelehnt hatte.[617] Begründet wird dies damit, dass der Spekulant das erhöhte Risiko tragen muss, dass seine Spekulation scheitert. In der Literatur wird vorgeschlagen, die nötigen Eingrenzungen durch die weiteren Tatbestandsvoraussetzungen des Art. 79 Abs. 1 CISG, insbesondere die Vorhersehbarkeit des Hindernisses, und den Vorrang vertraglicher Risikozuweisungen zu leisten.[618]

Sieht man Hardship als entlastend an, muss noch über die Befreiungsrechtsfolge geklärt werden. Nach Art. 79 CISG kann sich der Schuldner nur von der Schadensersatzhaftung entlasten, was ihm aber wenig hilft, da er trotz der Erschwerung noch zur Erfüllung in Anspruch genommen werden kann. Auch hier tritt der Mangel von Abs. 5 deutlich zutage. Nach einer Ansicht solle die Befreiungsfolge des Art. 79 CISG in solchen Fällen nicht starr angewendet werden. Die Gerichte könnten anstelle einer Entlastung den Vertrag anpassen oder

610 Schlechtriem/Schwenzer/Schwenzer, CISG, Art. 79 Rn. 30; MüKoBGB/Huber, CISG, Art. 79 Rn. 21; Brunner, Art. 79 Rn. 26, 29.

611 MüKoHGB/Mankowski, CISG, Art. 79 Rn. 38.

612 Vgl. BeckOGK/Bach, CISG, Art. 79 Rn. 36; Stoll, in Schlechtriem, Fachtagung, S. 274.

613 Stoll, in Schlechtriem, Fachtagung, S. 274.

614 BeckOGK/Bach, CISG, Art. 79 Rn. 36; Vischer, in Lausanner Kolloquium, S. 176 ff.

615 MüKoHGB/Mankowski, CISG, Art. 79 Rn. 38.

616 Schlechtriem/Schwenzer/Schwenzer CISG, Art. 79 Rn. 30.

617 Vgl. OLG Hamburg vom 28.02.1997, CISG-Online 261.

618 MüKoHGB/Mankowski, CISG, Art. 79 Rn. 38.

aufheben, wobei es rechtstechnisch teils auf Art. 7 Abs. 1 CISG (Treu und Glauben),[619] teils auf Art. 7 Abs. 2 CISG (allgemeine Grundsätze des CISG),[620] und teils auf Art. 9 Abs. 2 CISG (Handelsbräuche)[621] gestützt wird. Eine gerichtliche Befugnis zur Vertragsanpassung wird nicht allgemein akzeptiert.[622] In diesem Zusammenhang wird zudem über eine Pflicht zur Nachverhandlung nach dem Vorbild des Art. 6.2.3 PICC diskutiert. Diese solle die Befreiungsfolge des Art. 79 CISG ergänzen.[623]

Das Spannungsverhältnis zwischen Art. 79 CISG und Hardship spiegelt das Problem der dualen Befreiungskriterien wider, wie man es aus dem deutschen Recht kennt. Die zahlreichen Diskussionen zu dem Normenverhältnis des CISG zeigen, dass das Problem nicht schon dadurch beseitigt wird, dass das CISG auf eine Regelung der Geschäftsgrundlage verzichtet hat. Vielmehr ist unerlässlich, dass Art. 79 CISG in seiner dogmatischen Natur betrachtet wird.

## 4. Dogmatische Einordnung des Art. 79 CISG

Die Grundlage für die dogmatische Einordnung des Art. 79 CISG ist die Erkenntnis, dass die Vorschrift eine Haftung nach den Risikosphären normiert.[624] Art. 79 CISG beschreibt die typische Schuldnersphäre eines Vertragsverhältnisses und konkretisiert diese mit seinen Tatbestandsmerkmalen (Einflussbereichs, Vorhersehbarkeit, Vermeidbarkeit und Überwindbarkeit eines Hindernisses). Die Entlastung des Schuldners für ein Leistungshindernis, das außerhalb seiner Sphäre liegt, ist die gebotene Folge von einem begrenzten Garantieversprechen. Ein solches Hindernis markiert danach die Grenze der Garantiehaftung für den Leistungserfolg.

Der Begriff der Haftung hat im CISG eine breitere Bedeutung als im deutschen Recht. Sie bezieht sich nicht allein auf die Schadensersatzhaftung, sondern umfasst die gesamte nachteilige Konsequenz für eine Vertragsverletzung. In diesem Sinne bildet die Haftung die Kehrseite der gestörten Leistungspflicht.

---

619 Vgl. Schlechtriem/Schwenzer/Schwenzer, CISG, Art. 79 Rn. 54; Schlechtriem/Schroeter, Internationales UN-Kaufrecht, S. 295 f.; Staudinger/Magnus, CISG, Art. 79 Rn. 24.

620 Belgischer Hof van Cassatie, vom 19.06.2009, CISG-Online 1963.

621 Offengelassen in: Brunner, Art. 79 Rn. 33.

622 Vgl. MüKoBGB/Huber, CISG, Art. 79 Rn. 21; Kröll/Mistelis/Viscasillas/Atamer, Art. 79 Rn. 84 ff.

623 MüKoBGB/Huber, CISG, Art. 79 Rn. 21.

624 Bach, Leistungshindernisse, 123.

Dementsprechend ist der Erfüllungsanspruch des Gläubigers als Haftungsinhalt kein durch Vertrag unmittelbar begründeter Primäranspruch, sondern ist mit der Naturalrestitution vergleichbar. Dies ist der Grund, warum der Aufwand der Erfüllung des Schuldners den von ihm versprochenen Aufwand erheblich übersteigen kann, was eine Begrenzung der Erfüllungspflicht erforderlich macht.[625] Im deutschen Recht kann die Schadensersatzpflicht wegen des Vertretenmüssens des Schuldners über den Betrag der versprochenen Aufwendungen übersteigen. Eine Begrenzung der Ersatzpflicht erfolgt durch § 251 Abs. 2 BGB, der die Pflicht zur Restitution auf verhältnismäßige Aufwendungen beschränkt. Vor diesem Hintergrund wird es deutlich, warum das CISG bei der Schadensersatzhaftung nicht zwischen Restitution und Wertersatz unterscheidet – eine solche Unterscheidung ist durch die Trennung von Erfüllung und Schadensersatz gewährleistet.[626]

Es ist zwischen der Frage nach dem „Ob“ und nach dem „Wie“ der Verpflichtung zu unterscheiden.[627] Ob der Schuldner zu leisten hat, ist eine Frage der Reichweite seines vertraglichen Versprechens. Nur wenn diese bejaht wird, stellt sich die nachrangige Frage, wie sich der Schuldner seiner bestehenden vertraglichen Verpflichtung nachzukommen hat. Bei Letzterer geht es um die Haftungsform des Schuldners für eine Vertragsverletzung, insbesondere ob er hierfür Erfüllung oder Schadensersatz zu leisten hat. Wie §§ 275, 313 BGB im deutschen Recht, hat Art. 79 CISG die Problematik des „Ob“ der Verpflichtung zum Gegenstand. Geregelt ist mit der Vorschrift die Frage, ob der Schuldner seine Leistung trotz des Eintritts eines Hindernisses überhaupt erbringen muss. Nur wenn dies der Fall ist, muss die Frage nach dem „Wie“ der Verpflichtung im Hinblick auf die Rechtsbehelfe des Gläubigers entschieden werden, wobei der Gläubiger nach der Systematik des CISG grundsätzlich die freie Wahl zwischen den Rechtsbehelfen hat.[628] Eingeschränkt wird seine Wahl dadurch, dass die Vertragsaufhebung als *ultima ratio* möglichst zurückgedrängt werden soll.[629]

Demzufolge kann die aus dem deutschen Recht gewonnene Erkenntnis auf das CISG übertragen werden. Geht es um die Feststellung dessen, was der

---

625 A. A.: MüKoHGB/Mankowski, CISG, Art. 79 Rn. 6.

626 Nach der h. M. kennt das CISG kein Recht auf Naturalrestitution, vgl. nur Schlechtriem/Schwenzer/Schwenzer, CISG, Art. 74 Rn. 17; Honsell/Schönle/Koller, Art. 74 Rn. 41; Staudinger/Magnus CISG Art. 74 Rn. 24; Schlechtriem/Schroeter, Internationales UN-Kaufrecht, Rn. 640.

627 Zum Begriff „Ob“ und „Wie“: Lobinger, GPR 6/08, 265.

628 Schlechtriem/Schwenzer/Schroeter/Müller-Chen, CISG, Art. 45 Rn. 12.

629 BeckOGK/Hartmann, CISG, Art. 45 Rn. 4.

Schuldner mit dem Vertrag überhaupt zu leisten versprochen hat, sollen die Grundsätze der normativen Vertragsauslegung gelten. Die Grenze der vertraglichen Leistungspflicht ergibt sich aus dem Vertrag als solchem. Dass dieser Befund auch für das CISG relevant ist, resultiert daraus, dass der Konvention das Grundprinzip der Privatautonomie und Selbstbestimmung zugrunde liegt.[630] Dies liegt nicht nur an der Möglichkeit der Parteien, ihre vertraglichen Rechte und Pflichten zu bestimmen, sondern auch an der Möglichkeit, die Anwendung des CISG auszuschließen.[631] Art. 79 CISG hat nicht die Aufgabe, eine privatautonome Entscheidung der Parteien über die vereinbarten Leistungspflichten durch ein vertragsfremdes Kriterium zu ersetzen. Vielmehr ergänzt die Vorschrift einen unvollständigen vertraglichen Regelungsplan und dient als Lückenfüller. Denn einer gesetzlichen Risikoverteilung bedarf es erst dann, wenn der Vertrag keine Regelung zu dem Hindernis enthält. In diesem Fall wäre die Lücke des Vertrags – dogmatisch vorzugswürdig – im Wege der ergänzenden Auslegung zu schließen.

Da Art. 79 CISG die gleiche Funktion wie § 313 BGB erfüllt, kann die Vorschrift im Lichte der Privatautonomie verstanden werden. Das zentrale Befreiungskriterium der Risikosphäre erfordert, wie die Zumutbarkeit in § 313 BGB, eine Rückbindung auf den hypothetischen Parteiwillen. Zutreffend ist danach die Erkenntnis, dass Art. 79 CISG nicht die vertragliche Risikoverteilung verschiebt, sondern dieser den Vorrang zuerkennt.[632] Dies ergibt sich daraus, dass die ergänzende Auslegung gegenüber der einfachen Auslegung subsidiär ist. Erforderlich ist eine Konkretisierung der Risikosphäre des Schuldners durch das Ergebnis der normativen Auslegung der Vereinbarung. Aus der Einordnung des Art. 79 CISG als Auslegungsvorschrift lässt sich ableiten, dass der Schuldnerwille nach dem CISG ein limitiertes Garantieversprechen ist. Das Garantieversprechen erstreckt sich nicht auf die Fälle, in denen das Leistungshindernis unvorhersehbar, unvermeidbar und unüberwindbar ist.

## 5. Konsequenz für die Befreiungsvoraussetzung

Das aufgezeigte Verständnis des Art. 79 CISG als Auslegungsvorschrift wirkt sich auf die Befreiungsvoraussetzung aus. Dies geschieht in zwei Schritten. Beruft sich der Schuldner auf eine Befreiung, ist in erster Linie durch Auslegung des Vertrags zu ermitteln, ob der Schuldner das Risiko des Leistungshindernisses

630 Lohmann, Parteiautonomie und UN-Kaufrecht, passim.

631 Z. B. Art. 6 CISG: BeckOK BGB/Saenger, CISG, Art. 6 Rn. 1.

632 MüKoHGB/Mankowski, CISG, Art. 79 Rn. 21.

übernommen hat. Enthält der Vertrag keine tatsächlichen Anhaltspunkte für die Behandlung des Hindernisses, ist im zweiten Schritt auf den hypothetischen Parteiwillen abzustellen. Zu fragen ist, was die Parteien für eine Risikoverteilung vereinbart hätten, wenn sie bei Vertragsschluss das Hindernis in ihre Erwägungen einbezogen hätten. Bei der Beurteilung dieser Frage ist auf die Tatbestandsvoraussetzung des Art. 79 CISG zurückzugreifen.

Eine solche Auslegung steht dem Wortlaut nicht entgegen. Der Tatbestand des Art. 79 Abs. 1 CISG ist von unbestimmten Rechtsbegriffen erfüllt, die weitgehend wertungsbedürftig sind. Bei der Voraussetzung des Einflussbereichs des Schuldners geht es um die Bestimmung des Kontrollbereichs des Schuldners, bei dem auf die Abgrenzung endogener und exogener Hindernisse zurückgegriffen wird. Dass dieses Begriffspaar das Problem der Grenzziehung nicht vereinfacht, hat bereits *Bach* gezeigt.[633] Es geht bei der Bestimmung des Einflussbereichs des Schuldners weniger darum, ob er das Hindernis physisch beherrschen kann. Vielmehr handelt es sich bei dem Einflussbereich darum, ob der Schuldner das Risiko des Hindernisses nach einer normativen Betrachtung zu tragen hat.[634] Es muss hier der hypothetische Wille der Parteien berücksichtigt werden. Wenn die Parteien vereinbart hätten, dass das Risiko des Hindernisses vom Schuldner zu tragen ist, gibt es keinen Grund zu behaupten, dass das Hindernis außerhalb der Schuldnersphäre liegt. Dabei können die in der Literatur herausgebildeten Fallgruppen als eine Orientierung bei der Ermittlung des typischen Parteiwillens dienen.

Gemäß Art. 79 Abs. 1 CISG ist eine Befreiung ausgeschlossen, wenn der Schuldner das Hindernis bei Vertragsschluss vorausgesehen hat oder hätte voraussehen müssen. Hier liegt der Schwerpunkt auf der Bestimmung des Schwellenwerts für die Risikoverwirklichung.[635] Hat der Schuldner in positiver Kenntnis des künftigen Hindernisses den Vertrag geschlossen, kann grundsätzlich unterstellt werden, dass der Schuldner das Risiko vertraglich übernommen hat.[636] Im Falle der Unkenntnis des Schuldners wird hingegen darauf abgestellt, ob eine vernünftige Person als Schuldner unter Berücksichtigung der konkreten Umstände und der Handelsbräuche mit dem Eintritt der Leistungshindernisse rechnen musste.[637] Eine Orientierung am hypothetischen Willen

633 Kritisch: Bach, Leistungshindernisse, S. 55.
634 BeckOGK/Bach, CISG, Art. 79 Rn. 5.
635 Bach, Leistungshindernisse, S. 98 ff., 124.
636 Schlechtriem/Schwenzer/Schwenzer, CISG, Art. 79 Rn. 13.
637 Ebenda.

der Parteien ist nicht erforderlich. Der hypothetische Parteiwille setzt voraus, dass die Parteien den Eintritt des Hindernisses schon vorausgesehen hätten, und kann logischerweise nicht die Vorhersehbarkeit als solche bestimmen.

Anders verhält es sich bei der Vermeidbarkeit und Überwindbarkeit des Hindernisses und seiner Folge. Es handelt sich bei diesen um eine versteckte Zumutbarkeitsprüfung. Der Schuldner ist nicht verpflichtet, jegliche Vermeidung oder Überwindung auch zu ermöglichen.[638] Es geht vielmehr um die Frage, welche Anstrengungen im Einzelfall dem Schuldner zuzumuten sind, um das Leistungshindernis oder dessen Folge zu vermeiden bzw. zu überwinden.[639] Bei der Bestimmung der dem Schuldner zumutbaren Anstrengungen ist der vertragliche Regelungsplan mit Blick auf das Hindernis nach dem hypothetischen Parteiwillen fortzuentwickeln, um einen gerechten Interessenausgleich zu ermöglichen. Dabei können sowohl die finanzielle Leistungsfähigkeit als auch das Beschaffungs-, Verwendungs- und Personalrisiko des Schuldners eine Rolle spielen.[640] Entscheidend ist, dass die Bestimmung des zumutbaren Schuldneraufwands auf einem vertragsimmanenten Kriterium beruht, um den Anforderungen der Privatautonomie zu genügen.

Obwohl eine trennscharfe Abgrenzung der Merkmale nicht möglich ist, gewährleistet eine Orientierung am hypothetischen Parteiwillen eine tragfähige Lösung für Art. 79 CISG. Sofern zur Bestimmung der Schuldnersphäre eine zweistufige Prüfung vorgeschlagen wird – anhand der vertraglichen Risikoverteilung und sekundär nach dem typischen Verantwortungsbereich des Schuldners – kommt es regelmäßig zum gleichen Ergebnis. Ein wesentlicher Vorteil der hier vertretenen Lösung liegt darin, dass sie den Entscheidungsspielraum der Rechtspraktiker durch eine Rückbindung am Vertrag einschränkt: Eine strikte Orientierung am hypothetischen Parteiwillen verringert somit die Gefahr der Willkür und ist aus dogmatischer Sicht überzeugender.

## 6. Konsequenz für den Erfüllungsanspruch

### a. Art. 79 Abs. 5 CISG und Erfüllungsanspruch

Auch wenn der Vorbehalt des Art. 79 Abs. 5 CISG dogmatisch nicht überzeugend ist, ist *de lege lata* eine Erstreckung der Befreiung auf den Erfüllungsanspruch

638 Bach, Leistungshindernisse, S. 114.

639 Schlechtriem/Schwenzer/Schwenzer, CISG, Art. 79 Rn. 14.

640 Vgl. Schlechtriem/Schwenzer/Schwenzer, CISG, Art. 79 Rn. 11; MüKoBGB/Huber, CISG, Art. 79 Rn. 7.

ausgeschlossen.[641] Die CISG-Verfasser haben mit Abs. 5 eine eindeutige Entscheidung getroffen, die von Rechtsanwendern respektiert werden muss. Auch die Entstehungsgeschichte der Regelung bringt den gesetzgeberischen Willen unmissverständlich zum Ausdruck.[642] Eine Korrektur kann in der Praxis nur dadurch erfolgen, dass man Art. 79 CISG abbedingt oder insgesamt durch eine vertragliche Regelung ersetzt.

*De lege ferenda* ist ein Vorbehalt der Befreiung auf Schadensersatz abzulehnen. Versteht sich Art. 79 CISG als Ausdruck des typischerweise fehlenden Einstandswillens des Schuldners für Hindernisse außerhalb seiner Risikosphäre,[643] erstreckt sich die Befreiung auf die gesamte Leistungspflicht des Schuldners. Art. 79 CISG markiert die Grenze des Substanzrechts der Forderung, nicht eines Anspruchs. Dass der Gläubiger keine Ansprüche auf Erfüllung oder Schadensersatz hat, ist nur das Resultat aus der fehlenden Leistungspflicht. Eine Ungleichbehandlung des Schadensersatzes und der Erfüllung durch Art. 79 Abs. 5 CISG ist nicht nur widersprüchlich,[644] sondern auch sachwidrig. Da der Erfüllungsanspruch des Gläubigers eher als Anspruch auf Naturalrestitution zu betrachten ist, teilt dieser prinzipiell das Schicksal mit dem Wertersatz. Eine Divergenz tritt nur ein, wenn die Restitutionspflicht wegen Unmöglichkeit oder Unverhältnismäßigkeit ausgeschlossen ist. In diesem Fall hat der Gläubiger sein Interesse nur durch Schadensersatz zu befriedigen.

### b. Schicksal des Erfüllungsanspruchs bei Leistungshindernissen

Das CISG enthält keine Regelung von Leistungshindernissen im Hinblick auf den Erfüllungsanspruch, obwohl eine solche Regelung sinnvoll wäre. Die gängige Differenzierung zwischen objektiver und subjektiver Unmöglichkeit[645]

---

641 Schlechtriem/Schwenzer/Schwenzer, CISG, Art. 79 Rn. 52.

642 Ebenda.

643 Vgl. BeckOGK/Hartmann, CISG, Art. 45 Rn. 26.1. Wohl auch BT-Drucksache 14/6040: „Das angloamerikanische Recht geht von einer Garantiehaftung des Versprechenden aus, so dass es auf dessen Verschulden prinzipiell nicht ankommt; doch können bestimmte Leistungshindernisse als außerhalb dieser Garantie liegend angenommen werden."

644 Vgl. Schlechtriem/Schwenzer/Müller-Chen, CISG, Art. 46 Rn. 9 ff.; Achilles, Art. 46 Rn. 3; Brunner, Art. 46 Rn. 7; Herber/Czerwenka, Art. 46 Rn. 3.; Staudinger/Magnus, Art. 46 Rn. 25.

645 Vgl. Schlechtriem/Schwenzer/Schwenzer, CISG, Art. 79 Rn. 53; MüKoBGB/Huber, CISG, Art. 79 Rn. 29; MüKoHGB/Mankowski, CISG, Art. 79 Rn. 8 ff.; Staudinger/Magnus, CISG, Art. 79 Rn. 58; Düchs, Die Behandlung von Leistungsstörungen im Europäischen Vertragsrecht, S. 93 ff.

ist nicht aufrechtzuerhalten. Sie ist vom alten Unmöglichkeitsrecht[646] geprägt und durch die Schuldrechtsreform überholt, da beide Arten der Unmöglichkeit grundsätzlich gleichbehandelt werden.[647] Es gibt keinen Grund, den Erfüllungsanspruch im CISG einer veralteten deutschen Doktrin zu stellen.[648] Versteht sich die Erfüllungspflicht als eine Pflicht zur Restitution, wandelt sich die Frage in eine solche um, wann die Ersatzpflicht bei dem Eintritt eines Hindernisses ausgeschossen ist. Hier kann auf den Rechtsgedanken des § 251 Abs. 2 BGB zurückgegriffen werden, der die Restitution begrenzt. Nach § 251 BGB muss der Schuldner nur Wertersatz leisten, wenn die Herstellung unmöglich (Abs. 1) oder nur mit unverhältnismäßigen Aufwendungen möglich ist (Abs. 2).[649] Bei Unmöglichkeit ist die Restitution zwecklos. Dies ist in seiner Richtigkeit so evident, dass ein Rückgriff auf die Unmöglichkeit unnötig ist. Erfordert die Wiederherstellung einen sehr hohen Aufwand, liegt die Grenze der Ersatzpflicht in der Frage der Verhältnismäßigkeit im Hinblick auf das Interesse des Gläubigers. Da es hier nicht um die Frage des „Ob" der Verpflichtung geht, sondern um das „Wie", spielt der Parteiwille keine Rolle. Dogmatisch kann das Ergebnis auf Art. 7 Abs. 2 CISG gestützt werden, weil die Unverhältnismäßigkeit als Ausprägung eines allgemeinen Grundsatzes betrachtet werden kann. Dadurch wird ein Gleichlauf des CISG mit den PICC hinsichtlich der Begrenzung des Erfüllungsanspruchs weitgehend ermöglicht.

---

646 Das alte Unmöglichkeitsrecht differenziert zwischen objektiver und subjektiver Unmöglichkeit, wobei sich für die Letztere der Begriff des Unvermögens eingebürgert hat. Ein Unvermögen liegt vor, wenn nur der Schuldner zur Leistung außerstande ist, sie aber von einem Dritten oder unter Mitwirkung eines Dritten erbracht werden kann. Das nachträgliche Unvermögen wird von § 275 Abs. 2 BGB a. F. der nachträglichen Unmöglichkeit gleichgestellt. Während der Vertrag bei anfänglicher Unmöglichkeit nach § 306 BGB a. F. nichtig war, war der Fall des anfänglichen Unvermögens nicht geregelt. Die h. A. nahm eine implizierte Garantiehaftung des Schuldners für seine Leistungsfähigkeit und im Fall des anfänglichen Unvermögens eine verschuldensunabhängige Haftung an. Vgl. nur BeckOGK/Riehm, BGB, § 275 Rn. 13.

647 Vgl. BeckOGK/Bach, CISG, Art. 79 Rn. 69 f. Gegen diese alte Differenzierung siehe auch: MüKoHGB/Mankowski, CISG, Art. 79 Rn. 10.

648 Vgl. MüKoHGB/Mankowski, CISG, Art. 79 Rn. 10.

649 § 251 Abs. 1 BGB dient dem Gläubigerinteresse und Abs. 2 dem Interesse des Schuldners. MüKoBGB/Oetker, BGB, § 251 Rn. 1 ff.

## 7. Konsequenz für die Behandlung der Hardship

Aufgrund des Vorbehalts in Art. 79 Abs. 5 CISG ist eine Berücksichtigung der Hardship *de lege lata* nicht möglich. Eine Einbeziehung der Hardship setzte eine Befreiung des Schuldners von seiner Erfüllungspflicht voraus, was gegen den Wortlaut des Abs. 5 verstößt. Bei der Hardship ist dem Schuldner mit einer bloßen Befreiung von der Schadensersatzpflicht wenig geholfen, vielmehr ist fraglich, ob er die ursprünglich geschuldete Leistung erbringen muss.[650] Daher ist die Lücke des CISG hinsichtlich der Härtefälle *de lege lata* nur über Art. 7 Abs. 2 CISG durch nationales Recht oder Art. 6.2.1 ff. PICC zu schließen.

Die Frage, ob Art. 79 CISG – abgesehen von Abs. 5 – tatbestandlich Hardship erfassen kann, ist damit noch nicht geklärt. Bei der Bestimmung des Verhältnisses zwischen Art. 79 CISG und Hardship ist eine Abgrenzung nach der Auswirkung des Hindernisses nicht möglich. Ungeachtet der Tatsache, dass die Unterscheidung zwischen unüberwindbaren und überwindbaren Hindernissen nahezu unmöglich ist, ist die Befreiungswirkung des Art. 79 CISG nicht auf Fälle der echten Unmöglichkeit beschränkt.[651] Der Wortlaut enthält hierzu keine Einschränkung.[652] Es reicht für die Entlastung aus, dass von dem Schuldner „vernünftigerweise nicht erwartet" wird, das Hindernis zu vermeiden oder zu überwinden. Der Begriff des Hinderungsgrunds in Art. 79 CISG kann eine Situation der Härtefälle auch problemlos erfassen. Überzeugend ist die Auffassung, dass der Hinderungsgrund nicht dem Ereignis gleichzusetzen ist, das die Erfüllung vollständig unmöglich macht.[653]

Eine Befreiung nach Art. 79 CISG setzt voraus, dass die Nichterfüllung auf einem Hinderungsgrund außerhalb des Einflussbereichs des Schuldners beruht, die er weder vorhersehen noch in zumutbarer Weise überwinden kann.[654] Eine Entlastung nach der Hardship – z. B. nach Art. 6.2.2 PICC – greift, wenn eine Änderung der Umstände nach Vertragsschluss eintritt, die außerhalb des Einflussbereichs des Schuldners liegt, für ihn unvorhersehbar war und das Risiko des Ereignisses nicht vom Schuldner übernommen worden war. Was die Voraussetzung der exogenen Hindernisse, Unvorhersehbarkeit

---

650 Vgl. BeckOGK/Bach, CISG, Art. 79 Rn. 36.

651 A. A.: BeckOGK/Martens, BGB, § 313 Rn. 35.

652 Schlechtriem/Schwenzer/Schwenzer, CISG, Art. 79 Rn. 14; MüKoHGB/Mankowski, CISG, Art. 79 Rn. 38.

653 Vgl. CISG-AC Opinion No. 7 (Garro).

654 Allg. A., siehe nur MüKoBGB/Huber, CISG, Art. 79 Rn. 1; BeckOGK/Bach, CISG, Art. 79 Rn. 1.

und Unzumutbarkeit betrifft, sind die Anforderungen in beiden Fällen nahezu identisch. Soweit die Hardship zusätzlich verlangt, dass das Gleichgewicht des Vertrags grundlegend geändert werden muss, bedarf es – wie bei § 313 BGB – einer Korrektur im Licht der Privatautonomie. Ob das vertragliche Gleichgewicht grundlegend geändert wird, hängt von der vertraglichen Risikostruktur ab.[655] Eine vertragsfremde Befreiungsschwelle wäre dem Parteiwillen nicht gerecht und würde einen Eingriff in die vertragliche Beziehung darstellen. Daher leistet die Voraussetzung bei der Ermittlung der „Opfergrenze" keinen Mehrwert.[656] Es ist nicht verwunderlich, dass die Fallgruppen der Regelungen weitgehend übereinstimmen: Naturereignisse, hoheitliche Maßnahmen und Eingriffe Dritter, die für Art. 79 CISG als Befreiung gelten, können den Schuldner auch unter dem Gesichtspunkt der veränderten Umstände entlasten.[657]

Ferner überschneidet sich das sachliche Befreiungskonzept. Da es sich in den beiden Fällen um die Frage der Ermittlung des Schuldneraufwands handelt, müssen die beiden Vorschriften zum gleichen Ergebnis führen; sonst würde eine der Regelungen eine sachfremde Befreiungsgrenze vorsehen. Hier ist ein ähnliches Abgrenzungsproblem wie im deutschen Recht gegeben. Auch wenn Art. 79 CISG die Entlastung des Schuldners unter einem anderen Gesichtspunkt regelt, ändert dies nichts daran, dass der Schuldneraufwand nach normativer Auslegung bestimmt werden muss. Danach regeln die beiden Befreiungsfiguren das gleiche Sachproblem nur aus unterschiedlichen Perspektiven: Nach Hardship wird die Bindungswirkung des Vertrags durch eine Umstandsänderung infrage gestellt, während nach Art. 79 CISG die Grenze der vertraglichen Bindung bei einem Hinderungsgrund erreicht wird. Der begrenzte Vertragswillen des Schuldners wird bei Art. 79 CISG nur anders beschrieben. Eine parallele Normierung von Härtefällen würde zu einer Verdoppelung der Regelungen führen.

Mit Blick auf die Rechtsfolge des Art. 79 CISG stellt sich die Frage, ob für Hardship über eine bloße Befreiung hinaus eine gerichtliche Befugnis zur Vertragsanpassung oder eine Pflicht zur Neuverhandlung erforderlich ist. Es wird vertreten, Art. 79 CISG sehe eine „Alles-oder-nichts"-Lösung vor, sodass eine „flexiblere" Lösung nach Hardship vorzugswürdig erscheint.[658] Ein Rückgriff auf die Rechtsfolge der Hardship ist nicht erforderlich. Ziel ist der Schutz des

655 Vgl. PICC Kommentar, Art. 6.2.2.

656 Vgl. BeckOGK/Bach, CISG, Art. 79 Rn. 36; Schlechtriem/Schwenzer/Schwenzer, CISG, Art. 79 Rn. 14; MüKoBGB/Huber, CISG, Art. 79 Rn. 9.

657 MüKoBGB/Finkenauer, § 313 Rn. 183 ff.; BeckOGK/Martens, BGB, § 313 Rn. 218 ff.

658 Vgl. Schlechtriem/Schwenzer/Schwenzer, CISG, Art. 79 Rn. 54; Schlechtriem, Internationales UN-Kaufrecht, Rn. 291; CISG-AC, Opinion 7 (Garro); Staudinger/

Schuldners, dem durch die Befreiung des Art. 79 CISG hinreichend Rechnung getragen wird. Die Befreiung des Schuldners hat weitreichendere Folgen als eine Vertragsanpassung, bei welcher der Schuldner unter einer angepassten Bedingung leisten muss. Im Gegensatz zur Vertragsanpassung ist der Schuldner nicht gezwungen, ein Vertragsangebot zu machen, das der Richter für angemessen hält, und der Gläubiger nicht gezwungen, dieses Angebot anzunehmen.[659] Wird der Schuldner von seiner Leistungspflicht befreit, steht es ihm frei, einen neuen Vertrag mit einer für ihn günstigeren Bedingung abzuschließen, um die Gegenleistung zu verdienen.

Zusammenfassend bringt Art. 79 CISG den eingeschränkten Vertragswillen des Schuldners in Bezug auf Leistungshindernisse zum Ausdruck. Betrachtet man die Vorschrift im Lichte der Privatautonomie, führt sie zum gleichen Befreiungsergebnis wie die Hardship. In beiden Fällen geht es um die Ermittlung des Schuldneraufwands, wobei der hypothetische Parteiwille das entscheidende Kriterium für die Befreiung bilden muss.

---

Magnus, CISG, Art. 79 Rn. 24; MüKoBGB/Huber, CISG, Art. 79 Rn. 21; Veneziano, UNIDROIT Principles and CISG, S. 145 ff.

659 Lobinger, Die Grenzen rechtsgeschäftlicher Leistungspflichten, S. 269 ff.; ders., GPR 6/08, S. 267.

# IV. Leistungshindernisse im chinesischen Vertragsrecht

## 1. Privatautonomie und das chinesische Vertragsrecht

Die wichtigste Erkenntnis aus der bisherigen Diskussion ist, dass der Vertrag als solcher die Grundlage für die Frage der Schuldnerbefreiung bilden muss. So wie die Parteien selbst entscheiden können, ob sie überhaupt einen solchen abschließen, müssen sie auch in der Lage sein, über das Schicksal des Vertrags bei Eintritt eines Leistungshindernisses selbst zu befinden. Die Bestimmung der Leistungspflichten gehört zur Vertragsfreiheit. Eine Rückbindung auf den Parteiwillen setzt voraus, dass der Grundsatz der Privatautonomie auch im chinesischen Recht anerkannt wird. Zweifel ergeben sich aus der chinesischen Geschichte, die keine Tradition der bürgerlichen Kultur im westlichen Sinne kennt und in der auch keine strikte Trennung von öffentlichem und privatem Recht existierte.[660] Andererseits galt das Zivilrecht lange Zeit nach der Gründung der Volksrepublik als Instrument der staatlichen Verwaltung. Im Rahmen der Planwirtschaft kam der Privatautonomie keine wesentliche Bedeutung zu.

Seit den 1980er-Jahren wird in der chinesischen Gesetzgebung und Literatur aber zunehmend auf den Grundsatz der Privatautonomie verwiesen. Dieser Begriff wurde ins Chinesische übersetzt.[661] Eine normative Stütze des Grundsatzes war bereits im WVG 1981 enthalten, wonach keine der Parteien der anderen ihren Willen aufzwingen und keine juristische oder natürliche Person rechtswidrig in einen Vertrag eingreifen darf.[662] Darin kam die Idee der Vertragsfreiheit zum Ausdruck, die rechtlichen Schutz erhielt. Es wird aber zu Recht kritisiert, dass die Vertragsfreiheit aufgrund der eingeschränkten Gestaltungsmöglichkeiten der Parteien nach dem WVG eher nur theoretischer Natur war.[663] Die AGZ 1986 gingen im Vergleich zum WVG noch weiter und sprachen von einer „Freiwilligkeit" bei der Durchführung von Zivilgeschäften.[664] Zu einer größeren Entwicklung kam es erst in den 1990er-Jahren. Nach einem Jahrzehnt

660 Li (李永军), Journal of Comparative Law 04/2002, S. 21.

661 Chinesische Übersetzung: 私法自治. Als Synonym wird häufig 意思自治verwendet, was wortwörtlich „Willensautonomie" bedeutet.

662 Vgl. § 5 WVG.

663 Li (李永军), Journal of Comparative Law 04/2002, S. 21.

664 Vgl. § 4 AGZ.

fruchtbarer Reformen um die Marktöffnung wurde Anfang der 1990er-Jahre der Aufbau eines marktwirtschaftlichen Systems als Hauptrichtung der Reformen festgelegt. Es wurde vermehrt für eine Untersuchung über das Verhältnis zwischen Marktwirtschaft und Privatautonomie plädiert.[665] Das Ergebnis der Studie sollte als theoretische Grundlage für die Schaffung eines Rechtssystems zum Schutz und zur Förderung der chinesischen Marktwirtschaft dienen. Der Grundsatz der Privatautonomie wurde jedoch durch denjenigen von Treu und Glauben und das Verbot des Rechtsmissbrauchs eingeschränkt.[666]

Diskussionen über die Bedeutung der Privatautonomie beeinflussten die Vertragsgesetzgebung. Bei der Ausarbeitung des VG 1999 waren die Grundsätze der Vertragsfreiheit sowie von Treu und Glauben zwei herausragende Themen.[667] Das VG bezweckte, die freie Entfaltung der Persönlichkeit und des Willens der Beteiligten durch die Vertragsfreiheit zu gewährleisten. Gleichwohl wurde die Privatautonomie durch die soziale Gerechtigkeit begrenzt, die sich in der Betonung des Grundsatzes von Treu und Glauben ausdrückte. Nach dem ursprünglichen Gesetzgebungsplan sollte das VG die Vertragsfreiheit der Parteien ohne Einmischung von Verwaltungsorganen und anderen Organisationen garantieren, sofern der Vertrag nicht gegen das Gesetz oder die öffentliche Ordnung verstößt.[668] Die Vertragsfreiheit durfte allein aus schwerwiegenden und berechtigten Gründen eingeschränkt werden. Dies konnte sich im Gesetzgebungsverfahren nicht durchsetzen. Als Kompromiss wurde anstelle der „Vertragsfreiheit" in § 4 VG der alte Begriff der „Freiwilligkeit" verwendet, der bereits aus dem AGZ 1986 bekannt war. Die Parteien haben das Recht, Verträge nach Maßgabe der gesetzlichen Bestimmungen „freiwillig" zu schließen. Diese Norm wurde ferner nach den §§ 5 bis 7 VG durch das Gerechtigkeitsprinzip, den Grundsatz von Treu und Glauben und die soziale Wirtschaftsordnung weiter begrenzt.

Abgesehen von der Terminologie sah das VG 1999 im Vergleich zu den bisherigen Gesetzen einen größeren inhaltlichen Spielraum für die beteiligten Parteien vor. Das Gesetz erlaubte den Parteien nicht nur, den Inhalt des Vertrages zu bestimmen, sondern ihn darüber hinaus im gegenseitigen Einvernehmen anzupassen und zu beenden.[669] Die Bestimmungen über pauschalierten

665 Vgl. Jiang (江平) / Zhang (张礼洪), Chinese Journal of Law 06/1993, S. 20 ff.

666 Yin (尹田), Political Science and Law 03/1995, S. 38 ff.

667 Jiang (江平)/Cheng (程合红)/Shen (申卫星), Tribune of Political Science and Law 02/1999, S. 2 ff.

668 Ebenda.

669 Vgl. §§ 12, 77 und 93 VG.

Schadensersatz und Vertragsstrafen gewährten den Parteien auch einen größeren Spielraum, eigene Regeln für die Schadensregulierung zu vereinbaren.[670] Darüber hinaus enthielt eine große Anzahl der Vorschriften im Besonderen Teil des VG die Formulierung „es sei denn, dass die Parteien anderes vereinbart haben", um den dispositiven Charakter der Vorschriften hervorzuheben. Das VG 1999 verzichtete weitgehend auf das aus der Zeit der Planwirtschaft stammende Institut der Vertragsüberwachung. Zwar wurde der geplante vollständige Verzicht auf eine Überwachung der Verträge durch Verwaltungsbehörden nicht umgesetzt.[671] Dennoch war der Umfang der Vertragsüberwachung reduziert: § 127 VG legte als Kompromiss fest, dass die Verwaltungsbehörden Verträge in Übereinstimmung mit Gesetzen überwachen und den Missbrauch von Verträgen gegen nationale oder öffentliche Interessen verfolgen.

In der Literatur wird die Frage diskutiert, inwieweit der vom Gesetzgeber verwendete Begriff der „Freiwilligkeit" der Parteien der Vertragsfreiheit entspricht. Es wird argumentiert, dass die Freiwilligkeit in ihrem Umfang hinter der Vertragsfreiheit zurückbleibt.[672] Der Unterschied zwischen den Begriffen ist jedoch nicht eindeutig zu bestimmen. Der Vorschlag bei der Kodifizierung des ZGB, „Freiwilligkeit" durch das Wort „Freiheit" zu ersetzen, wurde verworfen. Die Ursache liegt in ideologischen Erwägungen begründet.[673] Gemäß § 5 ZGB üben Rechtssubjekte zivilrechtliche Tätigkeiten nach dem Grundsatz der „Freiwilligkeit" aus und begründen, ändern und beenden zivilrechtliche Rechtsverhältnisse nach ihrem eigenen Willen. Auch hier wird dieser Leitgedanke durch das Gerechtigkeitsprinzip, den Grundsatz von Treu und Glauben, die gesetzlichen Vorschriften und den Grundsatz der Umweltfreundlichkeit in den §§ 6 bis 9 ZGB begrenzt.

Zugegebenermaßen bildete der Grundsatz der Privatautonomie keinen Schwerpunkt bei der Kodifizierung des ZGB. Dennoch hat sich der Umfang der Vertragsfreiheit im Vergleich zum VG 1999 nicht verringert. Im Gegenteil: Die Vertragsfreiheit zieht sich wie ein roter Faden durch die Regeln des Vertragsrechts.[674] Auf der Stufe des Vertragsschlusses wird das Recht der Parteien, selbst zu entscheiden, ob, wann, mit wem, wie und was sie vereinbaren, durch detaillierte Bestimmungen über Angebot und Annahme betont.[675] In

670 Vgl. §§ 114 bis 116 VG.
671 Jiang (江平)/Cheng (程合红)/Shen (申卫星), Tribune of Political Science and Law 02/1999, S. 6.
672 Chen (陈荣文), Fujian Tribune 09/2020, S. 64.
673 Ebenda.
674 Shi (石宏), China Legal Science 04/2020, S. 50.
675 Vgl. §§ 472 ff. ZGB; Shi (石宏), China Legal Science 04/2020, S. 50.

der Erfüllungsphase wird hervorgehoben, dass die Parteien den Vertragsinhalt einvernehmlich ergänzen können.[676] In der Phase der Vertragsbeendigung können die Parteien den Vertrag in gegenseitigem Einverständnis beenden oder ein diesbezügliches Ereignis vereinbaren.[677] Im Falle einer vertraglichen Streitigkeit ist es den Parteien erlaubt, über die Schadensregulierung zu entscheiden.[678] Eine Neuerung gegenüber dem VG 1999 besteht in der Normierung der veränderten Umstände in § 533 BGB.[679] Die Einführung der Nachverhandlungspflicht gibt den Parteien das Recht, eine Vertragsanpassung selbst auszuhandeln, bevor sie das Gericht anrufen. Allerdings wird diese Rechtsfigur in China als Einschränkung der Privatautonomie durch den Grundsatz von Treu und Glauben angesehen.

Das Prinzip der Privatautonomie ist in China anerkannt. Es hat in den letzten Jahrzehnten eine zunehmende Rolle gespielt, auch wenn es durch den Grundsatz von Treu und Glauben begrenzt ist. Mit der Einführung der Marktwirtschaft haben chinesische Privatrechtssubjekte eine zunehmende Freiheit beim Abschluss, der Änderung und Beendigung von Verträgen. Die Kodifizierung des ZGB widerspricht diesem Trend nicht, auch wenn man zugeben muss, dass die Privatautonomie im Vertragsrecht eine größere Rolle spielen dürfte als in anderen Rechtsgebieten.

## 2. Möglichkeit des Rückgriffs auf die PICC-Vorschriften

Im Vergleich zum deutschen Recht und dem CISG weisen die PICC eine größere strukturelle Ähnlichkeit mit dem chinesischen Recht auf. Um die „Lücke“ des CISG in Bezug auf Hardship zu schließen, sehen die PICC neben der zentralen Befreiungsvorschrift des Art. 7.1.7 PICC Hardship-Regeln vor. Hinsichtlich des Erfüllungsanspruchs enthalten die PICC Einschränkungen in Art. 7.2.2 PICC, die den Ermessensentscheidungen des Court of Equity des angloamerikanischen Rechtssystems entsprechen. Naheliegend ist, für die Lösung der Befreiungsfrage auf die Diskussionen zu den PICC zurückzugreifen.

Es stellt sich jedoch heraus, dass die dogmatischen Debatten über die Grundregeln nur in sehr überschaubarem Umfang vorhanden sind. Die wichtigste Quelle für das Verständnis der PICC ist die offizielle Kommentierung. In dieser wird hinsichtlich der Normenbeziehung pauschal darauf hingewiesen,

676 Vgl. § 510 ZGB; Shi (石宏), China Legal Science 04/2020, S. 50.
677 Vgl. § 562 ZGB; Shi (石宏), China Legal Science 04/2020, S. 50.
678 Vgl. § 585 ZGB; Shi (石宏), China Legal Science 04/2020, S. 50.
679 Siehe die Ausführungen zu § 533 ZGB in Teil 2 III 5.

Art. 7.1.7 PICC müsse zusammen mit den Regelungen der Hardship gelesen werden.[680] Angesichts der Definitionen von Hardship und höherer Gewalt könne es durchaus Situationen geben, in der beide einschlägig erschienen.[681] Sei dies der Fall, liege die Entscheidung, auf welchen Rechtsbehelf sie sich stützen will, bei der Partei, die von den Ereignissen betroffen ist. Mit Blick auf das Verhältnis zwischen Hardship und Art. 7.2.2 PICC gibt die Kommentierung keine eindeutige Antwort, vielmehr sei die Hardship bei einer drastischen Änderung der Umstände neben Art. 7.2.2 PICC zu beachten.[682]

Bei näherer Betrachtung wird ein Wahlrecht des Schuldners zwischen höherer Gewalt und Hardship vorgeschlagen[683] und eine parallele Lösung oben zu §§ 275, 313 BGB vorgestellt. In der Literatur wird das Wahlrecht des Schuldners mit ähnlichen Überlegungen wie im deutschen Recht teilweise als richtig angesehen.[684] Entscheidend für beide Rechtsfiguren sei der Gedanke des Schuldnerschutzes. Die Kritiker wenden hingegen ein, das Wahlrecht sei sinnlos, weil der Schuldner sich grundsätzlich mit dem Hinweis auf das Vorliegen von höherer Gewalt entlasten würde.[685] Er würde sich bei der Ausübung des Wahlrechts überlegen, warum er den einfachen Weg der Befreiung ausschlagen und stattdessen mühsame Neuverhandlungen verlangen sollte. Diese Kritikpunkte sind aus dem deutschen Recht ebenfalls bekannt. Auch hier lautet der Haupteinwand, das Wahlrecht des Schuldners beseitige das Problem nicht an der Wurzel. Die Normierung der Hardship sei neben der höheren Gewalt überflüssig, da beide Rechtsfiguren das gleiche Sachproblem der Schuldnerbefreiung regeln und bei richtiger Anwendung immer zum gleichen Ergebnis führen würden.

Noch verwirrender ist das Verhältnis zwischen Hardship und Art. 7.2.2 PICC auf der Grundlage der offiziellen Kommentierung. In der Literatur wird teilweise vertreten, Hardship verdränge Art. 7.2.2 lit. b) PICC aufgrund der Spezialität.[686] Nach einer anderen Auffassung sei Art. 7.2.2 lit. b) PICC mit

680 PICC Kommentar, Art. 7.1.7.

681 PICC Kommentar, Art. 6.2.2.

682 PICC Kommentar, Art. 7.2.2.

683 PICC Kommentar, Art. 6.2.2.

684 Vogenauer/Kleinheisterkamp/Schelhaas, Commentary on the PICC, Art. 6.2, S. 713.

685 Vgl. Fischer, Die Unmöglichkeit der Leistung im internationalen Kauf- und Vertragsrecht, S. 221; Düchs, Die Behandlung von Leistungsstörungen im Europäischen Vertragsrecht, S. 212 ff.

686 Vgl. Fischer, Die Unmöglichkeit der Leistung im internationalen Kauf- und Vertragsrecht, S. 220 f.; Vogenauer/Kleinheisterkamp/Schelhaas, Commentary on the PICC, Art. 7.2.2, S. 791.

§ 275 Abs. 2 BGB vergleichbar.[687] Eine Abgrenzung sei nach der Frage vorzunehmen, ob die Intensität der Unmöglichkeit nur die niedrigere Schwelle der Hardship oder die höhere des Art. 7.2.2 lit. b) PICC erreiche.[688] Nicht zuletzt wird auch hier das Wahlrecht des Schuldners vorgeschlagen, da eine unzumutbar beschwerliche oder teure Erfüllung mit einem Hinderungsgrund gleichzusetzen wäre.[689] Auch diese Ansichten sind nicht überzeugend. Vielmehr regeln Hardship und Art. 7.2.2 PICC die Befreiung auf unterschiedlichen Ebenen: die eine in Bezug auf die Leistungspflicht, die andere im Hinblick auf die Form der Haftung.

Eine Systematisierung der Befreiungsregeln in den PICC hat bisher nicht stattgefunden. Für die Bildung einer Rechtsdogmatik zur Schuldnerbefreiung im chinesischen Vertragsrecht ist der Rückgriff auf die Grundregeln daher wenig erfolgversprechend.

## 3. Drei Trennungen als dogmatische Voraussetzung

Die Anerkennung der Privatautonomie als Leitprinzip des Vertragsrechts bildet die Grundlage für alle Befreiungsfragen. Darüber hinaus sind drei Differenzierungen für die Aufschlüsselung der Problematik vorzunehmen. Dazu gehören die Trennung des materiellen Rechts vom Verfahrensrecht sowie des Anspruchs vom Substanzrecht und nicht zuletzt die Trennung der rechtsgeschäftlichen Leistungspflicht von der gesetzlichen Haftungspflicht. Diese Abgrenzungen sind bereits verstreut erwähnt und werden hier noch einmal zusammengefasst.

Zunächst ist zu vergegenwärtigen, dass das chinesische Recht der Leistungsstörung ein materielles Recht darstellt. Trotz der Selbstverständlichkeit dieser Aussage stößt insbesondere die Zuordnung der Erfüllung auf große Schwierigkeiten.[690] Der durch die Kodifizierung geschaffene § 581 ZGB ordnet die Erfüllung grundsätzlich dem Prozessrecht zu, indem er eine Regelung über die Kostenübernahme für die Ersatzvornahme trifft.[691] Das Problem ist darauf

687 Düchs, Die Behandlung von Leistungsstörungen im Europäischen Vertragsrecht, S. 164 f.

688 Ebenda.

689 Vogenauer/Kleinheisterkamp/Schelhaas, Commentary on the PICC, Art. 7.2.2, S. 792.

690 Das Problem aufgegriffen in: Wang (王利明), Studien zum Vertragsrecht (合同法研究), Band II, S. 578.

691 Zu dem inhaltlichen Problem des § 581 ZGB siehe die Ausführungen in Teil 2 II 5.

zurückzuführen, dass sich die Literatur bei der Erfüllung häufig an Specific Performance orientiert hat, bei welcher der Klageerfolg von der Einordnung des Gegenstands des klägerischen Begehrens abhängt. Geht es um eine Nichtgeldschuld, steht der Klageerfolg im Ermessen des Gerichts, das eine Abwägung vornimmt, ob eine Naturalverurteilung schwierig zu vollstrecken ist.[692] Darauf aufbauend, trennen die PICC bei der Erfüllung zwischen Geldschuld und Nichtgeldschuld und stellen Letztere unter Vorbehalt. Anders als bei Specific Performance wird die Gewährung der Erfüllung nicht in das Ermessen des Gerichts gestellt, weder nach dem PICC noch nach chinesischem Recht. Auch wenn im chinesischen Recht die Schwierigkeit besteht, dass prozessuale Probleme auf der Ebene des materiellen Rechts überlagert werden, muss der Erfüllungsanspruch als solcher dem materiellen Recht zugeordnet werden.

Die Trennung der Forderung als Substanzrecht vom Anspruch als bloßes Schutzrecht liegt dem CISG zugrunde. Wie festgestellt, ist die Forderung ein subjektives Recht des Gläubigers, dessen Begründung das Motiv für den Vertragsschluss darstellt.[693] Von einem subjektiven Recht zu trennen ist die Möglichkeit der Durchsetzung dieses Rechts, zu der die Ansprüche gehören.[694] Die Forderung und die Ansprüche sind in ihrem Schicksal unabhängig. Dies zeigt sich daran, dass die Forderung des Gläubigers auch dann besteht, wenn der Erfüllungsanspruch wegen Unmöglichkeit oder Unverhältnismäßigkeit untergeht. Mit der Übernahme des CISG hat das chinesische Recht diese Trennung unbewusst übernommen. Nach der Systematik des ZGB entsteht der Erfüllungsanspruch als Mittel zum Schutz der Forderung aus einem Vertrag erst durch eine Vertragsverletzung.[695] Gegenwärtig wird in der chinesischen Literatur diese Trennung sogar ansatzweise erwähnt. Dabei wird zutreffend erkannt, der Anspruch stelle lediglich „Mittel oder Funktion" der Forderung dar und beides sei nicht kongruent.[696] Angesichts dieser Trennung kann der Widerspruch in der Zuordnung der Erfüllung im chinesischen Recht beseitigt werden. § 118 ZGB ist danach als die Stelle zu betrachten, an der das Forderungsrecht geregelt ist.

692 Unberath, Die Vertragsverletzung, S. 176.

693 Unberath, Die Vertragsverletzung, S. 194.

694 Riehm, Der Grundsatz der Naturalerfüllung, S. 241 ff.

695 Zur Dogmatik des CISG: vgl. BeckOGK/Hartmann, CISG Art. 46 Rn. 6.1.

696 Wang (王利明), Studien zum Vertragsrecht (合同法研究), Band II, S. 423. Es wird auf die „absolute Dimension" der Forderung verwiesen, die gegenüber einem Dritten entfaltet werden könnte.

Damit kann auf die Trennung der Leistungspflicht von der Haftungspflicht übergeleitet werden. Sie entspricht der Dichotomie der rechtsgeschäftlichen Bindung und der gesetzlichen Anordnung.[697] Bei der Ersteren geht es um Vermögensaufstockung, d. h. Änderung der Vermögenslage, die nach dem Willen des Beteiligten erfolgen muss. Bei den Haftungen ist hingegen das Ziel die Wahrung der bestehenden Vermögenslage, die nach gesetzlichen Anordnungen stattzufinden hat.[698] Die Haftungspflichten werden danach heteronom durch einen gesetzlichen Normbefehl dem Schuldner auferlegt. Sie stellen für den Fall der Verletzung einen willensunabhängigen Schutz der als subjektive Rechte zugewiesenen Rechtspositionen dar.[699] Die Bedeutung des Vertrags für die Haftung besteht darin, dass er den besonderen Rechtskreis festlegt, der über die gesetzliche Rechtszuordnung hinausgeht.[700] In der chinesischen Literatur ist eine Tendenz dieser Differenzierung zu beobachten.[701] Die Haftung sei nicht die Schuld als solche, sondern eine Folge von deren Verletzung.[702] Legt man diese Differenzierung zugrunde, ist bei jeder Befreiungsfrage zwischen den beiden Ebenen zu unterscheiden: Während für die Begrenzung der vertraglichen Leistungspflichten der Wille der Beteiligten ausschlaggebend ist, wird bei der Bestimmung der gesetzlichen Haftungspflichten ein Rückgriff auf den Grundsatz von Treu und Glauben nicht von vornherein ausgeschlossen.

Anhand dieser drei Trennungen soll eine Systematisierung des chinesischen Vertragsrechts vorgenommen werden. Zuvor ist noch eine vertiefte Auseinandersetzung mit den verschiedenen Befreiungsmaßstäben notwendig. Auch hier wird das Problem des geltenden Rechts deutlich.

## 4. Unterschiedliche Befreiungsmaßstäbe

Die rechtsgeschäftliche Leistungspflicht und die gesetzliche Haftungspflicht leiten sich aus unterschiedlichen Legitimationsgrundlagen her. Während sich eine Leistungspflicht durch eine privatautonome Willensbetätigung begründen

697 Vgl. Picker, AcP 1983, S. 505 ff.; Lobinger, Die Grenzen rechtsgeschäftlicher Leistungspflichten, S. 6 ff.; Lobinger, Rechtsgeschäftliche Verpflichtung und autonome Bindung, S. 31 ff.

698 Lobinger, Die Grenzen rechtsgeschäftlicher Leistungspflichten, S. 6; Lobinger, Rechtsgeschäftliche Verpflichtung und autonome Bindung, S. 31 ff.

699 Hartmann, Der Anspruch auf das stellvertretende commodum, S. 22.

700 Picker, AcP 1983, S. 369 ff., 505; ders., JZ 1987, S. 1041 ff., 1044.

701 Wang (王利明), Studien zum Vertragsrecht (合同法研究), Band II, S. 399 f.

702 Ebenda.

lässt, beruht eine gesetzliche Haftungspflicht auf dem Schutz der objektiven Rechtsordnung.[703] Die Haftungspflicht des Schuldners findet ihre Legitimation daher nicht im Parteiwillen, sondern folgt aus einer gesetzlichen Anordnung.[704] Diese gravierende Abweichung führt zu unterschiedlichen Maßstäben der Befreiung auf beiden Ebenen.

Bei der Bestimmung der vertraglichen Leistungspflichten geht es um die Feststellung dessen, was die Parteien als Vertragsinhalt vereinbart haben. Da es sich sachlich um eine Ermittlung des Gegenstands der Vereinbarung handelt, müssen die Grundsätze der normativen Vertragsauslegung gelten.[705] Der Leitgedanke der Privatautonomie gebietet es, dass die Parteien ihre Rechtsverhältnisse nach ihrem eigenen Willen gestalten können.[706] Als Ausprägung der Privatautonomie umfasst die Vertragsfreiheit nicht nur die Abschlussfreiheit, sondern auch diejenige, die Grenze der Leistungspflichten autonom zu bestimmen. Mit Blick auf Leistungshindernisse bedeutet es, dass die Parteien den vom Schuldner zu erbringenden Leistungsaufwand einvernehmlich festlegen können. Haben die Parteien von dieser Freiheit keinen Gebrauch gemacht, stellt sich die Frage, wie ihr hypothetischer Wille typischerweise ausgesehen hätte. Jedes andere Befreiungskriterium würde den Schuldner entweder unzulässig privilegieren oder übermäßig belasten. Im letzteren Fall wird dem Schuldner eine nicht versprochene Leistungspflicht auferlegt, was zu deren Vermischung mit der gesetzlichen Haftungspflicht führt.[707]

Demgegenüber ist bei der Bestimmung der Haftungspflicht ein Rückgriff auf den Grundsatz von Treu und Glauben nicht unzulässig. Zur Wahrung der bestehenden Vermögenslage aufgrund der Gerechtigkeit wird dem Schuldner eine Verpflichtung auferlegt, dass er die Schädigung wiedergutzumachen hat. Eine Schädigung liegt auch bei einer Vertragsverletzung vor. Der Vertragsbruch ist eine Beeinträchtigung der durch den Vertrag begründeten Vermögensposition des Gläubigers. Daher ist dessen Anspruch auf die Aufhebung dieser Schädigung gerichtet.[708] Dieses Verständnis über Vertragsverletzung wird historisch durch die unterentwickelte dogmatische Unterscheidung zwischen deliktischen und vertraglichen Ansprüchen im Common Law belegt.[709] Da die

703 Hartmann, Der Anspruch auf das stellvertretende commodum, S. 22.
704 Kritisch: Unberath, Die Vertragsverletzung, S. 187 f.
705 Lobinger, Die Grenzen rechtsgeschäftlicher Leistungspflichten, S. 139 ff.
706 Vgl. Flume, Allgemeiner Teil des Bürgerlichen Rechts, Band II, § 1.
707 Lobinger, Die Grenzen rechtsgeschäftlicher Leistungspflichten, S. 140.
708 Unberath, Die Vertragsverletzung, S. 331.
709 Unberath, Die Vertragsverletzung, S. 174.

objektive Rechtsordnung dem Schutz der subjektiven Rechte des Gläubigers dient, löst eine Vertragsverletzung eine rechtliche Sanktion aus. Die vertragliche Haftung zielt auf die Wiedergutmachung des Vertragsbruchs und beruht auf einer gesetzlichen Anordnung. So wie der Grund für die gesetzliche Haftungspflicht in der objektiven Rechtsordnung liegt, ist auch ihre Grenze dort zu finden. Eine mögliche Begrenzung der Haftungspflichten ergibt sich aus den Grundsätzen der Gerechtigkeit sowie von Treu und Glauben.

Die Befreiungsschwelle infolge eines gesetzlichen Normbefehls liegt anders als eine autonome Entscheidung der Parteien. Die Privatautonomie fordert nicht, dass die Parteien sich bei der Gestaltung ihrer Rechtsverhältnisse am Wertungsmaßstab der objektiven Rechtsordnung zu orientieren haben. Ein Beispiel ist die wirtschaftliche Effizienz. Sie mag unter dem Gesichtspunkt des Gemeinwohls ein vernünftiges Ziel für die Gesellschaft sein, es wird jedoch nicht von den Parteien verlangt, dass sie stets den maximalen wirtschaftlichen Nutzen anstreben müssen.

Die Anerkennung der Privatautonomie und des Grundsatzes von Treu und Glauben als zwei Grundprinzipien des chinesischen Vertragsrechts schafft die Voraussetzung für unterschiedliche Befreiungsmaßstäbe.[710] Die fundamentale Bedeutung der Grundsätze wird durch die Kodifizierung des ZGB nicht infrage gestellt.[711] Das Problem ist, dass beide Prinzipien bisher auf der Leistungsebene verwechselt wurden. So wurde der Grundsatz von Treu und Glauben zur Bestimmung der vertraglichen Leistungspflichten herangezogen, obwohl die Parteien hierüber selbstständig entscheiden sollen. Richtig ist vielmehr, dass die Grundsätze in unterschiedlichen Bereichen wirken: Die Privatautonomie ist das Leitprinzip bei der Bestimmung der vertraglichen Leistungspflichten, während der Grundsatz von Treu und Glauben für die Festlegung der gesetzlichen Haftungspflichten gilt. Diese Differenzierung entspricht den verschiedenen Legitimationen für die Leistungs- und Haftungspflichten. Legt man dies zugrunde, so erfordert die Frage der Befreiung eine Zuordnung der Befreiungsvorschriften. Entscheidend ist hierbei, ob diese Regelungen die Leistungspflicht oder die Haftungspflicht bestimmen.

710 Haase, Privatautonomie: Aufgaben und Grenzen, S. 15 ff.

711 Siehe dazu Teil 3 IV 1.

## 5. Dogmatische Zuordnung der höheren Gewalt

Mit der Rezeption der höheren Gewalt übernahm das chinesische Recht aus dem CISG das Konzept der abgemilderten Garantiehaftung. Die historische Wurzel für eine Entlastung nach höherer Gewalt stammt aus der Common-Law-Lehre der Frustration of Contracts sowie dem deutschen Verschuldensprinzip. Gleichwohl weicht die höhere Gewalt von diesen nicht unerheblich ab. Entgegen der Lehre der Frustration of Contracts schließt die höhere Gewalt auch Leistungserschwerung ein.[712] Der Entlastungsgrund ist andererseits auch nicht mit der Verpflichtung zur Vertretung kongruent. Die höhere Gewalt ist autonom auszulegen und ein Rückgriff auf nationale Rechtsfiguren bleibt nur beschränkt möglich.

In der chinesischen Literatur wird die Auffassung vertreten, dass eine Befreiung des Schuldners wegen höherer Gewalt auf dem Grundsatz der Billigkeit und Gerechtigkeit beruht.[713] Höhere Gewalt führe nicht nur dazu, dass der Gläubiger den versprochenen Leistungserfolg nicht erhält, sie treffe den Schuldner eventuell sogar härter. Dieser verliere einerseits seinen Anspruch auf die Gegenleistung, andererseits den Leistungsgegenstand, der im Zweifel sein Eigentum wäre. Es sei nicht gerecht, wenn der Schuldner trotz des Verlusts des Leistungsgegenstands der vertraglichen Haftung nachkommen müsste.[714] Die Begründung nimmt jedoch das Ergebnis vorweg. Dass der Schuldner neben seinem Verlust auch noch für die Nichterfüllung haften muss, resultiert aus seinem Zustand, nicht von einer Entlastung zu profitieren. Trägt der Gläubiger das Risiko, kann man argumentieren, dass er die Leistung nicht erhält und gleichwohl noch zur Gegenleistung verpflichtet ist. Eine weitere Schwäche besteht darin, dass die Argumentation im Verlust von Leistungsgegenstand und Anspruch auf die Gegenleistung eine „doppelte" Belastung sieht. Der Schuldner konnte aber von vornherein nicht beides haben. Der Grundsatz der Gerechtigkeit ist also als Rechtfertigung für höhere Gewalt nicht ausreichend.

Richtig ist, dass höhere Gewalt die Grenze der gesamten vertraglichen Leistungspflicht regelt. Daher kann ihre Legitimation nur im Vertrag selbst gesucht

---

712 Grundsätzlich anerkannte Fälle der Frustration sind überwiegend solche der echten Unmöglichkeit. Vgl. Unberath, Die Vertragsverletzung, S. 335.

713 Vgl. Cui (崔建远), Vertragsrecht (合同法), S. 299; Han (韩世远), Allgemeines zum Vertragsrecht (合同法总论), S. 371 f.; Wang (王利明), Studien zum Vertragsrecht (合同法研究), Band II, S. 548.

714 Cui (崔建远), Vertragsrecht (合同法), S. 299; Wang (王利明), Studien zum Vertragsrecht (合同法研究), Band II, S. 548.

werden. Der Grundsatz der Privatautonomie gewährt den Parteien das Recht, die Grenze der vertraglichen Leistungspflicht autonom zu bestimmen.[715] Die Befreiungsfigur ist nur dann mit diesem Grundsatz vereinbar, wenn sie keine Leistungsgrenze vorgibt, sondern den Willen der Vertragsparteien zur Geltung bringt. Eine Befreiung kommt nur in Betracht, wenn der Vertrag hinsichtlich der Risikoverteilung eine Lücke aufweist, die nach dem hypothetischen Willen der Parteien geschlossen werden muss. Die höhere Gewalt ist in diesem Sinne eine Abbildung des typischerweise bestehenden Schuldnerwillens, nicht für Leistungshindernisse außerhalb seiner Risikosphäre einstehen zu müssen.[716] Dieses Verständnis hat zur Folge, dass alle Tatbestandsmerkmale der Regelung nach dem Ergebnis der normativen Vertragsauslegung bestimmt werden müssen. Eine Korrektur durch den Grundsatz der Gerechtigkeit ist hier weder erforderlich noch sinnvoll.

## 6. Dogmatische Zuordnung der veränderten Umstände

Diskussionen über die veränderten Umstände beschränken sich im Wesentlichen auf die Anwendungsprobleme dieser Befreiungsfigur. Was die Legitimation für die Schuldnerentlastung betrifft, wird nahezu einheitlich in Anlehnung an die deutsche Lehre von der Geschäftsgrundlage auf den Grundsatz von Treu und Glauben abgestellt. Mit diesem sei es nicht vereinbar, den Schuldner bei einer gravierenden Änderung der Umstände zu einer unveränderten Leistung zu zwingen.[717] Eine Befreiung bezwecke danach, einen Interessenausgleich „außerhalb des Willens der Beteiligten" zu erzielen.[718] Der Grundsatz der Vertragstreue sei bei einer Umstandsänderung durch denjenigen von Treu und Glauben zu korrigieren.[719]

Wie bereits gezeigt, ist das als Geschäftsgrundlage oder Hardship bezeichnete Problem im Wesentlichen ein Gegenstand der Lückenfüllung. Die Parteien

715 Zu den einzelnen Komponenten der Vertragsfreiheit: Musielak, JuS 2017, S. 949 ff.

716 Diese Ansicht wird in der chinesischen Literatur nicht vertreten. Zu Art. 79 CISG: vgl. BeckOGK/Hartmann, CISG Art. 45 Rn. 26.1; ansatzweise auch in: BT-Drucksache 14/6040: „Das angloamerikanische Recht geht von einer Garantiehaftung des Versprechenden aus, so dass es auf dessen Verschulden prinzipiell nicht ankommt; doch können bestimmte Leistungshindernisse als außerhalb dieser Garantie liegend angenommen werden."

717 Wang (王利明), Studies in Law and Business 03/2019, S. 3.

718 Sun (孙礼海): Erklärungen zum Vertragsgesetz (合同法立法资料选), S. 163.

719 Wang (王利明), Studies in Law and Business 03/2019, S. 3.

schlossen einen Vertrag bei Unvorhersehbarkeit eines Hindernisses, sodass dieser eine Lücke zur Behandlung des Hindernisses enthält. Demzufolge ist die Notwendigkeit der Geschäftsgrundlage in der Tat zweifelhaft, da das Instrument der ergänzenden Auslegung für die Lückenfüllung primäre Zuständigkeit aufweist.[720] Mit der Erfindung der „Geschäftsgrundlage“ ist kaum etwas zu gewinnen, da dieser unbestimmte Rechtsbegriff selbst Auslegungsprobleme erzeugt. Wird die Befreiungsfigur falsch angewandt, mutiert sie zu einem Einfallstor für richterliches Rechtsempfinden, wovor der chinesische Gesetzgeber gewarnt hatte.[721] Um dieser Gefahr vorzubeugen, ist die Geschäftsgrundlage im Lichte der Privatautonomie auszulegen. Die richterliche Befugnis wird durch den hypothetischen Parteiwillen eingeschränkt.

Es sollte anerkannt werden, dass die zentrale Aufgabe der veränderten Umstände darin besteht, die Grenzen der vertraglichen Leistungspflichten zu bestimmen, indem das Risiko des Eintritts eines unvorhersehbaren Hindernisses zwischen den beteiligten Parteien verteilt wird. Ein Rückgriff auf den Grundsatz von Treu und Glauben auf der Leistungsebene ist ausgeschlossen. Vielmehr können für die Frage der Schuldnerbefreiung nur die Grundsätze der normativen Auslegung gelten. Es sollte eingestanden werden, dass auch eine Vertragsauslegung nicht unbedingt zu einem sicheren Ergebnis hinsichtlich der Risikoverteilung führt. Denn man hat das Terrain des tatsächlich Vereinbarten verlassen und begibt sich auf die Ebene des Sollens.[722] Dennoch wird die Rechtsunsicherheit durch die Betonung der Privatautonomie reduziert: Bei der normativen Auslegung können nur solche Aspekte berücksichtigt werden, die dem hypothetischen Willen der Parteien entsprechen und dem Vertrag immanent sind. Ist anerkannt, dass die Regelung der veränderten Umstände ihre Legitimation im eingeschränkten Vertragswillen des Schuldners findet, muss die Zumutbarkeit der Leistung im Lichte dieses Willens ausgelegt werden. Eine Entlastung ist nur dann erforderlich, wenn der Schuldnerwille nach der drastischen Änderung der Umstände seine Grenze erreicht hat.

720 Vgl. MüKoBGB/Finkenauer BGB, § 313 Rn. 41.

721 Zu der ablehnenden Einstellung des VG-Gesetzgebers siehe Teil 2 III 1.

722 Oertmann, Die Geschäftsgrundlage, S. 130.

## 7. Dogmatische Zuordnung der Ausschlussgründe für den Erfüllungsanspruch

Die chinesische Regelung über den Ausschluss des Erfüllungsanspruchs ist eine Nachbildung des Art. 7.2.2 PICC. Diese Vorschrift zielt darauf ab, einen Mittelweg zwischen verschiedenen Rechtsordnungen zu finden. Während in Europa die Erfüllung grundsätzlich durchgesetzt werden kann, ist im Common Law die Durchsetzung der Erfüllung bei einer Nichtgeldschuld nur ausnahmsweise der Fall.[723] Diese Schwäche wird durch die stärkere Rechtsschutzmöglichkeit auf der Ebene der Zwangsausübung kompensiert: Der Leistungszwang zieht nach dem Common Law die Anwendung der Regeln der Contempt of Court nach sich, die dem kontinentalen Rechtskreis fremd sind.[724] Indem Art. 7.2.2 PICC die Ermessensentscheidungen der Gerichte des Common Law als materielle Ausschlussgründe anerkennt, überlagern prozessuale Probleme das materielle Recht.

Die Schwierigkeit der Überlagerung verdeutlicht ein Vergleich mit dem deutschen Recht, in dem ein Übergang von Naturalerfüllung zu Wertersatz auf drei Ebenen möglich ist. Die erste Ebene ist die Leistungsebene, bei welcher der Erfüllungsanspruch im Falle der Unmöglichkeit in einen Anspruch auf Schadensersatz statt der Leistung umgewandelt werden kann. Die zweite Ebene betrifft das Schadensersatzrecht, bei dem der Vorrang der Naturalrestitution gegenüber dem Wertersatz durch §§ 249, 251 BGB gesichert wird.[725] Da der wegen Unmöglichkeit ausgeschlossene Erfüllungsanspruch nicht unterlaufen werden soll, gilt der Grundsatz der Naturalrestitution nicht für Schadensersatz statt der Leistung. Die dritte Ebene betrifft das Vollstreckungsrecht, in dem §§ 887, 888 ZPO im Falle der Nichtvornahme der gebotenen Handlung Geldersatz als Kostensubstitut oder als Zwangsgeld anordnen. Art. 7.2.2 PICC und das chinesische Recht vermischen die letzten beiden Stufen, indem sie die Schwierigkeiten bei der Durchsetzung zu einem Ausschluss der Restitutionspflicht „aufwerten".

Eine dogmatische Zuordnung der chinesischen Regelung setzt voraus, dass deren funktionale Vergleichbarkeit in ihrem materiellen Gehalt mit § 251 BGB anerkannt wird. In beiden Fällen geht es nicht um die rechtsgeschäftliche

---

723 Unberath, Die Vertragsverletzung, S. 263.

724 Unberath, Die Vertragsverletzung, S. 264.

725 Das BGB geht vom Grundsatz der Naturalrestitution aus. Der Schädiger hat den hypothetischen Zustand herzustellen, der ohne das schädigende Ereignis bestünde. Vgl. nur BeckOK BGB/Johannes W. Flume, BGB, § 249 Rn. 56.

Leistungspflicht, sondern um die gesetzliche Haftungspflicht, da beide Regelungen eine unentschuldigte Vertragsverletzung voraussetzen. Entscheidend ist die Frage, ob der Schuldner seine Haftungspflicht durch Naturalrestitution oder Wertersatz zu erfüllen hat. Die Ersetzungsbefugnis des Schuldners nach § 251 Abs. 2 S. 1 BGB bringt zum Ausdruck, dass das Gläubigerinteresse im Schadensersatzrecht nur so weit Anerkennung findet, wie dies dem Grundsatz von Treu und Glauben entspricht.[726] Die gleiche Überlegung liegt der chinesischen Regelung zugrunde. Die Beschränkung auf Wertersatz schafft einen Anreiz dafür, unwirtschaftliche Schadensbeseitigungsmaßnahmen zu unterlassen, und trägt zur wirtschaftlichen Effizienz der Rechtsordnung bei.[727] Ein Rückgriff auf den Grundsatz von Treu und Glauben ist bei der Bestimmung der Reichweite der gesetzlichen Haftungspflicht durchaus angemessen.

## 8. Vorschläge für das chinesische Vertragsrecht

### a. Auf der Leistungsebene

Auf der Leistungsebene steht die Frage im Vordergrund, ob der Schuldner die Leistung überhaupt erbringen muss. Schwierigkeiten ergeben sich insbesondere in den Konstellationen der Leistungshindernisse, welche die Erbringung der Leistung erheblich erschweren. Zwar gebietet der Grundsatz der Vertragstreue das Festhalten am Vertrag, auch wenn sich die Umstände nachträglich zulasten einer Partei verändert haben. Eine vorgelagerte Frage ist jedoch, was die Parteien als Vertragsgegenstand überhaupt vereinbart haben – den Leistungserfolg oder auch den Aufwand des Schuldners zur Leistungserbringung.

Für die Einbeziehung des Schuldneraufwands sprechen nicht nur die Lebenserfahrung, sondern auch die zahlreichen Regelungen, die den Schuldner in Extremsituationen von seiner Leistungspflicht entbinden wollen. Als dispositive Reservevorschriften bringen diese Bestimmungen zum Ausdruck, dass der Schuldner bei drastischer Veränderung der Umstände die Leistung nicht „um jeden Preis" erbringen muss. Das chinesische Vertragsrecht enthält zwei Befreiungsregelungen auf der Leistungsebene, nämlich die höhere Gewalt in § 590 ZGB und die veränderten Umstände in § 533 ZGB. Beide Vorschriften entlasten den Schuldner im Falle des Eintritts eines unvorhersehbaren Leistungshindernisses, allerdings aus unterschiedlichen Perspektiven: Nach § 590 ZGB ist der Schuldner von seiner Leistungspflicht frei, wenn die Nichterfüllung

726 MüKoBGB/Oetker, BGB, § 251 Rn. 35.
727 Ebenda.

auf höherer Gewalt beruht, d. h. auf einem unvorhersehbaren, unvermeidbaren und unüberwindbaren Umstand. Andererseits wird der Schuldner nach § 533 ZGB von seiner Leistungspflicht befreit, wenn eine schwerwiegende Umstandsänderung dazu führt, dass das Festhalten am ursprünglichen Vertrag für ihn offensichtlich ungerecht ist. Das Gesetz sagt nicht, in welchem Verhältnis die Vorschriften zueinander stehen.

Als Erstes ist zu erkennen, dass beide Regelungen das gleiche Sachproblem behandeln. In allen Situationen der Leistungserschwerung geht es im Kern um die Frage der Bestimmung des vom Schuldner zu erbringenden Aufwands. Anders verhält es sich, wenn die Leistung naturrechtlich zwingend ausgeschlossen, das Leistungshindernis also unüberwindbar ist. In diesem Fall ist allein § 590 ZGB anwendbar. Geht es um die Bestimmung des geschuldeten Aufwands, gebietet der Grundsatz der Privatautonomie, auf die vertragliche Vereinbarung als solche abzustellen. Die Vertragsfreiheit verlangt nicht nur, dass die Parteien über den Abschluss des Vertrages entscheiden, sondern auch, dass sie den Inhalt der Leistung autonom bestimmen. Zu Letztgenanntem gehört auch die Frage, wie viel Aufwand der Schuldner für die Leistungserbringung zu betreiben hat. Der Konflikt der dispositiven Vorschriften der §§ 533, 590 ZGB mit normativer Auslegung kann dadurch gelöst werden, dass die gesetzlichen Befreiungskriterien entsprechend dem Ergebnis der normativen Auslegung modifiziert werden. Dies geschieht, indem die normativen Elemente des § 590 ZGB, insbesondere die Unvermeidbarkeit und Unüberwindbarkeit des Hindernisses, nach der vertraglichen Risikoverteilung bestimmt werden. Gleiches gilt für § 533 ZGB, dessen zentralen Maßstab für die Befreiung die Unzumutbarkeit der Leistung bildet.

Fraglich ist, ob § 533 ZGB für das chinesische Recht überhaupt notwendig ist. Da alle Fälle der Leistungserschwerung nach § 590 ZGB problemlos gelöst werden können, kann die Legitimation für § 533 ZGB nur an anderer Stelle liegen. Die Kodifizierung hat hierbei eine Änderung erbracht: Während die Vorgängervorschrift des § 26 AB II sowohl die Zweckstörung als auch die Äquivalenzstörung als Fallgruppen erfasst, ist § 533 ZGB ausweislich des Wortlauts nur noch auf die Fälle der Äquivalenzstörung anwendbar. Dem Gesetz ist nicht zu entnehmen, wonach die Zweckstörung künftig zu behandeln ist. Dies erfordert eine Untersuchung.

Die Rechtsfigur der Zweckstörung entstammt dem deutschen Recht. Mit diesem Begriff werden herkömmlich die Fälle der Zweckerreichung und des Zweckfortfalls verbunden.[728] Eine Zweckerreichung liegt vor, wenn der mit der

728 MüKoBGB/Ernst, § 275 Rn. 154; BeckOKBGB/Lorenz, § 275 Rn. 41; Back, Leistungshindernisse, S. 714.

Leistung bezweckte Erfolg ohne Zutun des Schuldners eingetreten ist.[729] Das Schulbeispiel hierfür ist der Fall, in dem das vom Schuldner freizuschleppende Schiff inzwischen durch die Strömung gelöst wurde.[730] Ein Zweckfortfall ist dann gegeben, wenn der mit der Leistung bezweckte Erfolg trotz Bemühung des Schuldners nicht mehr eintreten kann.[731] Als Beispiel gelten Fälle, in denen das vom Schuldner zu streichende Haus schon abgebrannt ist oder der Urlauber die Reise wegen einer Allergie gegen die notwendige Schutzimpfung nicht antreten kann.[732] Nach ganz überwiegender Ansicht sind die Fälle der Zweckstörung heutzutage der Unmöglichkeit zuzuordnen.[733] Unter Leistung i. S. d. Unmöglichkeit ist nicht die Leistungshandlung, sondern der Leistungserfolg zu verstehen.[734] Unmöglichkeit i. S. d. § 275 BGB liegt auch dann vor, wenn die Leistungshandlung zwar möglich ist, der Leistungserfolg aber nicht eintreten kann.[735] Gleiches gilt, wenn infolge der Zweckerreichung der Leistungserfolg sinnlos geworden ist.[736] Für die Zuordnung als Unmöglichkeit spricht insbesondere, dass deren Anwendung eine flexible Lösung zulässt: Grundsätzlich besteht nach § 326 Abs. 1 BGB kein Anspruch auf Gegenleistung. Hat der Gläubiger die Zweckstörung aber ganz überwiegend zu verantworten, so bleibt seine Gegenleistungspflicht nach § 326 Abs. 2 S. 1 BGB aufrechterhalten.[737] Für verschiedene Vertragstypen gibt es Sonderregelungen im BGB, welche die Gegenleistungsgefahr dem Gläubiger zuweisen.[738]

Bei Vorliegen einer Zweckstörung ist ein Rückgriff auf die Geschäftsgrundlage nicht erforderlich, da eine Vertragsanpassung zwecklos ist. Vielmehr ist die sinnlos gewordene Leistung zu unterlassen und der Vertrag aufzuheben.[739]

---

729 Ebenda.

730 BeckOGK/Riehm, BGB § 275 Rn. 109.

731 Back, Leistungshindernisse, S. 714.

732 BeckOK BGB/Lorenz, BGB, § 275 Rn. 44.

733 Vgl. MüKoBGB/Ernst, § 275 Rn. 151 ff.; BeckOKBGB/Lorenz, § 275 Rn. 41; Staudinger/Caspers, § 275 Rn. 28; Back, Leistungshindernisse, S. 716 ff.; Lobinger, Die Grenzen rechtsgeschäftlicher Leistungspflichten, S. 244 f.; AnwK-BGB/Dauner-Lieb, § 275 Rn. 33; Palandt/Grüneberg, § 275 Rn. 18 f.

734 Wieacker, in: FS Nipperdey, S. 812; BeckOK BGB/Lorenz, BGB, § 275 Rn. 44.

735 Die frühere Ansicht, die Fälle seien über das Recht des Gläubigerverzugs zu lösen, hat sich nicht durchgesetzt. MüKoBGB/Ernst, § 275 Rn. 155; Beuthien, Zweckerreichung und Zweckstörung im Schuldverhältnis, S. 230 ff.

736 MüKoBGB/Finkenauer, BGB, § 313 Rn. 159.

737 BeckOGK/Riehm, BGB, § 275 Rn. 109 f.; MüKoBGB/Finkenauer, BGB, § 313 Rn. 157.

738 Zum Beispiel § 615, § 644 f. BGB: MüKoBGB/Ernst, § 275 Rn. 160.

739 BeckOGK/Martens, BGB, § 313 Rn. 185.1.

Für dieses Ziel ist dem Schuldner mit der Unmöglichkeit besser gedient.[740] Der berühmte Fall des Krönungszugs kann ohne Weiteres durch Unmöglichkeit gelöst werden: Zu fragen ist lediglich, ob der Zweck der Anmietung des Fensterplatzes nach der Vereinbarung Vertragsinhalt geworden ist. Tritt dieser Fall ein, liegt Unmöglichkeit vor, wenn mit dem Ausfall des Krönungszugs der vereinbarte Zweck für die Anmietung nicht zu erreichen ist.[741] Der Mieter muss nach § 326 Abs. 1 BGB keine Miete entrichten. Andernfalls bleibt die Überlassung des Fensterplatzes möglich und die Befreiung des Mieters von der Pflicht zur Gegenleistung kommt nicht in Betracht. Das Beispiel zeigt, dass eine sachgerechte Lösung der Zweckstörungsfälle durch normative Vertragsauslegung möglich ist. Die Frage, ob Unmöglichkeit vorliegt, hängt davon ab, was als Vertragsgegenstand vereinbart ist, was wiederum durch Auslegung ermittelt werden kann. Mit einem durch normative Auslegung konstruierten Rücktrittsrecht kann das gleiche Ergebnis erzielt werden.

Nach dem Streichen der Zweckstörung stellt sich die Frage nach ihrer Zuordnung im chinesischen Recht. Bei der Zweckstörung geht es um ein Problem der Risikoverteilung, wofür primär § 590 ZGB zuständig ist. Wird das freizuschleppende Schiff durch die Strömung wieder manövrierbar oder brennt das zu streichende Haus durch Blitzschlag ab, liegt „höhere Gewalt" i. S. d. Vorschrift vor. Ob die „Unmöglichkeit" nach objektiven oder subjektiven Kriterien eintritt, ist für § 590 ZGB irrelevant. Für die Gegenleistungspflicht gilt § 563 Nr. 1 ZGB, wonach der Vertrag bei Nichterreichung des Vertragsziels aufgehoben werden kann. Zugegebenermaßen kommt eine Entlastung nach § 590 ZGB erst dann in Betracht, wenn die Befreiungsschwelle der Vorschrift erreicht wird. Aber auch hier ist eine Modifizierung des Maßstabs nach dem Ergebnis der normativen Auslegung erforderlich. Wird die Zweckstörung hingegen durch den Schuldner selbst verursacht, ist er von seiner Schadensersatzpflicht nicht befreit. Der Erfüllungsanspruch ist aber nach § 580 Nr. 1 ZGB ausgeschlossen, weil die Erfüllung „unmöglich" geworden ist. Es fehlt im chinesischen Recht an einer Regelung, die mit § 326 Abs. 2 BGB vergleichbar ist.[742] Im CISG kann dem Problem durch eine sachgerechte Anwendung des Art. 80

---

740 Eine Anwendung des § 313 BGB ist allenfalls denkbar, wenn der Verwendungszweck der Leistung gestört wird (Zweckverfehlung). Vgl. nur Medicus/Lorenz, Schuldrecht I, S. 261 f.; BeckOGK/Martens, BGB, § 313 Rn. 215 ff.; Back, Leistungshindernisse, S. 755 ff.

741 MüKoBGB/Finkenauer, BGB, § 313 Rn. 158.

742 Im Besonderen Teil des Vertragsrechts stellt § 142 VG eine solche Regelung dar, die nur für Kaufverträge gilt.

CISG begegnet werden, der eine Ausprägung des Grundsatzes von Treu und Glauben darstellt.[743] Die Möglichkeit zur Vertragsaufhebung muss dem Gläubiger nach chinesischem Recht auch verwehrt werden, da sonst die Gefahr des Rechtsmissbrauchs bestünde.

Für die eigenständige Bedeutung des § 533 ZGB bleibt nur noch die Fallgruppe der Geldentwertung relevant. Wenn sich der Wert der Gegenleistung drastisch verringert, etwa durch Inflation, kann das Verhältnis von Leistung und Gegenleistung aus dem Gleichgewicht geraten. Die Fälle der Geldentwertung werden herkömmlich durch die Geschäftsgrundlage gelöst, weil die Vorstellungen der Parteien über eine Gleichwertigkeit von Leistung und Gegenleistung zur Geschäftsgrundlage gehören.[744] Aber der Sache nach handelt es sich bei dieser Fallgruppe ebenfalls um ein Problem der Risikoverteilung. Bei der Erschütterung des Preisgefüges steht die Wiederherstellung der Gleichwertigkeit von Leistung und Gegenleistung nach den Vorstellungen der Beteiligten im Vordergrund.[745] Ob das Risiko der Geldentwertung in den Risikobereich einer Partei fällt, ist durch normative Auslegung des Vertrages zu ermitteln. Ferner ist eine Anwendung der höheren Gewalt notfalls auch möglich. Dies entspricht einer Auffassung, die Art. 79 CISG auf Geldentwertung für anwendbar hält.[746] Eine Lösung innerhalb des CISG sei vorzugswürdig, um eine einheitliche Anwendung der Konvention zu gewährleisten.[747] Demzufolge ist auch hier § 533 ZGB nicht erforderlich.

Im Ergebnis erweist sich § 533 ZGB für das chinesische Recht als überflüssig. Soweit es um ein Problem der Risikoverteilung geht, ist die normative Vertragsauslegung die bessere Lösung. Dogmatisch wäre es daher überzeugender, die Vorschrift des § 533 ZGB aus dem Gesetz zu streichen.[748] Auf der Leistungsebene gäbe es nur eine Vorschrift zur Ergänzung des vertraglichen Risikoplans, nämlich die höhere Gewalt, deren Anwendung auf dem hypothetischen Parteiwillen beruhen muss. Die Rechtsfolge beschränkt sich auf die Befreiung des

743 Hosell/Magnus, Art. 80 Rn. 2; § 326 Abs. 2 BGB bezweckt ein Verbot widersprüchlichen Verhaltens, vgl. MüKoBGB/Ernst, BGB, § 326 Rn. 45.

744 BeckOK BGB/Lorenz, BGB, § 313 Rn. 32.

745 BeckOK BGB/Lorenz, BGB, § 313 Rn. 32.

746 CISG-AC Opinion No. 7 (Garro), Rn. 33 ff.

747 Die Gegenansicht plädiert für eine Lösung der Auslegung nach Art. 7 Abs. 1 CISG (Treu und Glauben), vgl. Omlor, JZ 2013, S. 972 ff.

748 Theoretisch denkbar wäre auch ein Streichen des § 590 ZGB statt § 533 ZGB. Dies ist nicht zu empfehlen, da die höhere Gewalt für die modifizierte Garantiehaftung systemimmanent ist.

Schuldners von seiner Leistungspflicht, ohne dass es einer gerichtlichen Vertragsanpassung bedarf. Die Verschärfung der Haftung nach dem Verzugseintritt ist ebenfalls zu streichen, da kein Grund dafür ersichtlich ist.

## b. Auf der Haftungsebene

Auf der Haftungsebene stellt sich die Frage, wie der Schuldner die gesetzliche Haftungspflicht erfüllen muss. Nach chinesischem Recht kann der Gläubiger grundsätzlich zwischen den Rechtsbehelfen frei wählen. Es besteht kein Prioritätsverhältnis zwischen Erfüllung und Schadensersatz; nur das Recht zur Vertragsaufhebung wird zurückgedrängt.[749] Als entscheidend erweist sich hierbei mit Blick auf Leistungshindernisse die Frage, wann der Erfüllungsanspruch wegen eines Hindernisses ausgeschlossen ist. In diesem Fall bleibt zur Befriedigung des Gläubigerinteresses nur der Geldersatz möglich.

Zunächst muss auf der Haftungsebene der Mangel des § 581 ZGB behoben werden. Nach dieser Vorschrift ist eine Partei in der Position, zu verlangen, dass die andere die Kosten der Ersatzvornahme trägt, wenn die Vollstreckung wegen der Natur der Schuld nicht erzwungen werden kann. § 581 ZGB ist inhaltlich widersprüchlich. Eine Ersatzvornahme kommt erst dann infrage, wenn die Vollstreckung überhaupt noch möglich ist. Dies ist der Fall, wenn der Schuldgegenstand eine vertretbare Handlung darstellt. § 581 ZGB ordnet das Gegenteil an: Die Kosten der Ersatzvornahme sind zu erstatten, wenn eine Vollstreckung ausgeschlossen ist.[750] Neben dem Widerspruch wird der Erfüllungsanspruch als Specific Performance behandelt, weil § 581 ZGB eine prozessuale Vorschrift bildet. Die Zuordnung des Erfüllungsanspruchs als Specific Performance tritt auch in der „Ungeeignetheit bei der Vollstreckung“ in § 580 Nr. 2 ZGB hervor. Die unnötige Vermischung von materiellem Recht und Verfahrensrecht resultiert aus einer unreflektierten Übernahme der PICC. Im Gegensatz zum chinesischen Recht enthalten die PICC kein eigenständiges Verfahrensrecht, sodass das Problem der Zwangsvollstreckung zum Zwecke der Harmonisierung auf der Ebene des materiellen Rechts geregelt werden muss.[751] Für das chinesische Recht besteht kein Grund zur Normierung der prozessualen Vorschriften im Leistungsstörungsrecht. Demzufolge wäre § 581 ZGB besser zu streichen und § 580 ZGB auf dessen Nr. 1 und Nr. 2 von Fall 2 zu reduzieren.

749 Dies erfolgt entweder durch die Nichterreichung des Vertragsziels oder eine Nachfrist.

750 Siehe dazu die Ausführungen zu § 581 ZGB in Teil 2 II 5.

751 Vgl. Unberath, Die Vertragsverletzung, S. 270.

Der Erfüllungsanspruch ist nach § 580 ZGB ausgeschlossen, wenn die Erfüllung entweder unmöglich (§ 580 Nr. 1 ZGB) oder zu teuer ist (§ 580 Nr. 2 Fall 2 ZGB). Die Abgrenzung zwischen Unmöglichkeit und Unverhältnismäßigkeit ist zwar auch hier schwierig, allerdings regelmäßig ohne Bedeutung, denn die Rechtsfolge verläuft in beiden Fällen identisch: Der Schuldner wird vom Erfüllungsanspruch befreit und hat nur noch Schadensersatz in Geld zu leisten. § 580 BGB bestimmt nicht die Grenze der Leistungspflichten, sondern entscheidet über die Gewährung der Naturalrestitution als Haftungsform. Die Tatsache, dass eine unmögliche Naturalrestitution nicht verlangt werden kann, ist in ihrer Richtigkeit evident. Die Frage ist vielmehr, wann die Naturalrestitution als „zu teuer" im Sinne des § 580 Nr. 2 Fall 2 ZGB anzusehen ist.

Es gilt, zu erkennen, dass die Begrenzung des Schuldneraufwands gemäß § 580 Nr. 2 Fall 2 ZGB eine Ausprägung des Grundsatzes von Treu und Glauben darstellt. Hier steht der Gedanke der wirtschaftlichen Effizienz im Vordergrund. Daher kann die Frage nach der Befreiungsgrenze umformuliert werden: Ab welcher Grenze wird die Naturalrestitution als wirtschaftlich ineffizient und verschwenderisch angesehen? Hierzu ist ein Wertvergleich notwendig, bei dem der erforderliche Leistungsaufwand in Relation zum Interesse des Gläubigers gesetzt wird. Auf das Verschulden des Schuldners kommt es nicht an, da eine wirtschaftlich sinnlose Leistung auch bei Vorliegen eines Verschuldens nicht sinnvoller wird.[752] Im deutschen Schadensersatzrecht wird ein sog. Integritätszuschlag anerkannt: Bei Kraftfahrzeugen erkennt die deutsche Rechtsprechung mit Blick auf das Integritätsinteresse des Gläubigers an, dass die Grenze der Reparaturkosten bei 130 % des Wiederbeschaffungswerts liegt.[753] Es ist zweifelhaft, ob dieses Rechtskonzept auf das chinesische Vertragsrecht übertragen werden kann. Denn solange die Befreiungsgrenze mathematisch bestimmt wird, ist Willkür unvermeidlich. Besser wäre es, wenn das Gericht eine Ad-hoc-Entscheidung über die Befreiungsgrenze unter Berücksichtigung der Umstände des Einzelfalls nach dem Grundsatz der wirtschaftlichen Effizienz treffen würde.

---

752 Das Ergebnis stimmt mit einer Ansicht zu § 251 Abs. 2 S. 1 BGB überein: vgl. MüKoBGB/Oetker BGB § 251 Rn. 38; BeckOK BGB/Johannes W. Flume, BGB, § 251 Rn. 25.

753 Siehe nur BGH NJW 2005, 1108; 2005, 1110; 2007, 1674; 2007, 2918; BGH NJW-RR 2010, 377; NJW 2010, 2121; 2012, 52; 2015, 2958.

## 9. Korrigierende Anwendung der Regelungen des ZGB

Sollte die vorgeschlagene Revision der Vorschriften des ZGB nicht in Betracht kommen, besteht nur noch die Möglichkeit, eine Änderung durch eine korrigierende Anwendung der Vorschriften vorzunehmen. Die Ziele der Korrektur sind die gleichen wie oben: Auf der Leistungsebene soll ein einheitlicher Befreiungsmaßstab nach dem Willen der Parteien sichergestellt werden, während auf der Haftungsebene ein Ausschluss des Erfüllungsanspruchs auf die Fälle der Leistungshindernisse beschränkt wird.

Durch die Kodifizierung der veränderten Umstände in § 533 ZGB wurde neben der höheren Gewalt eine zweite Befreiungsregelung auf der Leistungsebene geschaffen. § 533 ZGB ist zum Schutz des Schuldners im Falle der Leistungserschwerung überflüssig und droht bei einer unsachgemäßen Anwendung sogar die vertragliche Bindung zu schwächen. Eine mögliche Korrektur besteht darin, die Anwendung des § 533 ZGB in Zukunft allein auf Fälle der Geldentwertung zu beschränken. Bei dieser könnte eine Vertragsanpassung sinnvoll sein, da das Ziel auf die Wiederherstellung der Gleichwertigkeit von Leistung und Gegenleistung gerichtet ist. Rechtsfolge ist dann die Aufwertung der Geldleistung.[754] Der Rückgriff auf die veränderten Umstände ergibt sich zwar nicht zwingend, da das gleiche Ergebnis durch ergänzende Vertragsauslegung erreicht werden kann. § 533 ZGB bietet jedoch eine normative Stütze für den Anpassungsanspruch des Schuldners: Er kann vom Gläubiger eine erhöhte Geldleistung als Ausgleich für die entwertete Währung verlangen. Methodisch geschieht dies im Wege einer teleologischen Reduktion des § 533 ZGB. Als Sinn und Zweck der Norm gilt die Beachtung des Grundsatzes der Privatautonomie, um einen Konflikt mit höherer Gewalt hinsichtlich der Befreiungsgrenze zu vermeiden.

Eine Korrektur des § 590 ZGB kann nur durch eine strikte Orientierung am Parteiwillen vorgenommen werden, indem bei Leistungshindernissen stets gefragt wird, welche Höhe die Schuld des Vertragsgegenstands umfasst. Diese Frage erfordert eine Auslegung des streitgegenständlichen Vertrags. Dabei beschränkt sich die Interpretation nicht auf eine Untersuchung des Vertragstextes, sondern hat alle Umstände des Vertragsschlusses und die Besonderheiten des Einzelfalls zu berücksichtigen. Das Ziel ist es, zu ermitteln, zu welchem Aufwand sich der Schuldner vertraglich verpflichtet hat. Ergänzende

754 MüKoBGB/Finkenauer BGB § 313 Rn. 189.

Auslegung ist nur dann erforderlich, wenn einfache Auslegung unergiebig ist. Bei der Ersteren wird der vertragliche Risikoplan nach dem hypothetischen Parteiwillen ergänzt und fortentwickelt. Methodisch kann dies durch eine teleologische Auslegung des Tatbestandes des § 590 ZGB erreicht werden: Bei der Anwendung der Vorschrift werden die wertenden Merkmale der Unvorhersehbarkeit, Unvermeidbarkeit und Unüberwindbarkeit des Hindernisses entsprechend dem Auslegungsergebnis gedeutet, um den hypothetischen Willen der Parteien zum Tragen zu bringen.

Auf der Haftungsebene soll gewährleistet werden, dass der Erfüllungsanspruch nach § 580 ZGB nur dann ausgeschlossen ist, wenn die Erfüllung sich als unmöglich (Nr. 1) oder zu teuer erweist (Nr. 2) oder der Gläubiger nicht innerhalb einer angemessenen Frist die Erfüllung gefordert hat (Nr. 3). Das Ergebnis kann durch eine teleologische Reduktion der Regelung als materiellrechtliche Begrenzung des Erfüllungsanspruchs erzielt werden. § 580 Nr. 3 kann als ein Fall der unzulässigen Rechtsausübung verstanden werden, in dem der Gläubiger auf seinen Erfüllungsanspruch verzichtet hat. Geht man von einer grundsätzlichen Gleichwertigkeit von Erfüllung und Schadensersatz aus, muss das Integritätsinteresse des Gläubigers gegenüber den Interessen des Schuldners zurücktreten, wenn seine Befriedigung für den Schuldner eine angemessene Härte darstellt. Bei der Bestimmung der Befreiungsgrenze nach Nr. 2 ist eine gewisse Willkür bei einer mathematischen Berechnung unvermeidlich.[755] Man könnte zwar erwägen, die Grenze von 130 % der Kompensation aus der deutschen Rechtsprechung auf das chinesische Recht zu übertragen.[756] Besser wäre es, wenn das Gericht eine Ad-hoc-Entscheidung unter Berücksichtigung der Umstände des Einzelfalls treffen würde. § 580 Abs. 2 ZGB gibt den Parteien ein Recht zur Vertragsaufhebung, wenn durch den Ausschluss der Erfüllung das Vertragsziel nicht mehr erreicht werden kann. Diese Vorschrift ist durch Auslegung auf die Fälle zu beschränken, in denen dem Gläubiger ohnehin ein Aufhebungsrecht nach § 563 ZGB zusteht. Problematisch ist dagegen § 581 ZGB, dessen Wortlaut einen eindeutigen Widerspruch enthält. Eine Korrektur ist methodisch schwierig, weil eine Auslegung *contra legum* wäre. Die Widersprüchlichkeit des Gesetzes kann nur vom Gesetzgeber beseitigt werden.

---

755 Vgl. BGH NJW 1992, 302; 1992, 1618.

756 Mehr dazu: Li (李承亮), Die Zahlung der fiktiven Herstellungskosten gemäß § 249 Abs. 2 S. 1 BGB.

Mit der Transplantation der Rechtsfiguren soll eine Rezeption der Rechtsdogmatik einhergehen. Die obigen Verbesserungs- und Korrekturvorschläge dienen dazu, Widersprüche im chinesischen Recht zu beseitigen und die übernommenen Regeln zu verinnerlichen. Nach der Kodifizierung des ZGB ist es die dringende Aufgabe der Zivilrechtswissenschaft, eine kohärente Rechtsdogmatik zu schaffen, um das Gesetzbuch nun mit Leben zu füllen.

# Zusammenfassung

## 1. Grundriss des chinesischen Leistungsstörungsrechts

Das chinesische Leistungsstörungsrecht steht unter dem maßgeblichen Einfluss des CISG. Das Kernkonzept ist dabei die Vertragsverletzung.[757] Sie umfasst alle Leistungsstörungen, die den Anspruch des Gläubigers auf Erfüllung, Schadensersatz und Vertragsaufhebung begründen. Eine Differenzierung nach der Art der Vertragsverletzung ist nur für einzelne Vorschriften des chinesischen Rechts relevant. Für den Sonderfall der Qualitätsmängel sieht das Gesetz noch weitere Rechtsbehelfe wie Reparatur, Ersatzlieferung und Minderung vor.

Die chinesische Vertragshaftung ist eine verschuldensunabhängige Haftung. Dies steht im Gegensatz zu den früheren Vertragsgesetzen aus den 1980er-Jahren, die für die Begründung der Haftung ein Verschulden des Schuldners voraussetzten. Eine Entlastung des Schuldners kommt grundsätzlich nur in Betracht, wenn die Vertragsverletzung auf einem Umstand beruht, der für den Schuldner unvorhersehbar, unvermeidbar und unüberwindbar ist. Ein solcher Umstand wird höhere Gewalt genannt. In der chinesischen Regelung der höheren Gewalt (jetzt § 590 ZGB) wird teilweise die „Unmöglichkeit" gesehen. Richtigerweise regelt diese jedoch nur die vom Schuldner nicht zu vertretende Unmöglichkeit, bei welcher der Schuldner auch nach dem deutschen Recht von seiner Leistungspflicht befreit wird. Die vom Schuldner zu vertretende Unmöglichkeit wird durch § 580 Nr. 1 und Nr. 2 Fall 2 ZGB geregelt. Der Schuldner muss danach keine Erfüllung *in natura* erbringen, sondern haftet nur für den Wertersatz. Im deutschen Recht hat der Schuldner für diesen Fall Schadensersatz statt der Leistung zu leisten, der auch nur in Geld erfolgt.

Eine Besonderheit des chinesischen Rechts ist, dass die Diskrepanz zwischen der Rechtslage und der Literatur sehr groß ist. So werden in der Literatur häufig die Unmöglichkeit und der Schuldnerverzug als tragende Säulen des Leistungsstörungsrechts angesehen, während in der Realität der Einfluss des deutschen Rechts auf die geltenden Regelungen nur in geringem Maße spürbar ist. Bei der Schlechtleistung ist umstritten, ob § 112 VG (jetzt § 583 ZGB) eine Anspruchsgrundlage für die Verletzung der vertraglichen Nebenpflichten darstellt. Dies ist im Ergebnis zu verneinen. § 577 ZGB stellt eine einheitliche

757 Gesetzliche Formulierung: „Wenn eine Partei ihre Schuld nicht oder nicht vertragsgemäß erfüllt".

Anspruchsgrundlage für die Rechtsbehelfe des Gläubigers dar, die alle Schadensersatzansprüche umfasst. Eine der Erneuerungen durch die Kodifizierung ist § 589 ZGB, der den Gläubigerverzug regelt. Diese Vorschrift ist jedoch rudimentär und enthält keine umfassende Regelung des Gläubigerverzugs.

Im Prinzip stehen die Rechtsbehelfe des Gläubigers parallel zueinander. Eine Ausnahme ist das Recht der Vertragsaufhebung. Hier hat der chinesische Gesetzgeber einen Mittelweg zwischen dem CISG-Modell der wesentlichen Vertragsverletzung und dem deutschen Modell der Nachfristsetzung gewählt. Der Gläubiger kann den Vertrag aufheben, wenn entweder das Vertragsziel nicht mehr erreicht werden kann oder eine Hauptleistungspflicht auch nach Fristsetzung nicht erfüllt wird. Dies liegt daran, dass der Gesetzgeber im Gesetzgebungsverfahren das Konzept aus dem deutschen Recht aufgegeben hat und sich am CISG orientiert hat. Der Erfüllungsanspruch ist der PICC nachgebildet, während das Schadensersatzrecht im Wesentlichen eine Abbildung des CISG ist. Das chinesische Schadensersatzrecht geht vom Grundsatz der Totalreparation aus, schränkt aber den Umfang des Schadensersatzes durch eine Vorhersehbarkeitsregelung ein. Darüber hinaus kennt das chinesische Vertragsrecht die Vertragsstrafe und die Vorabzahlung. Letztere bezeichnet eine vom Schuldner als Erfüllungsgarantie gezahlte feste Vertragsstrafe, deren Rückforderung vom Erfolg der Leistung abhängt. Die Regelung des Schadensersatzes wird durch die Kodifizierung nicht verändert.

## 2. Die chinesischen Befreiungsregelungen

Die fragmentarische Regelungsstruktur des chinesischen Vertragsrechts spiegelt sich in den Befreiungsvorschriften wider. Nach der Kodifizierung des ZGB verfügt das chinesische Vertragsrecht über drei Regelungen zum Umgang mit Leistungshindernissen: Die Regeln zur höheren Gewalt und zum Ausschluss des Erfüllungsanspruchs wurden weitgehend unverändert aus dem VG 1999 übernommen, während die Regel der veränderten Umstände bisher eine richterliche Auslegung war und erst durch die Kodifizierung ins Gesetz gelangte. Alle drei Regelungen haben unterschiedliche Rezeptionsquellen.

Die Befreiungsregelung der höheren Gewalt war bereits dem WVG 1981 bekannt, obwohl dem Gesetz eine Verschuldenshaftung zugrunde lag. Erst mit dem AWVG 1985 erlangte die Regelung konstitutive Bedeutung. Die Vorschrift ist weitgehend dem Art. 79 CISG nachgebildet, aber nur Art. 79 Abs. 1 und 4 CISG wurden übernommen. Wie bei Art. 79 CISG ist eine klare Unterscheidung zwischen den einzelnen Befreiungsmerkmalen nicht möglich, da sie einer gemeinsamen Wertung unterworfen sind: Der Schuldner soll nicht für Leistungshindernisse haften, die außerhalb seiner Risikosphäre liegen. Die chinesische Regelung weicht von Art. 79 CISG insoweit ab, als dass sie eine Verschärfung der Haftung nach Verzugseintritt vorsieht. Als Vorbild für diese Verschärfung diente § 287 S. 2 BGB, der allerdings voraussetzt, dass der Schuldner den Verzug zu vertreten hat. Da das chinesische Recht eine Garantiehaftung vorsieht, ist die Verschärfung der Haftung widersprüchlich. Dies ist insbesondere dann problematisch, wenn die Leistungsverzögerung ihrerseits auf höhere Gewalt zurückzuführen ist.

Der Ausschluss des Erfüllungsanspruchs wurde erstmals im VG 1999 gesetzlich geregelt. Es wird zwischen einer Geldschuld und einer Nichtgeldschuld unterschieden. Während die Erfüllung einer Geldschuld immer verlangt werden kann, ist der Anspruch auf Erfüllung einer Nichtgeldschuld ausgeschlossen, wenn die Erfüllung unmöglich, zu teuer oder ihre Durchsetzung schwierig ist. Diese Ausschlussgründe vermischen jedoch materielles Recht mit Verfahrensrecht und sind weitgehend eine Nachbildung der PICC. In den Ausschlussgründen der „Unmöglichkeit" und der „Unverhältnismäßigkeit" wird teilweise eine Parallelität zu § 275 BGB gesehen. Hier ist Vorsicht geboten: Die Kategorien der Unmöglichkeit spielen für das chinesische Vertragsrecht heute keine wesentliche Rolle mehr, vielmehr bezieht sich § 580 Nr. 1 ZGB ausschließlich auf die Fälle der vom Schuldner zu vertretenden Unmöglichkeit. Das Ergebnis ist hier, dass der Schuldner nur Wertersatz zu leisten hat. Hinsichtlich der Unverhältnismäßigkeit gibt es in China eine Diskussion darüber, wie die Befreiungsgrenze des § 110 Nr. 2 VG (jetzt § 580 Nr. 2 ZGB) bestimmt wird. Richtigerweise muss das Gläubigerinteresse die Gegenposition für die Abwägung bilden, weil die Vorschrift Ausdruck des Grundsatzes der wirtschaftlichen Effizienz ist.

Der VG-Gesetzgeber hatte sich gegen eine Regelung der veränderten Umstände entschieden, um eine grenzenlose richterliche Macht zu verhindern. Daher wurde die Regelung des § 26 AB II zunächst nur als justizielle Auslegung des Obersten Volksgerichts erlassen. Inhaltlich enthält die Vorschrift Elemente der Lehre von der Geschäftsgrundlage und der Härtefallregelung der PICC. Der Schuldner wird entlastet, wenn sich Umstände nach Vertragsschluss so schwerwiegend verändert haben, dass die Erfüllung für ihn offensichtlich ungerecht darstellen würde. Das Gericht definiert den Begriff der „offensichtlichen Ungerechtigkeit" jedoch nicht weiter. Die Kodifizierung des § 533 ZGB hat eine wesentliche Änderung gebracht. Die Zweckstörung wurde aus dem Tatbestand der Regelung gestrichen und die Regelung bleibt ausschließlich auf die Äquivalenzstörung anwendbar. Weiterhin wurde auch die Abgrenzung zur höheren Gewalt gestrichen, was jedoch die Abgrenzungsproblematik als solche nicht beseitigt. Als Rechtsfolge wurde anstelle der geplanten Nachverhandlungspflicht eine Verhandlungsbefugnis des Schuldners[758] aufgenommen, die jedoch in der Praxis nicht durchsetzbar ist.

## 3. Dogmatik, Systematisierung und Verbesserung

Die Übernahme fremder Befreiungsfiguren wirft die Frage auf, ob die heterogenen Elemente des chinesischen Vertragsrechts zu einem harmonischen Ganzen zusammengefügt werden können. Eine Systematisierung der gesetzlichen Regelungen ist nur durch die Bildung einer Rechtsdogmatik möglich. Bei der Ausarbeitung der Rechtsdogmatik werden die Diskussionen zum deutschen Recht und zum CISG berücksichtigt. Es zeigt sich, dass auch in diesen Rechtsordnungen die Problematik der Schuldnerbefreiung keineswegs eindeutig geregelt ist.

Durch die deutsche Schuldrechtsreform 2002 ist ein Problem mit der Befreiungsthematik entstanden, das teilweise als „Systembruch“ bezeichnet wird.[759] Neben der Unmöglichkeitsregel wird für die Bestimmung von Leistungspflichten die Geschäftsgrundlage gesetzlich normiert, die dieselbe Frage unter einem anderen Blickwinkel regelt. Eine Überschneidung der §§ 275, 313 BGB kommt in der Konstellation der sog. Leistungserschwerung in Betracht, bei der die Leistung nicht ontologisch ausgeschlossen ist, sondern nur mit exorbitantem Aufwand erbracht werden kann. In dieser Konstellation gibt es nur eine entscheidende Frage – bis zu welcher Grenze der Aufwand des Schuldners geschuldet ist. Geht es doch um die Frage, was als Vertragsinhalt geschuldet ist, gelten die Grundsätze der normativen Auslegung des Vertrags. Eine einfache Auslegung wird oft nicht ausreichen, da die Parteien das Leistungshindernis bei Vertragsschluss nicht vorausgesehen haben. Um die Lücke des Vertrags zu schließen, muss daher der hypothetische Wille der Parteien durch ergänzende Auslegung ermittelt werden. Da durch § 275 Abs. 2 BGB dem Schuldner eine Verpflichtung auferlegt wird, die von ihm nicht versprochen wurde, kann die Regelung nur als Haftungsvorschrift verstanden werden. Flexibler ist demgegenüber § 313 BGB, dessen Befreiungskriterium der Unzumutbarkeit der Leistung durch das Auslegungsergebnis bestimmt werden kann.

Das CISG enthält eine einzige Befreiungsvorschrift in Art. 79 CISG. Diese Bestimmung bewirkt eine Haftung nach der Risikosphäre, wobei unklar bleibt,

758 Das Gesetz verwendet das Wort des „kann“: „so kann die benachteiligte Partei eine Neuverhandlung von der anderen Partei verlangen“.

759 Lobinger, GPR 6/08, S. 264 ff.

wie die Risikosphäre des Schuldners bestimmt werden kann. Alle Tatbestandsmerkmale des Art. 79 Abs. 1 CISG sind unbestimmt und bedürfen einer Konkretisierung. Ein weiteres Problem besteht im Hinblick auf Art. 79 Abs. 5 CISG, der die Befreiung ausschließlich auf Schadensersatz beschränkt. Erkennt man jedoch an, dass Art. 79 CISG den beschränkten Willen des Schuldners verkörpert und damit die Grenze der Leistungspflicht bestimmt, dann kann der Vorbehalt des Abs. 5 nicht mehr aufrechterhalten werden. Durch die Rückbindung auf den Parteiwillen können die Probleme des Art. 79 CISG gelöst werden. Eine Abgrenzung mit Hardship ist weder möglich noch sinnvoll, vielmehr würde durch die Anerkennung einer Hardship-Regelung die Befreiungsgrenze verdunkelt.

Aus den vorangegangenen Diskussionen wird die Konsequenz für das chinesische Vertragsrecht gezogen. Auf der Leistungsebene müssen die doppelten Befreiungsregeln zugunsten eines einheitlichen Maßstabs beseitigt werden. Beide Vorschriften regeln das gleiche Problem des Schuldneraufwands aus unterschiedlichen Perspektiven. Der Grundsatz der Privatautonomie, den das chinesische Recht zunehmend anerkannt hat, verlangt, dass für die Bestimmung des Schuldneraufwands die Parteien selbst entscheiden müssen. Daher wäre auf dieser Ebene die Regelung der höheren Gewalt ausreichend, aber ihr Inhalt muss entsprechend dem Ergebnis der normativen Auslegung modifiziert werden. Auf der Ebene der Haftung geht es um die Frage der Haftungsform. Der Erfüllungsanspruch ist eher als Anspruch auf Naturalrestitution zu verstehen, da er eine Reaktion auf eine Vertragsverletzung ist. Die Erfüllung *in natura* ist ausgeschlossen, wenn sie unmöglich oder unverhältnismäßig ist. Alle anderen Ausschlussgründe sollte man dem Verfahrensrecht überlassen. Da § 580 ZGB die Haftungspflicht und nicht die Leistungspflicht regelt, ist ein Rückgriff auf den Grundsatz von Treu und Glauben möglich. Ein Ausschluss ist gegeben, wenn der Aufwand des Schuldners im Vergleich zum Interesse des Gläubigers unverhältnismäßig hoch ist, sodass die Erfüllung bei wirtschaftlicher Betrachtung sinnlos ist. Nach dieser Leitlinie kann das Gericht im Einzelfall eine Adhoc-Entscheidung über die Befreiungsgrenze treffen.

# Literaturverzeichnis

## Kommentare

*Achilles*: Kommentar zum UN-Kaufrechtsübereinkommen (CISG), 2000.

*Bamberger/Roth*: Beck'scher Online-Kommentar BGB, 41. Aufl., 2016 (zit.: BeckOK BGB/*Bearbeiter*).

*Bamberger/Roth/Hau/Poseck*: Bürgerliches Gesetzbuch: BGB, 4. Aufl., 2019 (zit.: Bamberger/Roth/*Bearbeiter*).

*Brunner*: UN-Kaufrecht – CISG, Kommentar zum Übereinkommen der Vereinten Nationen über Verträge über den internationalen Warenkauf von 1980: Unter Berücksichtigung der Schnittstellen zum internen Schweizer Recht, 2. Aufl., 2014.

*Dauner-Lieb/Heidel/Ring*: AnwaltKommentar BGB, 1. Aufl., 2005 (zit.: AnwK-BGB/*Bearbeiter*).

*Ferrari/Kieninger/Mankowski/Saenger*: Internationales Vertragsrecht: Rom I-VO, CISG, CMR, FactÜ: Kommentar, 2. Aufl., 2012.

*Gsell/Krüger/Lorenz/Reymann*: beck-online.GROSSKOMMENTAR zum Zivilrecht, CISG (zit.: BeckOGK/*Bearbeiter*).

*Herber/Czerwenka*: Internationales Kaufrecht: Kommentar zu dem Übereinkommen der Vereinten Nationen vom 11. April 1980 über Verträge über den internationalen Warenkauf, 1991.

*Honsell*: Kommentar zum UN-Kaufrecht: Übereinkommen der Vereinten Nationen über Verträge über den internationalen Warenkauf (CISG), 2. Aufl., 2010 (zit.: Honsell/*Bearbeiter*).

*Jauernig*: Bürgerliches Gesetzbuch mit Allgemeinem Gleichbehandlungsgesetz, 17. Aufl., 2018. (zit.: Jauernig/*Bearbeiter*).

*Kröll/Mistelis/Viscasillas/Atamer*: UN Convention on Contracts for the International Sales of Goods (CISG), A Commentary, 2. Aufl., 2018.

*Münchener Kommentar* zum Bürgerlichen Gesetzbuch (zit.: MükoBGB/Bearbeiter)

Band 2: Schuldrecht Allgemeiner Teil §§ 241–432, 7. Aufl., 2016.

Band 3: §§ 433–534 BGB, Finanzierungsleasing, CISG, 7. Aufl., 2016.

*Münchener Kommentar* zum Handelsgesetzbuch (zit.: MüKoHGB/*Bearbeiter*)

Band 5: §§ 343–406 HGB, CISG, 3. Aufl., 2013.

*Münchener Kommentar* zur Zivilprozessordnung (zit.: MüKoZPO/*Bearbeiter*)

Band 2: §§ 355–945b, 5. Aufl., 2016.

*Nomos Kommentar* BGB (zit.: NK-BGB/*Bearbeiter*)

Band 2/1: §§ 241–610, 3. Aufl., 2016.

*Palandt*: Bürgerliches Gesetzbuch mit Nebengesetzen, 79. Aufl., 2020 (zit.: Palandt/Bearbeiter).

*Prütting/Wegen/Weinreich*: BGB-Kommentar, 13. Aufl., 2018 (zit.: Prütting/Wegen/Weinreich/Bearbeiter).

*Schlechtriem/Schwenzer*: Kommentar zum Einheitlichen UN-Kaufrecht. Das Übereinkommen der Vereinten Nationen über Verträge über den internationalen Warenkauf – CISG, 6. Aufl., 2013. (zit.: Schlechtriem/Schwenzer/Bearbeiter)

*Schulze*: Bürgerliches Gesetzbuch, Handkommentar, 10. Aufl., 2019 (zit.: HK-BGB/Bearbeiter).

*Soergel/Ekkenga*: Bürgerliches Gesetzbuch mit Einführungsgesetz und Nebengesetzen (BGB), 13. Aufl., 2014 (zit.: Soergel/Ekkenga/Bearbeiter).

*Staudingers* Kommentar zum Bürgerlich Gesetzbuch mit Einführungsgesetz und Nebengesetzen (zit.: Staudinger/*Bearbeiter*)

Buch 2: Recht der Schuldverhältnisse: Wiener UN-Kaufrecht (CISG)

*Vogenauer/Kleinheisterkamp/Schelhaas*: Commentary on the Unidroit Principles of International Commercial Contracts (PICC), 2. Aufl., 2015.

*Von Bar/Zimmermann*: Grundregeln des Europäischen Vertragsrechts Teil I und II: Deutsche Ausgabe der Principles of European Contract Law, 2002.

*Vorwerk/Wolf*: Beck'scher Online-Kommentar ZPO, 37. Aufl., 2020 (zit.: BeckOK ZPO/*Bearbeiter*).

## Monographien, Lehrbücher und Aufsätze

*Arnold, Arnd*: Die vorübergehende Unmöglichkeit nach der Schuldrechtsreform, JZ 2002, S. 866 ff.

*Atamer, Yeşim Müride*: Availability of Remedies other than Damages in Case of Exemption According to Art. 79 CISG, in: Büchler/Müller-Chen (Hrsg.), Private Law, national – global – comparative, Festschrift für Ingeborg Schwenzer zum 60. Geburtstag, 2011, S. 83 ff.

*Bach, Ivo*: Leistungshindernisse, 2017.

*Bach, Ivo/Stieber, Christoph*: Die Unmöglichkeit der Leistung im CISG, IHR 2006, S. 59 ff.

*Bernhard, Tobias*: Das grobe Missverhältnis in § 275 Abs. 2 BGB, Jura 2006, S. 801 ff.

*Beuthien, Volker*: Zweckerreichung und Zweckstörung im Schuldverhältnis, 1969.

*Bonell, Michael*: A New Approach to International Commercial Contracts: The Unidroit Principles of International Contracts, 1999.

*Braun, Johann*: Leistung und Sorgfalt, AcP 205 (2005), S. 127 ff.

*Brox, Hans/Walker, Wolf-Dietrich*: Allgemeines Schuldrecht, 44. Aufl., 2020.

*Bu, Yuanshi* (卜元石): Chinese Civil Law, 2013.

*Bu, Yuanshi* (卜元石): Rechtsdogmatik – vom Transfer des deutschen Rechts zum Transfer des deutschen Konzepts der Rechtswissenschaft, JZ 2016, S. 382 ff.

*Bu, Yuanshi* (卜元石): Der Besondere Teil der chinesischen Zivilrechtskodifikation, 2019.

*Bu, Yuanshi* (卜元石): Die Kodifikation des Zivilgesetzbuchs der VR China, 2017.

*Bu, Yuanshi* (卜元石): Einführung in das Recht Chinas, 2017.

*Bu, Yuanshi* (卜元石): Das chinesische Vertragsrecht – Bestandsaufnahme und Entwicklungsperspektive, ZfRV 2014, S. 261 ff.

*Bu, Yuanshi* (卜元石): Rückblick und Vorschau über den 40-jährigen Aufenthalt der chinesischen Jurastudierende in Deutschland (中国法科学生留学德国四十年的回顾与展望——基于博士学位论文的考察), Chinese Journal of Law (法学研究) 02/2019, S. 3 ff.

*Canaris, Claus-Wilhelm*: Die Reform des Rechts der Leistungsstörungen, JZ 2001, S. 499 ff.

*Canaris, Claus-Wilhelm*: Karlsruher Forum 2002: Schuldrechtsmodernisierung, 2002.

*Canaris, Claus-Wilhelm*: Die Behandlung nicht zu vertretender Leistungshindernisse nach § 275 Abs. 2 BGB beim Stückkauf, JZ 5/2004, S. 214 ff.

*Chen, Chengjian* (陈成建)/ *Guo, Xiangfeng* (郭翔峰), Judicial Application of Non-monetary Debt's Continuing Performance (非金钱债务继续履行责任的司法适用), Journal of Law Application (法律适用) 10/2018, S. 68 ff.

*Chen, Rongwen* (陈荣文), Die begriffliche Herleitung und institutionelle Konstruktion der „Privatautonomie" im ZGB (《民法典》"私法自治"的理念衍义与制度构建), Fujian Tribune (福建论坛) 09/2020, S. 59 ff.

*Chiotellis, Aristide*: Rechtsfolgenbestimmung bei Geschäftsgrundlagenstörungen in Schuldverträgen, 1981.

CISG-AC Opinion No. 7, Exemption of Liability for Damages under Article 79 of the CISG, Alejandro M. Garro.

*Cui, Jianyuan* (崔建远): Vertragsrecht (合同法), 2011.

*Cui, Jianyuan* (崔建远): Das zweispurige Haftungssystem des Vertragsrechts (合同法应当奉行双轨体系的归责原则), Guangdong Social Science (广东社会科学) 04/2019, S. 225 ff.

*Cui, Jianyuan* (崔建远): Strikte Haftung? Verschuldenshaftung? – Haftungsprinzip im chinesischen Vertragsgesetz aus legislativer Perspektive (严格责任?过错责任? — 中国合同法归责原则的立法论), Civil and Commercial Law Review (民商法论丛) 11/1999, S. 190 ff.

*Cui, Jianyuan* (崔建远): Force Majeure Klausel und ihre Auslegung (不可抗力条款及其解释), Global Law Review (环球法律评论) 01/2019, S. 48 ff.

*Düchs, Constantin*: Die Behandlung von Leistungsstörungen im Europäischen Vertragsrecht, 2006.

*Eberl-Borges, Christina*: Einführung in das chinesische Recht, 2018.

*Emmerich, Volker*: Das Recht der Leistungsstörungen, 6. Aufl., 2005.

*Ernst, Wolfgang*: Kernfragen der Schuldrechtsreform, JZ 1994, S. 801 ff.

*Fehre, Andreas*: Unmöglichkeit und Unzumutbarkeit der Leistung: Voraussetzungen und Rechtsfolgen nach Inkrafttreten des Schuldrechtsmodernisierungsgesetzes, 2005.

*Feldhahn, Peer*: Die Störung der Geschäftsgrundlage im System des reformierten Schuldrechts, NJW 2005, S. 3381 ff.

*Fikentscher, Wolfgang*: Die Geschäftsgrundlage als Frage des Vertragsrisikos: dargestellt unter besonderer Berücksichtigung des Bauvertrages, 1971.

*Fikentscher, Wolfgang/Heinemann, Andreas*: Schuldrecht: Allgemeiner und Besonderer Teil, 11. Aufl., 2017.

*Finn, Markus*: Erfüllungspflicht und Leistungshindernis: die Bestimmung der Grenzen vertraglicher Primärpflichten nach §§ 275 Abs. 1 und 2, 313 BGB, 2007.

*Fischer, Nicole*: Die Unmöglichkeit der Leistung im internationalen Kauf- und Vertragsrecht: Die Haftungsbefreiung des Schuldners nach Art. 79 CISG, den Vorschriften der UNIDROIT Principles of International Commercial Contracts und der Principles of European Contract Law im Vergleich zum deutschen Unmöglichkeitsrecht, 2001.

*Flume, Werner*: Allgemeiner Teil des Bürgerlichen Rechts. Band 2: Das Rechtsgeschäft, 4. Aufl., 1992.

*Haas, Lothar/Medicus, Dieter/Rolland, Walter/Schäfer, Carsten/Wendtland, Holger*: Das neue Schuldrecht, 2002.

*Haase, Marco* (Hrsg.): Privatautonomie: Aufgaben und Grenzen, Band 15, 2015.

*Han, Shiyuan* (韩世远): Allgemeines zum Vertragsrecht (合同法总论), 2011.

*Han, Shiyuan* (韩世远): Das chinesische Vertragsgesetz und CISG (中国合同法与CISG), Journal of Jinan University (暨南学报) 02/2011, S. 7 ff.

*Han, Shiyuan* (韩世远): On the Fundamental Breach of Contract (根本违约论), Jilin University Journal Social Sciences Edition 04/1999, S. 30 ff.

*Han, Shiyuan* (韩世远): Eine Untersuchung zu einigen Problemen der Störung der Geschäftsgrundlage (情事变更若干问题研究), Peking University Law Journal (中外法学) 03/2014, S. 657 ff.

*Han, Qiang* (韩强): Eine Untersuchung über die Kategorisierung der Störung der Geschäftsgrundlage (情势变更原则的类型化研究), Chinese Journal of Law (法学研究) 04/2010, S. 57 ff.

*Hartmann, Felix*: Der Anspruch auf das stellvertretende commodum, 2007.

*Hoffmann, Jan Felix*: Zession und Rechtszuweisung, 2012.

*Hoffmann, Jan Felix*: Zum vermögensrechtlichen Schutz absoluter und relativer Rechtspositionen an der Schnittstelle zum Immaterialgüterrecht, JA 2014, S. 71 ff.

*Huang, Tong* (黄彤), Vertragsrecht (合同法), 2013.

*Huang, Zhe* (黄喆), Zur Lehre von der Geschäftsgrundlage nach altem und neuem Schuldrecht, 2009.

*Huber, Peter/Faust, Florian*: Schuldrechtsmodernisierung: Einführung in das neue Recht, 2002.

*Huber, Ulrich*: Leistungsstörungen, Band 1, 1999.

*Jiang, Ping* (江平) / *Cheng, Hehong* (程合红) / *Shen, Weixing* (申卫星), Zum Grundsatz der Vertragsfreiheit und dem Grundsatz von Treu und Glauben im neuen Vertragsrecht (论新合同法中的合同自由原则与诚实信用原则), Tribune of Political Science and Law (政法论坛) 02/1999, S. 2 ff.

*Jiang, Ping* (江平) / *Zhang, Lihong* (张礼洪), Chinese Journal of Law (法学研究) 06/1993, S. 20 ff.

*Jiao, Li* (焦莉), Der Einfluss des deutschen BGB auf das chinesische Zivilgesetzbuch von 1929, 2009.

*Kähler, Lorenz*: Begriff und Rechtfertigung abdingbaren Rechts, 2012.

*Ke, Weicai* (柯伟才): Die „Unmöglichkeit“ in unserem Vertragsrecht – zugleich über das System der Nichterfüllung in unserem Vertragsrecht (我国合同法上的“不能履行”——兼论我国合同法的债务不履行形态体系), Tsinghua University Law Journal (清华法学) 05/2016, S. 151 ff.

*Kegel, Gerhard*: Gutachten für den 40. Deutschen Juristentag: Verhandlungen des Deutschen Juristentages, 1953.

*Klages, Nils/Leibküchler, Peter/Pißler, Knut Benjamin*: Deutsche Übersetzung von ATZ 2017, ZChinR 2017/3, S. 208 ff.

*Köhler, Helmut*: Unmöglichkeit und Geschäftsgrundlage bei Zweckstörungen im Schuldverhältnis, 1971.

*Krüger, Ulrich*: Modifizierte Erfolgshaftung im UN-Kaufrecht: Die Haftungsbefreiung bei Lieferung vertragswidriger Ware gemäß Art. 79 CISG, 1999.

*Larenz, Karl*: Geschäftsgrundlage und Vertragserfüllung: die Bedeutung „Veränderter Umstände" im Zivilrecht, 3. Aufl., 1963.

*Li, Chengliang* (李承亮): Die Zahlung der fiktiven Herstellungskosten gemäß § 249 Abs. 2 S. 1 BGB, 2007.

*Li. Yongjun Li* (李永军): Der Grundsatz der Vertragsfreiheit im Lichte seiner Begründung im modernen Vertragsrecht (从契约自由原则的基础看其在现代合同法上的地位), Journal of Comparative Law (比较法研究) 04/2002, S. 1 ff.

*Liang, Huixing* (梁慧星): Über einige Probleme im Entwurf des Besonderen Teils des ZGB (关于民法典分则草案的若干问题), Research on Rule of Law (法治研究) 4/2019, S. 3 ff.

*Liang, Huixing* (梁慧星): Die Störung der Geschäftsgrundlage im Vertragsrecht (合同法上的情事变更问题), Chinese Journal of Law (法学研究) 06/1988, S. 35 ff.

*Liang, Huixing* (梁慧星): Success and Shortcomings of the Contract Law (合同法的成功与不足), Peking University Law Journal (中外法学) 06/1999, S. 13 ff.

*Ling, Bing* (凌兵): Contract Law in China, 2002.

*Liu, Kaixiang* (刘凯湘)/*Zhang, Haixia* (张海峡): Zu höherer Gewalt (论不可抗力), Chinese Journal of Law (法学研究) 06/2000 S. 107 ff.

*Liu, Xuhua* (刘旭华): Eine neue Bewertung der Realerfüllung des Vertrags – zugleich eine Auslegung des § 110 VG (合同实际履行的价值重估——兼析对《合同法》第110条的理解), Journal of Lanzhou University (兰州大学学报) 01/2002, S. 119 ff.

*Liu, Yang* (刘洋): "Zu hohen Kosten" als Ausschluss für den Erfüllungsanspruch ("履行费用过高"作为排除履行请求权的界限), Political Science and Law (政治与法律) 02/2018, S. 105 ff.

*Loyal, Florian*: Ansprüche auf Vertragsanpassung – eine Dekonstruktion, AcP 214 (2014), S. 746 ff.

*Lobinger, Thomas*: Die Grenzen rechtsgeschäftlicher Leistungspflichten: Zugleich ein Beitrag zur Korrekturbedürftigkeit der §§ 275, 311a, 313 BGB n. F., Tübingen, 2004.

*Lobinger, Thomas*: Rechtsgeschäftliche Verpflichtung und autonome Bindung: zu den Entstehungsgründen vermögensaufstockender Leistungspflichten im bürgerlichen Recht, Tübingen, 1999.

*Lobinger, Thomas*: Hausgemachte Systemverluste: Die deutsche Schuldrechtsreform und die Verbrauchsgüterkaufrichtlinie, GPR 06/2008, S. 262 ff.

*Lohmann, Arnd*: Parteiautonomie und UN-Kaufrecht, Tübingen, 2005.

*Löhnig, Martin*: Die Voraussetzungen des Leistungsverweigerungsrechts nach § 275 Abs. 2 BGB, ZGS 2005, S. 459 ff.

*Lorenz, Stephan/Riehm, Thomas*: Lehrbuch zum neuen Schuldrecht, 2002.

*Lüderitz, Alexander*: Auslegung von Rechtsgeschäften: Vergleichende Untersuchung anglo-amerikanischen und deutschen Rechts, 1966.

*Medicus, Dieter/Lorenz, Stephan*: Schuldrecht I, 21. Aufl., 2015.

*Medicus, Dieter/Lorenz, Stephan*: Schuldrecht II, 18. Aufl., 2018.

*Medicus, Dieter/Petersen, Jens*: Bürgerliches Recht: Eine nach Anspruchsgrundlagen geordnete Darstellung zur Examensvorbereitung, 27. Aufl., 2019.

*Medicus, Dieter/Petersen, Jens*: Allgemeiner Teil des BGB, 11. Aufl., 2016.

*Medicus, Dieter*: Festschrift für Werner Flume zum 70. Geburtstag, 12. September 1978. Band I, 1978, S. 629 ff.

*Möslein, Florian*: Dispositives Recht: Zwecke, Strukturen und Methoden, 2011.

*Musielak, Hans-Joachim*: Vertragsfreiheit und ihre Grenzen, JuS 2017, S. 949 ff.

*Nagel, Bernhard*: Eigentum, Delikt und Vertrag: Mit einer Einführung in die ökonomische Analyse des Rechts, 2003.

*Nicklisch, Fritz*: Ergänzende Vertragsauslegung und Geschäftsgrundlagenlehre – ein einheitliches Institut zur Lückenausfüllung?, BB 1980, S. 949 ff.

*Oertmann, Paul*: Die Geschäftsgrundlage – Ein neuer Rechtsbegriff, 1921.

*Omlor, Sebastian*: Inflationsbewältigung im UN-Kaufrecht, JZ 2013, S. 972 ff.

*Picker, Eduard*: Schuldrechtsreform und Privatautonomie: Zur Neuregelung der Schuldnerpflichten bei zufallsbedingter Leistungsstörung, JZ 2003, S. 1035 ff.

*Picker, Eduard*: Positive Forderungsverletzung und culpa in contrahendo – Zur Problematik der Haftungen "zwischen" Vertrag und Delikt, AcP 183 (1983), S. 369 ff.

*Picker, Eduard*: Vertragliche und deliktische Schadenshaftung, JZ 1987, S. 1041 ff.

*Picker, Eduard*: Deliktsrechtlicher Eigentumsschutz bei Störungen der Sach-Umwelt-Beziehung, JZ 2010, S. 541 ff.

*Riehm, Thomas*: Der Grundsatz der Naturalerfüllung, 2015.

*Savigny, Friedrich Carl von*: System des heutigen römischen Rechts, 1840.

*Schäfer, Hans-Bernd/Ott, Claus*: Lehrbuch der ökonomischen Analyse des Zivilrechts, 1986.

*Shi* (石宏), Wesentliche Entwicklungen und Neuerungen in der Vertragskodifizierung (合同编的重大发展和创新), China Legal Science (中国法学) 04/2020, S. 44 ff.

*Schlechtriem, Peter*: Einheitliches UN-Kaufrecht, 1981.

*Schlechtriem, Peter/Schroeter, Ulrich*: Internationales UN-Kaufrecht: Ein Studien- und Erläuterungsbuch zum Übereinkommen der Vereinten Nationen über Verträge über den internationalen Warenkauf (CISG), 6. Aufl., 2016.

*Schlüter, Andreas*: Leistungsbefreiung auf Grund von Leistungserschwerungen: Zur Konkurrenz der Befreiungstatbestände im neuen Schuldrecht (§§ 275, 313, 314 BGB), ZGS 2003, S. 346 ff.

*Schollmeyer, Mario*: Selbstverantwortung und Geschäftsgrundlage: Zurechnung und Haftung bei Geschäftsgrundlagenstörungen gemäß § 313 BGB, 2014.

*Schwarze, Roland*: Unmöglichkeit, Unvermögen und ähnliche Leistungshindernisse im neuen Leistungsstörungsrecht, JURA 2002, S. 73 ff.

*Shao, Jiandong* (邵建东): Die Rezeption des deutschen Zivilrechts im alten China, JZ 1999, S. 80 ff.

*Staub, Hermann*: Die positiven Vertragsverletzungen und ihre Rechtsfolgen, Festschrift für den 26. Deutschen Juristentag, Berlin 1902, S. 46 ff.

*Stoll, Hans*: Inhalt und Grenzen der Schadensersatzpflicht sowie Befreiung von der Haftung im UN-Kaufrecht im Vergleich zu EKG und BGB, in: Schlechtriem (Hrsg.), Einheitliches Kaufrecht und nationales Obligationenrecht (1987), S. 257 ff. (zit.: Stoll, in Schlechtriem, Fachtagung)

*Stürner, Michael*: „Faktische Unmöglichkeit" (§ 275 II BGB) und Störung der Geschäftsgrundlage (§ 313 BGB) – unmöglich abzugrenzen?, JURA 10/2010, S. 721 ff.

*Sui, Pengsheng* (隋彭生), Essenz des Vertragsrechts (合同法要义), 2003.

*Sun, Lihai* (孙礼海): Erklärungen zum Vertragsgesetz (合同法立法资料选), 1999.

*Sun, Xianzhong* (孙宪忠): Die Rezeption der westlichen Zivilrechtswissenschaft und ihre Auswirkung im modernen China, RabelsZ 03/2007, S. 644 ff.

*Tan, Qiping* (谭启平) /*Gong, Junwei* (龚军伟): Civil Liability under Force Majeure (不可抗力与合同中的民事责任承担), Hebei Law Science (河北法学), 20/2002 S. 125 ff.

*Teubner, Gunther*: Die Geschäftsgrundlage als Konflikt zwischen Vertrag und gesellschaftlichen Teilsystemen, ZHR 1982, S. 625 ff.

*Tong, Rou* (佟柔), Chinesisches Zivilrecht (中国民法), 1990.

*Unberath, Hannes*: Die Vertragsverletzung, 2007.

*Veneziano, Anna*: UNIDROIT Principles and CISG: Change of Circumstances and Duty to Renegotiate according to the Belgian Supreme Court, Unif. L. Rev. 2010, S. 137 ff.

*Vischer, Frank*: Gemeinsame Bestimmungen über Verpflichtungen des Verkäufers und des Käufers, in: Schweizerisches Institut für Rechtsvergleichung (Hrsg.), Wiener Übereinkommen von 1980 über den internationalen Warenkauf (1985), S. 173 ff. (zit.: Vischer, in Lausanner Kolloquium)

*Vogg, Dominic-Alexander Peter*: Die Leistungsstörungsrechte des BGB, der CIGS, der Principles und des DCFR im Vergleich, 2011.

*Wang, Hongliang* (王洪亮): Die Natur und Ausübung des Erfüllungsanspruchs (强制履行请求权的性质及行使), Legal Science Monthly (法学) 01/2012, S. 104 ff.

*Wang, Hongliang* (王洪亮): Eine Untersuchung des Systems der Unmöglichkeit in China (我国给付不能制度体系之考察), Legal Science (法律科学) 05/2007, S. 134 ff.

*Wang, Liming* (王利民), Neue Beträge zum zivilrechtlichen Haftungsprinzip, (民事责任归责原则新论), Legal Forum (法学论坛) 06/2006, S. 55 ff.

*Wang, Liming* (王利明): Zivilrecht (民法), 2003.

*Wang, Liming* (王利明): Studien zum Vertragsrecht (合同法研究), Band II, 2011.

*Wang, Liming* (王利明): Vertragsrecht (合同法), 2015.

*Wang, Liming* (王利明): Diskussion über einige Probleme des Instituts der Störung der Geschäftsgrundlage (情事变更制度若干问题探讨), Studies in Law and Business (法商研究) 03/2019, S. 3 ff.

*Wang, Liming* (王利明): Zur Unmöglichkeit (论履行不能), Studies in Law and Business (法商研究) 03/1995, S. 33 ff.

*Wang, Liming* (王利明): Legislative Research on the Compilation of Contract of the Civil Code (民法分则合同编立法研究), China Legal Science (中国法学) 02/2017, S. 25 ff.

*Wie, Zhengying* (魏振瀛): Zivilrecht (民法), 6. Aufl., 2016.

*Weller, Marc-Philippe*: Die Vertragstreue: Vertragsbindung – Naturalerfüllungsgrundsatz – Leistungstreue, 2009.

*Widmer, Ralf*: Die Haftung für Vertragsverletzung im Außenwirtschaftsrecht der VR China, 2000.

*Widmer, Ralf/Ye, Feng*: Die Haftung für Vertragsverletzung nach dem Vertragsgesetz der Volksrepublik China, RIW 2001, S. 844 ff.

*Wieacker, Franz*: Leistungshandlung und Leistungserfolg im Bürgerlichen Schuldrecht, in: Dietz/Hübner, Festschrift für Hans Carl Nipperdey zum 70. Geburtstag am 21. Januar 1965, Band 1, 1965, S. 783 ff. (zit.: Wieacker, in: FS Nipperdey)

*Windscheid, Bernhard*: Die Lehre des römischen Rechts von der Voraussetzung, 1850.

*Wolf, Manfred/Neuner, Jörg*: Allgemeiner Teil des Bürgerlichen Rechts, 11. Aufl., 2016.

*Wu, Bin* (吴斌): Allgemeines zum Vertragsrecht (合同法概论), 2012.

*Ye, Lin* (叶林): Über das Institut höherer Gewalt (论不可抗力制度), Northern Legal Science (北方法学) 05/2007, S. 36 ff.

*Yin, Tian* (尹田), Zum Grundsatz der Autonomie (论意思自治原则), Political Science and Law (政治与法律) 03/1995, S. 38 ff.

*Zhang, Guangxing* (张广兴): Allgemeines Schuldrecht (债法总论), 2004.

*Zhang, Jinhai* (张金海): On the Second Revision of the Contract Part (Draft) of Civil Code ("民法典合同编（草案）二审稿修改"笔谈), Research on Rule of Law (法治研究) 03/2019, S. 37 ff.

*Zhu, Guangxin* (朱广新): Allgemeiner Teil des Vertragsrechts (合同法总则), 2008.

*Zhu, Guangxin* (朱广新): Sechs Besonderheiten des Persönlichkeitsrechts im Entwurf des Zivilgesetzbuchs (民法典人格权编(草案)的六大怪状), in: iolaw.org.cn (中国法学网).

*Zhu, Guangxin* (朱广新): Durchforschung des Vertragsrechtlichen Haftungsprinzips (违约责任的归责原则探究), Tribune of Political Science and Law (政法论坛) 04/2008, S. 76 ff.

*Zheng, Xiaochuan* (郑小川) */Lei, Mingguang* (雷明光): Reconsideration of Specific Performance (对"继续履行"的再思考), Hebei, Law Science (河北法学) 03/2003, S. 67 ff.

*Zweigert, Konrad/Kötz, Hein*: Einführung in die Rechtsvergleichung auf dem Gebiete des Privatrechts, 1996.

# Liste der chinesischen Vorschriften

| Para. | Chinesischer Originaltext | Deutsche Übersetzung |
|---|---|---|
| Zivilgesetzbuch der Volksrepublik China (中华人民共和国民法典), deutsche Übersetzung: Knut Benjamin Pissler (Hrsg.), ZChinR 2020, S. 207 ff. | | |
| § 5 ZGB | 民事主体从事民事活动，应当遵循自愿原则，按照自己的意思设立、变更、终止民事法律关系。 | Wenn Zivilsubjekte Zivilaktivitäten unternehmen, müssen sie sich nach dem Grundsatz der Freiwilligkeit richten und nach ihrem eigenen Willen Zivilrechtsbeziehungen begründen, ändern, [oder] beenden. |
| § 6 ZGB | 民事主体从事民事活动，应当遵循公平原则，合理确定各方的权利和义务。 | Wenn Zivilsubjekte Zivilaktivitäten unternehmen, müssen sie sich nach dem Grundsatz der Gerechtigkeit richten [und] die Rechte und Pflichten aller Parteien vernünftig bestimmen. |
| § 7 ZGB | 民事主体从事民事活动，应当遵循诚信原则，秉持诚实，恪守承诺。 | Wenn Zivilsubjekte Zivilaktivitäten unternehmen, müssen sie sich nach dem Grundsatz von Treu und Glauben richten, Ehrlichkeit bewahren und Versprechen gewissenhaft einhalten. |
| § 8 ZGB | 民事主体从事民事活动，不得违反法律，不得违背公序良俗。 | Wenn Zivilsubjekte Zivilaktivitäten unternehmen, dürfen sie nicht gegen das Gesetz verstoßen [oder] der öffentlichen Ordnung [und] den guten Sitten zuwiderhandeln. |
| § 9 ZGB | 民事主体从事民事活动，应当有利于节约资源、保护生态环境。 | Wenn Zivilsubjekte Zivilaktivitäten unternehmen, müssen sie zur Schonung von Ressourcen beitragen [und] die ökologische Umwelt schützen. |
| § 118 ZGB | 民事主体依法享有债权。<br>债权是因合同、侵权行为、无因管理、不当得利以及法律的其他规定，权利人请求特定义务人为或者不为一定行为的权利。 | Zivilrechtssubjekte genießen gemäß dem Recht Rechte aus Schuldverhältnissen.<br>Ein Recht aus Schuldverhältnis ist das Recht des Berechtigten, aus Vertrag, rechtsverletzender Handlung, Geschäftsführung ohne Auftrag, unberechtigter Bereicherung und aus anderen gesetzlichen Bestimmungen von einem bestimmten Schuldner ein bestimmtes Handeln oder Unterlassen zu verlangen. |

| | | |
|---|---|---|
| § 180 ZGB | 因不可抗力不能履行民事义务的，不承担民事责任。法律另有规定的，依照其规定。<br><br>不可抗力是不能预见、不能避免且不能克服的客观情况 | Kann eine Zivilpflicht wegen höherer Gewalt nicht erfüllt werden, wird dafür nicht zivilrechtlich gehaftet. Gibt es andere gesetzliche Bestimmungen, so gelten diese Bestimmungen. Höhere Gewalt sind objektive Umstände, die unvorhersehbar, unausweichlich und unüberwindlich sind. |
| § 525 ZGB | 当事人互负债务，没有先后履行顺序的，应当同时履行。一方在对方履行之前有权拒绝其履行请求。一方在对方履行债务不符合约定时，有权拒绝其相应的履行请求。 | Haben die Parteien gegenseitig Verbindlichkeiten, für deren Erfüllung es keine Reihenfolge gibt, müssen sie gleichzeitig erfüllen. Eine Seite ist vor der Erfüllung durch die andere Seite berechtigt, deren Forderung nach Erfüllung abzulehnen. Entspricht die Erfüllung einer Seite den Vereinbarungen nicht, ist die andere Seite berechtigt, deren Forderung nach der entsprechenden Erfüllung abzulehnen. |
| § 527 ZGB | 应当先履行债务的当事人，有确切证据证明对方有下列情形之一的，可以中止履行：<br><br>（一）经营状况严重恶化；<br><br>（二）转移财产、抽逃资金，以逃避债务；<br>（三）丧失商业信誉；<br>（四）有丧失或者可能丧失履行债务能力的其他情形。<br>当事人没有确切证据中止履行的，应当承担违约责任 | Hat die Partei, die zuerst eine Verbindlichkeit erfüllen muss, eindeutige Beweise, die das Vorliegen einer der folgenden Umstände bei der anderen Seite nachweisen, kann sie die Erfüllung aussetzen:<br>1. Die Geschäftsverhältnisse haben sich erheblich verschlechtert;<br>2. [die andere Partei] hat Vermögen übertragen [oder] Geldmittel abgezogen, um sich Verbindlichkeiten zu entziehen;<br>3. die geschäftliche Kreditwürdigkeit ist verloren gegangen;<br>4. andere Umstände liegen vor, unter denen die Fähigkeit zur Erfüllung der Verbindlichkeit verloren geht oder verloren gehen kann.<br>Hat die Partei keine eindeutigen Beweise [und] die Erfüllung ausgesetzt, haftet sie für Vertragsverletzung. |

| | | |
|---|---|---|
| § 533 ZGB | 合同成立后，合同的基础条件发生了当事人在订立合同时无法预见的、不属于商业风险的重大变化，继续履行合同对于当事人一方明显不公平的，受不利影响的当事人可以与对方重新协商；在合理期限内协商不成的，当事人可以请求人民法院或者仲裁机构变更或者解除合同。<br>人民法院或者仲裁机构应当结合案件的实际情况，根据公平原则变更或者解除合同。 | Wenn nach dem Zustandekommen des Vertrags schwerwiegende Änderungen bei grundlegenden Bedingungen des Vertrags eintreten, die die Parteien beim Abschluss des Vertrags nicht vorhersehen konnten [und] die nicht zu den Geschäftsrisiken gehören, [sodass] die weitere Erfüllung des Vertrags für eine Partei deutlich ungerecht ist, kann die nachteilig beeinflusste Partei mit der anderen Partei erneut aushandeln; gelingt das Aushandeln innerhalb einer angemessenen Frist nicht, kann die Partei vom Volksgericht oder Schiedsorgan fordern, den Vertrag zu ändern oder aufzulösen.<br>Das Volksgericht oder das Schiedsorgan muss unter Einbeziehung der tatsächlichen Umstände des Falles aufgrund des Gerechtigkeitsgrundsatzes den Vertrag ändern oder auflösen. |
| § 563 ZGB | 有下列情形之一的，当事人可以解除合同：<br>（一）因不可抗力致使不能实现合同目的；<br>（二）在履行期限届满前，当事人一方明确表示或者以自己的行为表明不履行主要债务；<br>（三）当事人一方迟延履行主要债务，经催告后在合理期限内仍未履行；<br>（四）当事人一方迟延履行债务或者有其他违约行为致使不能实现合同目的；<br>（五）法律规定的其他情形。<br>以持续履行的债务为内容的不定期合同，当事人可以随时解除合同，但是应当在合理期限之前通知对方。 | Liegt einer der folgenden Umstände vor, kann eine Partei den Vertrag auflösen:<br>1. Der Vertragszweck lässt sich wegen höherer Gewalt nicht realisieren;<br>2. vor Ablauf der Erfüllungsfrist erklärt eine Partei klar oder bringt mit ihren Handlungen zum Ausdruck, dass sie eine Hauptverbindlichkeit nicht erfüllen wird;<br>3. eine Partei ist mit der Erfüllung einer Hauptverbindlichkeit in Verzug [und] erfüllt auch nach Aufforderung nicht innerhalb einer angemessenen Frist;<br>4. der Verzug einer Partei bei der Erfüllung von Verbindlichkeiten oder andere Vertragsverletzungen führen dazu, dass der Vertragszweck nicht realisiert werden kann;<br>5. andere von Gesetzen bestimmte Umstände.<br>Eine Partei kann einen unbefristeten Vertrag, der ein Dauerschuldverhältnis zum Inhalt hat, jederzeit auflösen, aber sie muss [dies] der anderen Partei im Voraus mit angemessener Frist mitteilen. |

| | | |
|---|---|---|
| § 577 ZGB | 当事人一方不履行合同义务或者履行合同义务不符合约定的，应当承担继续履行、采取补救措施或者赔偿损失等违约责任。 | Wenn eine Partei Vertragspflichten nicht erfüllt oder die Erfüllung der Vertragspflichten nicht den Vereinbarungen entspricht, haftet sie für die Vertragsverletzung [in Formen] wie etwa die Erfüllung fortzusetzen, Maßnahmen zur Abhilfe zu ergreifen oder den Schaden zu ersetzen. |
| § 578 ZGB | 当事人一方明确表示或者以自己的行为表明不履行合同义务的，对方可以在履行期限届满前请求其承担违约责任。 | Wenn eine Partei klar erklärt oder durch ihre Handlung zum Ausdruck bringt, dass sie Vertragspflichten nicht erfüllen wird, kann die andere Seite vor dem Ablauf der Erfüllungsfrist von ihr fordern, für Vertragsverletzung zu haften. |
| § 579 ZGB | 当事人一方未支付价款、报酬、租金、利息，或者不履行其他金钱债务的，对方可以请求其支付。 | Wenn eine Partei den Preis [bzw.] das Entgelt, den Mietzins [oder] Zinsen nicht bezahlt oder andere monetäre Verbindlichkeiten nicht erfüllt hat, kann die andere Seite von ihr die Zahlung fordern. |
| § 580 ZGB | 当事人一方不履行非金钱债务或者履行非金钱债务不符合约定的，对方可以请求履行，但是有下列情形之一的除外：<br>（一）法律上或者事实上不能履行；<br>（二）债务的标的不适于强制履行或者履行费用过高；<br>（三）债权人在合理期限内未请求履行。<br>有前款规定的除外情形之一，致使不能实现合同目的的，人民法院或者仲裁机构可以根据当事人的请求终止合同权利义务关系，但是不影响违约责任的承担。 | Wenn eine Partei eine nicht monetäre Verbindlichkeit nicht oder nicht den Vereinbarungen entsprechend erfüllt, kann die andere Seite Erfüllung fordern, es sei denn, dass einer der folgenden Umstände vorliegt:<br>1. wenn rechtlich oder tatsächlich nicht erfüllt werden kann;<br>2. wenn der Gegenstand der Verbindlichkeit zur erzwungenen Erfüllung ungeeignet ist oder die Kosten der Erfüllung zu hoch sind;<br>3. wenn der Gläubiger nicht innerhalb einer angemessenen Frist die Erfüllung gefordert hat.<br>Führt das Vorliegen eines der im vorigen Absatz bestimmten Ausnahmetatbestände dazu, dass der Vertragszweck nicht realisiert werden kann, kann das Volksgericht oder das Schiedsorgan aufgrund der Forderung einer Partei die Beziehung von Rechten [und] Pflichten aus dem Vertrag beenden; die Haftung für Vertragsverletzung wird jedoch [hierdurch] nicht beeinflusst. |

| | | |
|---|---|---|
| § 581 ZGB | 当事人一方不履行债务或者履行债务不符合约定，根据债务的性质不得强制履行的，对方可以请求其负担由第三人替代履行的费用。 | Erfüllt eine Partei die Verbindlichkeit nicht oder entspricht die Erfüllung der Verbindlichkeit nicht den Vereinbarungen [und] darf die Erfüllung aufgrund der Natur der Verbindlichkeit nicht erzwungen werden, kann die andere Seite fordern, dass sie die Kosten für eine ersatzweise Erfüllung durch einen Dritten trägt. |
| § 583 ZGB | 当事人一方不履行合同义务或者履行合同义务不符合约定的，在履行义务或者采取补救措施后，对方还有其他损失的，应当赔偿损失。 | Erfüllt eine Partei Vertragspflichten nicht oder entspricht die Erfüllung nicht den Vereinbarungen, muss, wenn nach Erfüllung der Vertragspflichten oder dem Ergreifen von Maßnahmen zur Abhilfe die andere Seite noch weiteren Schaden hat, der Schaden ersetzt werden. |
| § 584 ZGB | 当事人一方不履行合同义务或者履行合同义务不符合约定，造成对方损失的，损失赔偿额应当相当于因违约所造成的损失，包括合同履行后可以获得的利益；但是，不得超过违约一方订立合同时预见到或者应当预见到的因违约可能造成的损失。 | Erfüllt eine Partei Vertragspflichten nicht oder entspricht die Erfüllung nicht den Vereinbarungen, sodass die andere Seite geschädigt wird, muss der Betrag des Schadensersatzes dem durch die Vertragsverletzung herbeigeführten Schaden entsprechen, einschließlich des nach Vertragserfüllung zu erlangenden Gewinns; [der Betrag] darf aber den Schaden nicht übersteigen, den die vertragsverletzende Seite bei Abschluss des Vertrags als mögliche [Folge] einer Vertragsverletzung vorhergesehen hat oder vorhersehen musste. |

| | | |
|---|---|---|
| § 585 ZGB | 当事人可以约定一方违约时应当根据违约情况向对方支付一定数额的违约金，也可以约定因违约产生的损失赔偿额的计算方法。<br><br>约定的违约金低于造成的损失的，人民法院或者仲裁机构可以根据当事人的请求予以增加；约定的违约金过分高于造成的损失的，人民法院或者仲裁机构可以根据当事人的请求予以适当减少。<br>当事人就迟延履行约定违约金的，违约方支付违约金后，还应当履行债务。 | Die Parteien können vereinbaren, dass eine Seite, wenn sie den Vertrag verletzt, aufgrund der Umstände der Vertragsverletzung der anderen Seite einen bestimmten Betrag als Vertragsstrafe zahlen muss; sie können auch vereinbaren, wie der Betrag des Ersatzes für den durch die Vertragsverletzung herbeigeführten Schaden berechnet wird.<br>Ist die vereinbarte Vertragsstrafe niedriger als der verursachte Schaden, kann das Volksgericht oder das Schiedsorgan sie aufgrund der Forderung einer Partei erhöhen; ist die vereinbarte Vertragsstrafe allzu viel höher als der verursachte Schaden, kann das Volksgericht oder das Schiedsorgan sie aufgrund der Forderung einer Partei angemessen mindern.<br>Haben die Parteien eine Vertragsstrafe für verzögerte Erfüllung vereinbart, muss die vertragsverletzende Seite nach Zahlung der Vertragsstrafe noch die Verbindlichkeit erfüllen. |
| § 589 ZGB | 债务人按照约定履行债务，债权人无正当理由拒绝受领的，债务人可以请求债权人赔偿增加的费用。<br><br>在债权人受领迟延期间，债务人无须支付利息。 | Erfüllt der Schuldner die Verbindlichkeit nach den Vereinbarungen [und] lehnt der Gläubiger ohne rechtfertigenden Grund die Annahme ab, kann der Schuldner fordern, dass der Gläubiger die zusätzlichen Kosten ersetzt.<br>Während der Gläubiger im Annahmeverzug ist, hat der Schuldner keine Zinsen zu zahlen. |
| § 590 ZGB | 当事人一方因不可抗力不能履行合同的，根据不可抗力的影响，部分或者全部免除责任，但是法律另有规定的除外。因不可抗力不能履行合同的，应当及时通知对方，以减轻可能给对方造成的损失，并应当在合理期限内提供证明。<br><br>当事人迟延履行后发生不可抗力的，不免除其违约责任。 | Kann eine Partei den Vertrag wegen höherer Gewalt nicht erfüllen, entfällt entsprechend der Auswirkung der höheren Gewalt die Haftung ganz oder teilweise, es sei denn, dass gesetzlich etwas anderes bestimmt ist. [Die Partei], die den Vertrag wegen höherer Gewalt nicht erfüllen kann, muss dies unverzüglich der anderen Seite mitteilen, um den Schaden, welcher der anderen Seite entstehen kann, zu mindern, und innerhalb einer angemessenen Frist Nachweise [für die höhere Gewalt] vorlegen.<br>Tritt höhere Gewalt ein, nachdem eine Partei mit der Erfüllung in Verzug ist, wird sie nicht von ihrer Haftung für Vertragsverletzung befreit. |

| | | |
|---|---|---|
| § 591 ZGB | 当事人一方违约后，对方应当采取适当措施防止损失的扩大；没有采取适当措施致使损失扩大的，不得就扩大的损失请求赔偿。<br><br>当事人因防止损失扩大而支出的合理费用，由违约方负担。 | Nachdem eine Partei den Vertrag verletzt hat, muss die andere Seite geeignete Maßnahmen ergreifen, um eine Ausweitung des Schadens zu verhindern; ergreift sie keine geeigneten Maßnahmen, sodass sich der Schaden ausweitet, darf sie für den ausgeweiteten Schaden keinen Ersatz fordern.<br>Angemessene Aufwendungen, die die Parteien zur Verhinderung einer Ausweitung des Schadens geleistet haben, trägt die vertragsverletzende Seite. |
| § 592 ZGB | 当事人都违反合同的，应当各自承担相应的责任。<br>当事人一方违约造成对方损失，对方对损失的发生有过错的，可以减少相应的损失赔偿额。 | Wenn alle Parteien gegen den Vertrag verstoßen, haftet jeder entsprechend.<br>Hat die Vertragsverletzung einer Partei die andere Seite geschädigt [und] hat die andere Seite den Eintritt des Schadens verschuldet, kann der Betrag des Schadensersatzes entsprechend gemindert werden. |
| Vertragsgesetz der Volksrepublik China (中华人民共和国合同法), deutsche Übersetzung: Frank Münzel (Hrsg.), Chinas Recht, 15.3.99/1 | | |
| § 4 VG | 当事人依法享有自愿订立合同的权利，任何单位和个人不得非法干预。 | Die Parteien sind berechtigt, nach dem Recht Verträge nach ihrem eigenen Willen zu schließen; keine Einheit und kein Einzelner dürfen sich dabei rechtswidrig einmischen. |
| § 5 VG | 当事人应当遵循公平原则确定各方的权利和义务。 | Die Parteien müssen, wenn sie die Rechte und Pflichten aller Seiten festsetzen, sich an den Gerechtigkeitsgrundsatz halten. |
| § 6 VG | 当事人行使权利、履行义务应当遵循诚实信用原则。 | Die Parteien müssen bei der Ausübung von Rechten und bei der Erfüllung von Pflichten sich an den Grundsatz von Treu und Glauben halten. |
| § 7 VG | 当事人订立、履行合同，应当遵守法律、行政法规，尊重社会公德，不得扰乱社会经济秩序，损害社会公共利益。 | Die Parteien müssen bei der Errichtung und Erfüllung von Verträgen die Gesetze und verwaltungsrechtlichen Bestimmungen einhalten und auf die gesellschaftliche öffentliche Moral achten und dürfen nicht die sozioökonomische Ordnung stören und gesellschaftliche öffentliche Interessen verletzen. |

| | | |
|---|---|---|
| § 8 VG | 依法成立的合同，对当事人具有法律约束力。当事人应当按照约定履行自己的义务，不得擅自变更或者解除合同。<br><br>依法成立的合同，受法律保护。 | Ein nach dem Recht errichteter Vertrag hat gegenüber den Parteien gesetzliche Bindungskraft. Eine Partei muss gemäß dem Vereinbarten ihre Pflichten erfüllen und darf nicht eigenmächtig den Vertrag ändern oder kündigen.<br>Ein nach dem Recht errichteter Vertrag erhält den Schutz des Gesetzes. |
| § 52 VG | 有下列情形之一的，合同无效：<br>（一）一方以欺诈、胁迫的手段订立合同，损害国家利益；<br>（二）恶意串通，损害国家、集体或者第三人利益；<br>（三）以合法形式掩盖非法目的；<br>（四）损害社会公共利益；<br>（五）违反法律、行政法规的强制性规定。 | Wenn einer der folgenden Umstände vorliegt, ist der Vertrag unwirksam:<br>1. wenn mit Täuschung oder Drohung durch eine Seite errichtete Verträge staatliche Interessen schädigen;<br>2. wenn in böswilliger Kollusion Interessen des Staates, von Kollektiven oder von Dritten geschädigt werden;<br>3. wenn eine legale Form ein rechtswidriges Ziel verbirgt;<br>4. wenn gesellschaftliche öffentliche Interessen geschädigt werden;<br>5. wenn zwingende Bestimmungen von Gesetzen oder verwaltungsrechtlichen Vorschriften verletzt werden. |
| § 94 VG | 有下列情形之一的，当事人可以解除合同：<br>（一）因不可抗力致使不能实现合同目的；<br>（二）在履行期限届满之前，当事人一方明确表示或者以自己的行为表明不履行主要债务；<br>（三）当事人一方迟延履行主要债务，经催告后在合理期限内仍未履行；<br>（四）当事人一方迟延履行债务或者有其他违约行为致使不能实现合同目的；<br>（五）法律规定的其他情形。 | Wenn eine der folgenden Voraussetzungen vorliegt, kann eine Partei den Vertrag kündigen:<br>1. Wenn sich das Vertragsziel wegen höherer Gewalt nicht verwirklichen lässt;<br>2. wenn vor Ablauf der Frist für die Erfüllung eine Seite klar erklärt oder mit ihren Handlungen zum Ausdruck bringt, dass sie eine Hauptverbindlichkeit nicht erfüllen wird;<br>3. wenn eine Seite mit der Erfüllung einer Hauptverbindlichkeit in Verzug ist und sie auch nach Mahnung nicht innerhalb einer vernünftigen Frist erfüllt;<br>4. wenn der Verzug einer Partei bei der Erfüllung von Verbindlichkeiten oder andere Vertragsverletzungen dazu führen, dass das Vertragsziel nicht verwirklicht werden kann;<br>5. bei anderen vom Gesetz bestimmten Umständen. |

| | | |
|---|---|---|
| § 107 VG | 当事人一方不履行合同义务或者履行合同义务不符合约定的，应当承担继续履行、采取补救措施或者赔偿损失等违约责任。 | Wenn eine Partei Vertragspflichten nicht oder nicht gemäß den Vereinbarungen erfüllt, haftet sie wegen der Vertragsverletzung darauf, weiter zu erfüllen, Maßnahmen zur Abhilfe zu ergreifen oder den Schaden zu ersetzen. |
| § 108 VG | 当事人一方明确表示或者以自己的行为表明不履行合同义务的，对方可以在履行期限届满之前要求其承担违约责任。 | Wenn eine Partei klar erklärt oder durch ihr Handeln zum Ausdruck bringt, dass sie Vertragspflichten nicht erfüllen wird, kann die andere Seite sie schon vor dem Ablauf der Erfüllungsfrist wegen Vertragsverletzung haftbar machen. |
| § 109 VG | 当事人一方未支付价款或者报酬的，对方可以要求其支付价款或者报酬。 | Wenn eine Partei den Preis bzw. das Entgelt nicht bezahlt hat, kann die andere Seite Zahlung des Preises bzw. Entgeltes verlangen. |
| § 110 VG | 当事人一方不履行非金钱债务或者履行非金钱债务不符合约定的，对方可以要求履行，但有下列情形之一的除外： | Wenn eine Partei eine nicht in Geld bestehende Verbindlichkeit nicht oder nicht gemäß den Vereinbarungen erfüllt, kann die andere Erfüllung verlangen, außer wenn einer der folgenden Umstände vorliegt: |
| | （一）法律上或者事实上不能履行； | 1. wenn rechtlich oder tatsächlich nicht erfüllt werden kann; |
| | （二）债务的标的不适于强制履行或者履行费用过高； | 2. wenn der Gegenstand der Verbindlichkeit zur Zwangsvollstreckung ungeeignet ist, oder die Kosten der Erfüllung zu hoch sind; |
| | （三）债权人在合理期限内未要求履行。 | 3. wenn der Gläubiger nicht innerhalb einer vernünftigen Frist die Erfüllung verlangt hat. |
| § 111 VG | 质量不符合约定的，应当按照当事人的约定承担违约责任。对违约责任没有约定或者约定不明确，依照本法第六十一条的规定仍不能确定的，受损害方根据标的的性质以及损失的大小，可以合理选择要求对方承担修理、更换、重作、退货、减少价款或者报酬等违约责任。 | Wenn die Qualität nicht dem Vereinbarten entspricht, wird entsprechend der Vereinbarung der Parteien für die Vertragsverletzung gehaftet. Wenn es dazu keine oder keine klare Vereinbarung gibt, und die Frage sich auch nach § 61 nicht klären lässt, kann die geschädigte Seite aufgrund der Haftung der anderen Seite für die Vertragsverletzung entsprechend der Art des Gegenstands und der Größe des Schadens eine vernünftige Wahl zwischen unter anderem Reparatur, Austausch, erneuter Herstellung, Wandlung und Minderung des Preises oder Entgelts treffen. |

| | | |
|---|---|---|
| § 112 VG | 当事人一方不履行合同义务或者履行合同义务不符合约定的，在履行义务或者采取补救措施后，对方还有其他损失的，应当赔偿损失。 | Wenn eine Partei Vertragspflichten nicht oder nicht gemäß den Vereinbarungen erfüllt, muss, wenn nach Erfüllung der Vertragspflichten oder dem Ergreifen von Maßnahmen zur Abhilfe die andere Seite noch weiteren Schaden hat, der Schaden ersetzt werden. |
| § 113 VG | 当事人一方不履行合同义务或者履行合同义务不符合约定，给对方造成损失的，损失赔偿额应当相当于因违约所造成的损失，包括合同履行后可以获得的利益，但不得超过违反合同一方订立合同时预见到或者应当预见到的因违反合同可能造成的损失。<br><br>经营者对消费者提供商品或者服务有欺诈行为的，依照《中华人民共和国消费者权益保护法》的规定承担损害赔偿责任。 | Wenn eine Partei Vertragspflichten nicht oder nicht gemäß den Vereinbarungen erfüllt und der anderen Seite damit eine Schaden verursacht, muss der Betrag des Schadenersatzes dem durch die Vertragsverletzung verursachten Schaden entsprechen, einschließlich des nach Vertragserfüllung zu erlangenden Gewinns, darf aber den Schaden nicht überschreiten, den die den Vertrag verletzende Seite bei Errichtung des Vertrags als mögliche Folge einer Vertragsverletzung vorhergesehen hat oder vorhersehen musste.<br>Wenn ein wirtschaftlich Tätiger, der einem Verbraucher Waren oder Dienstleistungen zur Verfügung stellt, dabei Täuschungshandlungen vornimmt, haftet er gemäß dem Verbraucherschutzgesetz der VR China auf Schadenersatz. |
| § 114 VG | 当事人可以约定一方违约时应当根据违约情况向对方支付一定数额的违约金，也可以约定因违约产生的损失赔偿额的计算方法。<br><br>约定的违约金低于造成的损失的，当事人可以请求人民法院或者仲裁机构予以增加；约定的违约金过分高于造成的损失的，当事人可以请求人民法院或者仲裁机构予以适当减少。当事人就迟延履行约定违约金的，违约方支付违约金后，还应当履行债务。 | Die Parteien können vereinbaren, dass eine Seite, die den Vertrag verletzt, entsprechend den Umständen der Vertragsverletzung der anderen einen bestimmten Betrag als Vertragsstrafe zahlt, sie können auch vereinbaren, wie der Ersatz für durch die Vertragsverletzung verursachten Schaden berechnet wird.<br>Wenn die vereinbarte Vertragsstrafe niedriger als der verursachte Schaden ist, kann eine Partei vom Volksgericht oder Schiedsgericht eine Erhöhung verlangen; wenn die vereinbarte Vertragsstrafe allzu viel höher als der verursachte Schaden ist, kann eine Partei verlangen, dass das Volksgericht oder Schiedsgericht sie angemessen senkt.<br>Wenn die Parteien eine Vertragsstrafe für verzögerte Erfüllung vereinbart haben, muss die Seite, welche den Vertrag verletzt hat, auch nach Bezahlung der Vertragsstrafe noch die Schuld erfüllen. |

| | | |
|---|---|---|
| § 115 VG | 当事人可以依照《中华人民共和国担保法》约定一方向对方给付定金作为债权的担保。债务人履行债务后，定金应当抵作价款或者收回。给付定金的一方不履行约定的债务的，无权要求返还定金；收受定金的一方不履行约定的债务的，应当双倍返还定金。 | Die Parteien können gemäß dem »Gesetz der VR China über Sicherheiten« vereinbaren, daß eine Seite der anderen ein Festgeld als Sicherheit für die Forderung zahlt; nachdem der Schuldner die Schuld erfüllt hat, muss das Festgeld auf den Preis angerechnet oder zurückerhalten werden. Wenn der, der das Festgeld gezahlt hat, die vereinbarte Schuld nicht erfüllt, ist er nicht berechtigt, das Festgeld zurückzuerhalten; wenn der, der das Festgeld erhalten hat, die vereinbarte Schuld nicht erfüllt, muss er das Doppelte des Festgelds erstatten. |
| § 116 VG | 当事人既约定违约金，又约定定金的，一方违约时，对方可以选择适用违约金或者定金条款。 | Wenn die Parteien sowohl Festgeld als auch Vertragsstrafe vereinbart haben, und eine Seite den Vertrag verletzt, kann die andere wählen, ob sie die Vertragsstrafeklausel oder die Festgeldklausel anwendet. |
| § 117 VG | 因不可抗力不能履行合同的，根据不可抗力的影响，部分或者全部免除责任，但法律另有规定的除外。当事人迟延履行后发生不可抗力的，不能免除责任。<br><br>本法所称不可抗力，是指不能预见、不能避免并不能克服的客观情况。 | Wenn der Vertrag wegen höherer Gewalt nicht erfüllt werden kann, entfällt jeweils entsprechend dem Einfluss der höheren Gewalt die Haftung ganz oder teilweise, soweit gesetzlich nichts anderes bestimmt ist. Wenn eine Partei mit der Erfüllung in Verzug ist, wird sie nicht dadurch von ihrer Haftung befreit, dass dann höhere Gewalt eintritt.<br>Als höhere Gewalt bezeichnet dies Gesetz nicht vorhersehbare nicht zu vermeidende nicht zu bewältigende objektive Umstände. |
| § 118 VG | 当事人一方因不可抗力不能履行合同的，应当及时通知对方，以减轻可能给对方造成的损失，并应当在合理期限内提供证明。 | Wenn eine Partei den Vertrag wegen höherer Gewalt nicht erfüllen kann, muss sie dies rechtzeitig der anderen Seite mitteilen, um den Schaden, welcher der anderen Seite entstehen kann, einzuschränken, und sie muss innerhalb einer vernünftigen Frist Beweise [der höheren Gewalt] vorlegen. |

| | | |
|---|---|---|
| § 119 VG | 当事人一方违约后，对方应当采取适当措施防止损失的扩大；没有采取适当措施致使损失扩大的，不得就扩大的损失要求赔偿。<br><br>当事人因防止损失扩大而支出的合理费用，由违约方承担。 | Wenn eine Partei den Vertrag verletzt hat, muss die andere Seite angemessene Maßnahmen ergreifen, um eine Ausweitung des Schadens zu verhindern; wenn sie keine angemessenen Maßnahmen ergreift, um eine Ausweitung des Schadens zu verhindern, so dass sich der Schaden ausweitet, kann sie dafür keinen Ersatz verlangen.<br>Vernünftige Aufwendungen der Parteien zur Verhinderung einer Ausweitung des Schadens trägt die Seite, welche den Vertrag verletzt hat. |
| § 120 VG | 当事人双方都违反合同的，应当各自承担相应的责任。 | Wenn beide Seiten den Vertrag verletzen, haftet jeder seiner Verletzung entsprechend. |
| § 121 VG | 当事人一方因第三人的原因造成违约的，应当向对方承担违约责任。当事人一方和第三人之间的纠纷，依照法律规定或者按照约定解决。 | Wenn eine Partei aus Gründen, die bei einem Dritten liegen, den Vertrag verletzt, haftet sie der anderen Seite für die Verletzung. Ein Streit zwischen der Partei und dem Dritten muss nach dem Gesetz oder dem Vereinbarten beigelegt werden. |
| § 122 VG | 因当事人一方的违约行为，侵害对方人身、财产权益的，受损害方有权选择依照本法要求其承担违约责任或者依照其他法律要求其承担侵权责任。 | Wenn die Vertragsverletzung einer der Parteien in Rechte der anderen Seite auf Leib und Leben oder Vermögensrechte der anderen Seite eingreift, ist der Geschädigte berechtigt, zu wählen, ob er nach diesem Gesetz Haftung für Vertragsverletzung verlangt oder nach anderen Gesetzen Haftung wegen der Verletzung von Rechten. |
| § 127 VG | 工商行政管理部门和其他有关行政主管部门在各自的职权范围内，依照法律、行政法规的规定，对利用合同危害国家利益、社会公共利益的违法行为，负责监督处理；构成犯罪的，依法追究刑事责任。 | Den Industrie- und Handelsverwaltungsbehörden und anderen betroffenen Behörden obliegt es, im Rahmen ihrer jeweiligen Amtsbefugnisse nach den gesetzlichen und verwaltungsrechtlichen Bestimmungen Aufsicht auszuüben, um gegen rechtswidrige Handlungen vorzugehen, die Verträge benutzen, um Interessen des Staates oder gesellschaftliche öffentliche Interessen zu schädigen; wenn [solche Handlungen] eine Straftat bilden, wird nach dem Recht die strafrechtliche Verantwortung verfolgt. |
| Allgemeine Grundsätze des Zivilrechts der Volksrepublik China (中华人民共和国民法通则), deutsche Übersetzung: Frank Münzel (Hrsg.), Chinas Recht, 12.4.86/1 | | |

| | | |
|---|---|---|
| § 4 AGZ | 民事活动应当遵循自愿、公平、等价有偿、诚实信用的原则。 | Zivilgeschäfte müssen sich an die Grundsätze der Freiwilligkeit, der Gerechtigkeit, der wertgemäßen Entgeltlichkeit und von Treu und Glauben halten. |
| § 84 AGZ | 债是按照合同的约定或者依照法律的规定，在当事人之间产生的特定的权利和义务关系，享有权利的人是债权人，负有义务的人是债务人。 | Die Schuld ist eine gemäß vertraglichen Vereinbarungen oder gesetzlichen Bestimmungen zwischen den Beteiligten entstandene besonders bestimmte Beziehung von Rechten und Pflichten. Wer ein Recht genießt, ist Gläubiger, wer Pflichten trägt, ist Schuldner. |
| | 债权人有权要求债务人按照合同的约定或者依照法律的规定履行义务。 | Der Gläubiger ist berechtigt, zu verlangen, dass der Schuldner gemäß vertraglicher Vereinbarung oder gesetzlichen Bestimmungen Pflichten erfüllt. |
| § 106 AGZ | 公民、法人违反合同或者不履行其他义务的，应当承担民事责任。 | Wenn Bürger oder juristische Personen gegen Verträge verstoßen oder andere Pflichten nicht erfüllen, müssen sie die zivile Haftung übernehmen. |
| | 公民、法人由于过错侵害国家的、集体的财产，侵害他人财产、人身的，应当承担民事责任。 | Wenn Bürger oder juristische Personen schuldhaft staatliche oder kollektive Vermögensgüter verletzen oder Vermögensgüter oder den Körper anderer Personen verletzen, müssen sie die zivile Haftung übernehmen. |
| | 没有过错，但法律规定应当承担民事责任的，应当承担民事责任。 | Wenn kein Verschulden vorliegt, aber nach den gesetzlichen Bestimmungen die zivile Haftung übernommen werden muß, muß die zivile Haftung übernommen werden. |
| § 107 AGZ | 因不可抗力不能履行合同或者造成他人损害的，不承担民事责任，法律另有规定的除外。 | Kann wegen höherer Gewalt ein Vertrag nicht erfüllt werden oder wird deshalb die Schädigung eines anderen herbeigeführt, so wird dafür keine zivile Haftung übernommen, wenn das Gesetz nichts anderes bestimmt. |
| § 111 AGZ | 当事人一方不履行合同义务或者履行合同义务不符合约定条件的，另一方有权要求履行或者采取补救措施，并有权要求赔偿损失。 | Wenn ein Vertragsbeteiligter Vertragspflichten nicht erfüllt oder nicht gemäß den vereinbarten Bedingungen erfüllt, ist die andere Seite berechtigt, Erfüllung zu verlangen oder Maßnahmen zur Abhilfe zu ergreifen, und sie ist berechtigt, Schadenersatz zu verlangen. |
| § 153 AGZ | 本法所称的"不可抗力"，是指不能预见、不能避免并不能克服的客观情况。 | Als „höhere Gewalt" bezeichnet dieses Gesetz unvorhersehbare, unausweichliche und gleichzeitig unüberwindliche objektive Umstände. |

| Wirtschaftsvertragsgesetz der Volksrepublik China (中华人民共和国经济合同法), deutsche Übersetzung durch den Verfasser | | |
|---|---|---|
| § 27 WVG | 凡发生下列情况之一者，允许变更或解除经济合同：<br><br>一、当事人双方经过协商同意，并且不因此损害国家利益和影响国家计划的执行；<br><br>二、订立经济合同所依据的国家计划被修改或取消；<br><br>三、当事人一方由于关闭、停产、转产而确实无法履行经济合同；<br><br>四、由于不可抗力或由于一方当事人虽无过失但无法防止的外因，致使经济合同无法履行；<br><br>五、由于一方违约，使经济合同履行成为不必要。<br><br>当事人一方要求变更或解除经济合同时，应及时通知对方。因变更或解除经济合同使一方遭受损失的，除依法可以免除责任的外，应由责任方负责赔偿。 | Eine Änderung oder Beendigung eines wirtschaftlichen Vertrags ist immer dann zulässig, wenn einer der folgenden Fälle eintritt:<br>1. Die Parteien haben sich in gegenseitigem Einvernehmen geeinigt, dass das nationale Interesse nicht verletzt und die Umsetzung des nationalen Plans nicht beeinträchtigt wird;<br>2. der staatliche Plan, auf dessen Grundlage der Wirtschaftsvertrag geschlossen wurde, geändert oder aufgehoben wird;<br>3. eine der Parteien aufgrund von Stilllegung, Aussetzung oder Umstellung der Produktion tatsächlich nicht in der Lage ist, den wirtschaftlichen Vertrag zu erfüllen;<br>4. der wirtschaftliche Vertrag aufgrund höherer Gewalt oder aufgrund äußerer Ursachen, die von einer der Parteien nicht verhindert werden können, obwohl kein Verschulden bei ihr vorliegt, nicht erfüllt werden kann;<br>5. die Erfüllung des wirtschaftlichen Vertrages durch die Vertragsverletzung einer der Parteien unnötig wird.<br>Wenn eine der Parteien eine Änderung oder Kündigung des Wirtschaftsvertrages verlangt, hat sie die andere Partei unverzüglich zu benachrichtigen. Erleidet eine Partei durch die Änderung oder Beendigung eines wirtschaftlichen Vertrages einen Schaden, so ist die verantwortliche Partei schadensersatzpflichtig, es sei denn, dass sie durch Gesetz von der Haftung befreit ist. |

| | | |
|---|---|---|
| § 32 WVG | 由于当事人一方的过错，造成经济合同不能履行或者不能完全履行，由有过错的一方承担违约责任；如属双方的过错，根据实际情况，由双方分别承担各自应负的违约责任。<br><br>对由于失职、渎职或其它违法行为造成重大事故或严重损失的直接责任者个人，应追究经济、行政责任直至刑事责任。 | Wenn ein wirtschaftlicher Vertrag aufgrund des Verschuldens einer der Parteien nicht oder nicht vollständig erfüllt werden kann, trägt die schuldige Partei die Haftung für die Vertragsverletzung; wenn es von beiden Parteien verschuldet ist, trägt jede Partei ihre eigene Verantwortung für die Vertragsverletzung, abhängig von der tatsächlichen Situation. Personen, die direkt für schwere Unfälle oder schwere Verluste verantwortlich sind, die durch Fahrlässigkeit, Fehlverhalten oder andere illegale Handlungen verursacht wurden, werden finanziell, administrativ bis hin zur strafrechtlichen Verantwortung zur Rechenschaft gezogen. |
| § 34 WVG | 当事人一方由于不可抗力的原因不能履行经济合同时，应及时向对方通报不能履行或者需要延期履行、部分履行经济合同的理由，在取得有关主管机关证明以后，允许延期履行、部分履行或者不履行，并可根据情况部分或全部免予承担违约责任。 | Wenn eine Partei den Wirtschaftsvertrag aufgrund höherer Gewalt nicht erfüllen kann, muss sie die andere Partei rechtzeitig über den Grund für die Nichterfüllung, die Verzögerung oder die teilweise Erfüllung des Wirtschaftsvertrags informieren, und nach Erhalt der Bescheinigung durch die zuständige Behörde wird die Verzögerung, teilweise Erfüllung oder Nichterfüllung zugelassen und [sie wird] nach den Umständen teilweise oder vollständig von der Haftung für Vertragsverletzungen befreit. |
| Außenwirtschaftsvertragsgesetz der Volksrepublik China (中华人民共和国涉外经济合同法), deutsche Übersetzung durch den Verfasser | | |
| § 18 AWVG | 当事人一方不履行合同或者履行合同义务不符合约定条件，即违反合同的，另一方有权要求赔偿损失或者采取其他合理的补救措施。采取其他补救措施后，尚不能完全弥补另一方受到的损失的，另一方仍然有权要求赔偿损失。 | Wenn eine der Parteien den Vertrag nicht oder nicht gemäß den vereinbarten Bedingungen erfüllt, d. h. den Vertrag verletzt, ist die andere Partei berechtigt, Schadensersatz oder andere angemessene Maßnahmen zu verlangen. Wenn die andere Abhilfe den erlittenen Schaden nicht vollständig kompensiert, ist die andere Partei immer noch berechtigt, Schadensersatz zu verlangen. |

| | | |
|---|---|---|
| § 24 AWVG | 当事人因不可抗力事件不能履行合同的全部或者部分义务的，免除其全部或者部分责任。<br>当事人一方因不可抗力事件不能按合同约定的期限履行的，在事件的后果影响持续的期间内，免除其迟延履行的责任。<br>不可抗力事件是指当事人在订立合同时不能预见、对其发生和后果不能避免并不能克服的事件。<br>不可抗力事件的范围，可以在合同中约定。 | Wenn eine Partei aufgrund höherer Gewalt alle oder einen Teil der Verpflichtungen aus dem Vertrag nicht erfüllen kann, ist sie von ihrer Haftung ganz oder teilweise befreit.<br>Wenn eine Partei den Vertrag aufgrund höherer Gewalt nicht innerhalb der im Vertrag festgelegten Frist erfüllen kann, ist sie von der Haftung für die Verzögerung der Leistung innerhalb des Zeitraums befreit, in dem die Auswirkungen des Ereignisses anhalten.<br>Höhere Gewalt sind Ereignisse, die die Parteien bei Vertragsschluss nicht vorhersehen konnten und deren Eintritt und Folgen nicht vermieden und nicht überwunden werden können.<br>Der Umfang der Ereignisse höherer Gewalt kann im Vertrag vereinbart werden. |
| § 25 AWVG | 当事人一方因不可抗力事件不能履行合同的全部或者部分义务的，应当及时通知另一方，以减轻可能给另一方造成的损失，并应在合理期间内提供有关机构出具的证明。 | Kann eine der Parteien aufgrund höherer Gewalt ihre Verpflichtungen aus dem Vertrag ganz oder teilweise nicht erfüllen, so hat sie dies der anderen Partei zur Schadensminderung unverzüglich mitzuteilen und innerhalb einer angemessenen Frist eine von der zuständigen Stelle ausgestellte Bescheinigung vorzulegen. |
| Auslegung des Obersten Volksgerichts zu verschiedenen Fragen der Anwendung des Vertragsrechts der Volksrepublik China (II) (最高人民法院关于适用〈中华人民共和国合同法〉若干问题的解释（二）), deutsche Übersetzung durch den Verfasser | | |
| § 26 AB II | 合同成立以后客观情况发生了当事人在订立合同时无法预见的、非不可抗力造成的不属于商业风险的重大变化，继续履行合同对于一方当事人明显不公平或者不能实现合同目的，当事人请求人民法院变更或者解除合同的，人民法院应当根据公平原则，并结合案件的实际情况确定是否变更或者解除。 | Haben sich objektive Umstände nach Vertragsschluss schwerwiegend verändert und konnten die Parteien diese Veränderung, die weder auf höherer Gewalt beruht noch zu kommerziellen Risiken gehört, im Zeitpunkt des Vertragsschlusses nicht vorhersehen, so kann die Anpassung oder Aufhebung des Vertrags durch ein Volksgericht verlangt werden, soweit das Festhalten an der Erfüllung des Vertrags für eine Partei offensichtlich ungerecht ist oder das Vertragsziel nicht mehr erreicht werden kann; das Volksgericht entscheidet über die Anpassung oder Aufhebung des Vertrags nach dem Prinzip der Gerechtigkeit unter Berücksichtigung der Umstände des Einzelfalls. |

www.ingramcontent.com/pod-product-compliance
Ingram Content Group UK Ltd.
Pitfield, Milton Keynes, MK11 3LW, UK
UKHW020712041026
15590UKWH00002B/619

9 783631 881729